Nothing But Vocab
French Edition

By John Robert Loehr

Copyright 2024
by John R. Loehr
All Rights Reserved

All rights reserved. No portion of this book may be reproduced in any form without permission from the publisher, except as permitted by U.S. copyright law. For permissions contact: John R. Loehr, John@SidebySideClassics.com

Nothing But Vocab: French Edition
ISBN: 978-1-963622-07-2

Printed in the United States of America

First Edition

Copyright © 2024 John R. Loehr, Side-by-Side Classics LLC

French Edition

Table of Contents

Table of Contents 5
Preface 7
Chapter I Food & Drink 11
Chapter II Restaurants 34
Chapter III The Home 46
Chapter IV Work 68
Chapter V Shopping 94
Chapter VI Clothing 115
Chapter VII Weather & The Environment 128
Chapter VIII Travel, Tourism & Holidays 142
Chapter IX Nature & Camping 169
Chapter X Animals 185
Chapter XI Transportation 203
Chapter XII Cars & Driving 219
Chapter XIII Entertainment 239
Chapter XIV Theme Parks, Fairs & The Circus 255
Chapter XV Sports 269
Chapter XVI Triathlons 290
Chapter XVII Health & Fitness 307
Chapter XVIII The Human Body 321
Chapter XIX Medical 340
Chapter XX News & Advertising 360

Chapter XXI Art & Literature ... 374
Chapter XXII School ... 389
Chapter XXIII The Sciences ... 407
Chapter XXIV Measurements, Materials & Containers ... 424
Chapter XXV Communications ... 441
Chapter XXVI Politics & Government ... 457
Chapter XXVII Society ... 471
Chapter XXVIII Religion & Death ... 484
Chapter XXIX Astronomy & Astrology ... 499
Chapter XXX Social Life & Relationships ... 511
Chapter XXXI The Barber, Beauty Salon & Spa ... 527
Chapter XXXII Crime & Punishment ... 543
Chapter XXXIII Technology ... 558
Chapter XXXIV Business, Banking & the Economy ... 577
Chapter XXXV War ... 593
Chapter XXXVI Special Types of Words ... 608
Final Exam ... 618
Final Exam Answer Key ... 626
Afterword ... 629

French Edition

Preface

As the title indicates, this book contains nothing but vocabulary. This book is not a book that will teach you to read, speak, or understand French. There is no mention whatsoever of a single grammatical concept. Use it to learn, develop, train, and test your French vocabulary. It is simply nothing but vocabulary divided into categories of words.

I organized this book in the best way I could. First, I divided the language into general categories, which make up the chapters. Below each chapter heading are subheadings, which further breakdown each larger category. The words in each category are organized alphabetically in English, although all "Verbs" are not. Each chapter ends with the subchapters "Verbs",

Comme le titre l'indique, ce livre est consacré exclusivement au vocabulaire. Il ne s'agit pas d'un livre qui vous apprendra à lire, à parler ou à comprendre le français. Il n'y a aucune mention d'un seul concept grammatical. Utilisez-le pour apprendre, développer, entraîner et tester votre vocabulaire français. Ce n'est rien d'autre que du vocabulaire divisé en catégories de mots.

J'ai structuré ce livre de la meilleure façon possible. Tout d'abord, j'ai divisé la langue en catégories générales, qui constituent les chapitres. Sous chaque titre de chapitre se trouvent des sous-titres qui décomposent davantage chaque grande catégorie. Les mots de chaque catégorie sont classés par ordre alphabétique en anglais, sauf pour les

"Phrases", and a chapter quiz. The "Phrases" subchapters contain 25 short phrases that cover vocabulary from the chapter. These are often commonly used phrases, which enable readers to see their vocabulary words in real life situations.

Each chapter culminates with a 30 question quiz. The first 20 questions are a matching exercise. On a separate sheet of paper, write down the letter that proceeds the word or phrase that matches the numbered column of words. The next 10 questions are fill in the blank, multiple choice. Select the letter that best completes the sentence. You will find each chapter's answer key on the following page. You really should take the quizzes to test and reinforce your knowledge. Further, I recommend

sections "Verbes". Chaque chapitre se termine par les sous-chapitres "Verbes" et "Phrases", ainsi que par un quiz. Les sous-chapitres "Phrases" contiennent 25 courtes phrases qui reprennent le vocabulaire du chapitre. Il s'agit souvent de phrases d'usage courant, qui permettent aux lecteurs de voir leurs mots de vocabulaire dans des situations de la vie réelle.

Chaque chapitre se termine par un quiz de 30 questions. Les 20 premières questions sont un exercice d'appariement. Sur une feuille séparée, écrivez la lettre qui précède le mot ou l'expression qui correspond à la colonne de mots numérotée. Les 10 questions suivantes sont des questions à choix multiples. Sélectionnez la lettre qui complète le mieux la phrase. Vous trouverez le corrigé de chaque chapitre à la page suivante. Vous devriez vraiment répondre aux quiz pour tester et

retaking earlier quizzes as you advance through the book to reinforce your knowledge. The book ends with an enormous 250 question final exam. Study hard before taking it!

There are several ways to use this book. To get the absolute most out of it, I suggest reading it cover to cover; slowly. Spend a night on each chapter. Then return to earlier chapters a few nights later. Take the quizzes. Retake them. Do not advance unless you earn a 90% or better. If you truly take the time to really learn each chapter, you will, no doubt, have an advanced French vocabulary in a few short months.

renforcer vos connaissances. De plus, je vous recommande de refaire les quiz précédents au fur et à mesure que vous avancez dans le livre afin de renforcer vos connaissances. Le livre se termine par un énorme examen final de 250 questions. Préparez-vous bien avant de le passer !

Il y a plusieurs façons d'utiliser ce livre. Pour en tirer le meilleur parti, je vous conseille de le lire dans l'ordre, chapitre par chapitre, lentement. Consacrez une soirée à chaque chapitre. Puis revenez aux chapitres précédents quelques nuits plus tard. Faîtes les quiz. Reprenez-les. N'avancez pas si vous n'obtenez pas 90 % ou plus. Si vous prenez vraiment le temps d'apprendre chaque chapitre, vous aurez, sans aucun doute, un vocabulaire français avancé en quelques mois.

You may also choose to use this book by chapter. Let's say you are going camping in a week. Study the chapter "Nature & Camping" every day until your trip. Ultimately, there are as many ways to utilize this book as there are individuals. I hope you find a method that works well for you and you manage to learn and retain an extraordinary amount of French vocabulary.

Thanks for reading!

Vous pouvez également choisir d'utiliser ce livre par chapitre. Disons que vous allez faire du camping dans une semaine. Etudiez le chapitre "Nature & Camping" tous les jours jusqu'à votre départ. En fin de compte, il y a autant de façons d'utiliser ce livre qu'il y a d'individus. J'espère que vous trouverez une méthode qui vous conviendra et que vous réussirez à apprendre et à retenir une quantité extraordinaire de vocabulaire français.

Merci d'avoir lu !

Chapter I
Food & Drink

Cooking / Cuisson

additive	additif
appetite	appétit
appetizing	appétissant(e)
baked	cuit(e)
barbecue	barbecue
beaten/whipped	battu(e)/ fouetté(e)
bitter	amer/amère
boiled	bouilli
bone	os
braised	braisé(e)
breaded	pané(e)
breast	poitrine
calorie	calorie
condiment	condiment
cooked outside	cuit à l'extérieur
cooked over charcoal or wood	cuit sur du charbon ou du bois
crispy/crunchy	croustillant(e)
crumbled	émietté
boneless/deboned	désossé
deboned meat	viande désossée
delicious/tasty	délicieux (délicieuse) / savoureux(savoureuse)
diet	régime
dough	pâte
dried	séché(e)

egg	œuf
fatty	gras
flavor	saveur
flour	farine
food preparation	préparation des aliments
fresh	frais/fraîche
fried	frit(e)
grated	râpé(e)
sauce/gravy	sauce
grease/fat	gras(sse)/graisse
greasy	gras(sse)
grill	griller
healthy	sain
hot (temperature)	chaud (température)
hunger	faim
ingredient	ingrédient
mcat eater	mangeur de viande
medium (cooked)	moyen (cuit)
mild	doux/douce
mixed	mixte
moldy	moisi(e)
oily	huileux/huileuse
olive oil	huile d'olive
pastry	pâte
peeled	pelé(e)
piece	pièce/ morceau
portion	portion
prepared in garlic	préparé(e) à l'ail
rancid	rance
rare	rare
raw	cru(e)
recipe	recette
roast	rôti(e)
salt and pepper	sel et poivre

salty	salé(e)
serving/helping	servir/aider
sharp taste/acidic	goût piquant/acide
sifted	criblé(e) / tamisé(e)
slice	tranche
sliced	tranché(e)
smoked	fumé(e)
soft	doux/douce
spicy	épicé(e)
stale/hard	rassis/dur(e)
steamed	à la vapeur
stewed	mijoté(e)
strong	fort(e)
stuffed	farci(e)
stuffing	farce(e)
sunflower oil	huile de tournesol
thirst	soif
to taste	à goûter
toasted	grillé(e)
uncooked	non cuit(e)
vegan	végétalien(ne)
vegetarian	végétarien(ne)
well done	bien cuit(e)
whisked	fouetté(e)

Cooking Tools

Outils de cuisine

apron	tablier
baking pan/sheet	plaque de cuisson
barbecue grill	grille de barbecue
baster	bassine
blender	mixeur
butcher's block	bloc de boucherie
cake pan	moule à gâteau

can opener	ouvre-boîte
charcoal grill	gril à charbon de bois
coffee maker	cafetière
colander	table de cuisson
cookbook	livre de cuisine
cookie cutter	cire d'abeille
cooling rack	grille de refroidissement
crock	pot en terre cuite
crock pot	marmite en terre cuite
cupcake pan	moule à cupcakes
cutting board	planche à découper
egg beater	batteur à oeufs
egg timer	machine à café
espresso machine	machine à espresso
fondue pot	caquelon fondue
food processor	robot de cuisine/robot culinaire
frying pan	poêle à frire
garlic press	presse-ail
grater	râpe
griddle	plaque de cuisson/plaque chauffante
grinder	moulin/broyeur
hamburger press	presse à hamburgers
ice bucket	seau à glace
ice cream scoop	cuillère à glace
juicer	presse-agrumes
kettle	bouilloire
ladle	louche
lasagna pan	moule à lasagne
measuring cup	tasse à mesurer
measuring spoon	cuillère à mesurer
mixing bowl	bol à mélanger
mold	moule

mortar and pestle	mortier et pilon
muffin pan	moule à muffins
nut cracker	casse-noix
oven mitts	gants de cuisine
paring knife	couteau d'office
peeler	éplucheur
pepper mill	moulin à poivre
pitcher	pichet
pizza cutter	coupe-pizza/roulette à pizza
pot holder	porte-casseroles
pressure cooker	autocuiseur
rice cooker	cuiseur à riz
rolling pin	rouleau à pâtisserie
salad bowl	saladier
saucepan	casserole
shears	ciseaux
skewer	brochette
skillet/frying pan	poêle/poêle à frire
slicer	trancheuse
slow cooker	mijoteuse
steamer	cuiseur à vapeur
strainer	passoire
thermometer	thermomètre
toaster oven	four grille-pain
tongs	pince
waffle iron	gaufrier
whisk	fouet
wok	wok

Red Meat

Viande rouge

bacon	bacon
beef	bœuf
bone	os

chop	côtelette
ham	jambon
hamburger	hamburger
hot dog	hot-dog
kidneys	rognons
lamb	agneau
lamb chop	côtelette d'agneau
liver	foie
meat	viande
meatballs	boulettes de viande
mutton	mouton
paté	pâté
pork	porc
pork chop	côtelette de porc
rabbit	lapin
roasted beef	bœuf rôti
salami	salami
sausage	saucisse
sirloin	aloyau
steak	steak
stew	ragoût
stewed meat	viande en ragoût
the skewer	la brochette
veal	veau

Poultry / Volaille

capón	chapon
chicken	poulet
chicken breasts	poitrines de poulet
duck	canard
egg	œuf
goose	oie
pheasant	faisan

quail	caille
turkey	dinde

Seafood

Fruits de mer

anchovy	anchois
clam	palourde
cod	morue
crab	crabe
eel	anguille
fish	poisson
herring	hareng
lobster	homard
mussel	moule
octopus	pieuvre
oyster	huître
salmon	saumon
sardine	sardine
scallop	coquille Saint-Jacques
shellfish	mollusques et crustacés / crustacés
shrimp	crevette
snail	escargot
squid	calmar
swordfish	l'espadon
the prawn	la crevette
the sea bass	le bar
trout	truite
tuna	thon

Types of Meat

Types de viande

bacon	bacon

blood sausage	boudin
breast	poitrine
chicken leg	cuisse de poulet
drumstick	pilon
common manner of preparing pork	manière courante de préparer le porc
full stuffed pig	porc farci
ham	jambon
heart	cœur
heel	talon
high back	haut du dos
hindquarters	arrière-train
hotdogs	hot-dogs
little ham	petit jambon
livers	foie
loin	longe
low back	bas du dos
medium	à point
medium well done	à point bien cuit
ossobuco	osso buco
pig skin	peau de porc
premium leg	cuisse de première qualité
rare	saignant
ribs	côtes
sausage	saucisse
sirloin	faux-filet
sirloin cap	filet d'aloyau
sweetbread meat	viande de ris de veau
tail	queue
tenderloin	filet
tip	pointe
tripe	tripes
very rare (blue)	très saignant (bleu)
well done	bien cuit

wings   ailes

Vegetables   Légumes

artichoke	artichaut
asparagus	asperges
beet	betterave
broccoli	brocoli
brussel sprouts	choux de Bruxelles
cabbage	chou
carrot	carotte
cauliflower	chou-fleur
celery	céleri
corn	maïs
cucumber	concombre
eggplant	aubergine
fava beans	fèves
french fries	frites
garlic	ail
green beans	haricots verts
leek	poireau
lentil	lentille
lettuce	laitue
mushroom	champignon
onion	oignon
parsley	persil
pea	pois
pepper	poivron
potato	pomme de terre
potato	pomme de terre
pumpkin	potiron
radish	radis
rhubarb	rhubarbe
spinach	épinard

tomato	tomate
turnip	navet
watercress	cresson
zucchini	courgette

Grains / Céréales

amaranth	amarante
barley	orge
bran	son
bread	pain
brown rice	riz brun
buckwheat	sarrasin
corn	maïs
couscous	couscous
flour	farine
noodles	nouilles
oatmeal/oats	flocons d'avoine/avoine
pasta	pâtes
popcorn	maïs soufflé
quinoa	quinoa
rice	riz
rye	seigle
wheat	blé
white rice	riz blanc

Nuts / Noix

brazil nut	noix du Brésil
cashew	noix de cajou
chestnut	châtaigne
hazelnut	noisette
legumes	légumineuses

nut   noix
peanut   arachide
walnut   noix
almond   amande

Fruit

apple   pomme
apricot   abricot
avocado   avocat
banana   banane
berry   baie
blackberry   mûre
cranberry   canneberge
date   datte
dried fruit   fruit sec
fig   figue
grape   raisin
grapefruit   pamplemousse
kiwi   kiwi
lemon   citron
lime   citron vert
melón   melon
olive   olive
orange   orange
peach   pêche
pear   poire
pineapple   ananas
plum   prune
pomegranate   grenade
prune   pruneau
raisin   raisin sec
raspberry   framboise
strawberry   fraise

Fruits

tangerine — mandarine

Alcoholic Beverages / Boissons alcoolisées

beer	bière
brandy	brandy / eau-de-vie
champagne	champagne
cocktail	cocktail
gin	gin
rum	rhum
scotch	scotch
sherry	sherry
vodka	vodka
whiskey	whisky
wine	vin

Beverages without Alcohol / Boissons sans alcool

cider	cidre
coffee	café
cola	cola
fountain (soda machine)	fontaine (machine à soda)
juice	jus de fruit
lemonade	limonade
milk	lait
milkshake	milkshake
mineral water	eau minérale
orange juice	jus d'orange
soda	soda
tea	thé
tonic	tonique
water	eau

Dessert

angel food cake	gâteau des anges
apple pie	tarte aux pommes
banana split	banana split
biscuits/cookies	biscuits/cookies
blueberry muffin	muffin aux myrtilles
brown sugar	sucre roux
brownie	brownie
bun	pain
butterscotch	caramel
cake	gâteau
pie	tarte
candy	bonbon
cane sugar	sucre de canne
cannoli	cannoli
caramel apple	pomme au caramel
cheesecake	gâteau au fromage
cherry pie	tarte aux cerises
chocolate	chocolat
chocolate bar	tablette de chocolat / barre de chocolat
chocolate cake	gâteau au chocolat
chocolate chip cookies	biscuits aux pépites de chocolat
chocolate covered candy	bonbons enrobés de chocolat
chocolate milkshake	milkshake au chocolat
chocolate sauce	sauce au chocolat
churro	churro
cinnamon roll	rouleau à la cannelle
coffee cake	gâteau au café
cream	crème
crème caramel	crème caramel

crepe	crêpe
cupcake/muffin	cupcake/muffin
custard	crème anglaise
dark chocolate	chocolat noir
doughnut	beignet
eclair	éclair
fortune cookie	biscuit chinois
frosting	glaçage
frozen yogurt	yaourt glacé
fruit cake	gâteau aux fruits
fudge	fudge
honey	miel
hot chocolate	chocolat chaud
hot fudge sundae	chocolat chaud
ice cream	crème glacée
ice cream cake	gâteau à la crème glacée
icing	glaçage
lollipop	sucette
marshmallows	guimauve
milk chocolate	chocolat au lait
nougat	nougat
peanut butter cookie	biscuit au beurre de cacahuètes
pecan pie	tarte aux noix de pécan
popsicle	popsicle
pound cake/sponge cake	gâteau quatre-quarts/gâteau éponge
pudding	pudding
pumpkin pie	tarte à la citrouille
red velvet cake	gâteau de velours rouge
rice pudding	riz au lait
sherbet	sorbet
toasted marshmallows	marshmallows grillés
toffee	caramel

truffles	truffes
wafer	gaufre
waffle	gaufre
whipped cream	crème fouettée
white chocolate	chocolat blanc
white sugar	sucre blanc

Verbs / Verbes

to grill	griller
to roast in the oven	griller au four
to beat/whip	battre / fouetter
to beat the eggs	battre les œufs
to braise	braiser
to heat the oven	pour chauffer le four
to sift	pour faire des rôtisser
to suck	aspirer
to bake	cuire à l'étouffée
to steam	cuire à l'étouffée
to cook	cuire
to season	pour la cuisson à la vapeur
to dice	à couper en dés
to dice	à couper en dés
to slice	à trancher
to chop/cut in small pieces	hacher/couper en petits morceaux
to debone meat	désosser la viande
to crumble	pour émietter
to pour	verser
to grease the mold	pour graisser le moule
to thicken	épaissir
to diet/be on a diet	faire un régime/être au régime
to spread	s'étaler

to wash	laver
to fry	faire frire
to adjust the oven	pour régler le four
to digest	digérer
to boil	faire bouillir
to bake	cuire au four
to marinate	pour faire mariner
to chew	pour mâcher
to mix	pour faire de l'exercice
to mix the ingredients	mélanger les ingrédients
to bite	mordre
to offer	offrir
to smell	sentir
to pass	passer
to peel	éplucher
to weigh	peser
to sct the table	mettre la table
to put on gloves	mettre des gants
to get sick	pour se faire vomir
to light the oven	pour allumer le four
to taste/sample	pour la mise en place d'un système de gestion de l'eau
to provide	pour fournir
to rot	pourrir
to clear the table	pour débarrasser la table
to debone fish	désosser le poisson
to grate	pour râper
to taste like	pour donner un goût à l'eau
to season	à la saisonde
to dry	l'eau de mer
to diet/be on a diet	servir/verser de l'eau
to serve/pour	servir/verser
to help oneself	se servir
to sift	tamiser

to toast	faire des toasts
to swallow	avaler
to carve	découper

Food Phrase

1. What kind of cake is it?
   Quelle sorte de gâteau est-ce ?
2. It's a chocolate cake.
   C'est un gâteau au chocolat.
3. Where is flan from?
   D'où vient le flan ?
4. Flan is from Spain.
   Le flan vient d'Espagne.
5. Who is bringing the cheesecake?
   Qui apporte le cheesecake ?
6. My sister is bringing the cheesecake.
   Ma sœurapporte le cheesecake.
7. How are cinnamon rolls made?
   Comment se préparent les roulés à la cannelle ?
8. Cinnamon rolls are very easy to prepare.
   Les roulés à la cannelle sont très faciles à préparer.
9. When is ice cream served?
   Quand la crème glacée est-elle servie ?
10. Ice cream is served for dessert.
    La glace est servie au dessert.
11. Why isn't there coffee?
    Pourquoi n'y a-t-il pas de café ?
12. The coffee ran out.
    Il n'y a plus de café.
13. How many cookies are there?
    Combien y a-t-il de biscuits ?
14. There are ten cookies.
    Il y a dix biscuits.
15. What is your favorite dessert?
    Quel est ton dessert préféré ?
16. My favorite dessert is a chocolate milkshake.
    Mon dessert préféré est un milk-shake au chocolat.
17. What's for dinner?
    Qu'est-ce qu'il y a pour le dîner ?
18. For dinner we will have pasta.
    Pour le dîner, nous mangerons des pâtes.
19. Do you have a special menu for vegetarians?

Avez-vous un menu spécial pour les végétariens ?
20. What would you like to drink?
Que voulez-vousboire ?
21. I would like orange juice without sugar
Je voudrais un jus d'orange sans sucre
22. How would you like your steak cooked?
Comment voulez-vous que votre steak soit cuit ?
23. I would like my steak medium rare.
J'aimerais que mon steak soit cuit à point.
24. The soup is very salty.
La soupe est très salée.
25. My juice is very sweet. Could you change it?
Mon jus est très sucré. Pourriez-vous le changer ?

Quiz - Chapter I
Food & Drink
Matching

1. raisin
2. fraise
3. appétit
4. biscuits
5. frites
6. croustillant
7. chaud (température)
8. moisi
9. crabe
10. palourde
11. jus
12. gras
13. amer
14. cru
15. bien fait
16. gril
17. à cuire
18. à mâcher
19. sucre
20. boulettes de viande

A. appetite
B. bitter
C. clam
D. cookies
E. crab
F. crispy
G. fat
H. fried
I. grape
J. grill
K. hot (temperature)
L. juice
M. meatballs
N. moldy
O. raw
P. strawberry
Q. sugar
R. to bake
S. to chew
T. well done

Multiple Choice Sentence Completion

21. Mon dessert préféré est _____.
a. l'appétit
b. la glace
c. la mastication
d. l'ébullition

22. Je ne bois pas très souvent, mais quand je le fais, je bois _____.
a. une bière
b. du bacon
c. une fraise
d. du poulpe

23. Mon condiment préféré est la sauce _____.
a. crabe
b. maïs
c. épicée
d. moisi

24. _____ me fait pleurer.
a. les oignons
b. le jus
c. les biscuits
d. la banane

25. Mon plat préféré est _____ avec des pâtes.
a. cru
b. assaisonné
c. bien cuit
d. les fruits de mer

26. Quand je fais de longs voyages, j'emporte _____.
a. sec
b. des cacahuètes
c. de saison
d. le grill

27. J'aime mon fromage _____.
a. additif
b. gras
c. bouillir
d. en tranches

28. J'adore manger _____ avec des hamburgers.
a. sucer
b. le servir
c. des frites
d. le moisir

29. Je commande toujours mon steak _____.
a. à point
b. le raisin
c. la palourde
d. la carotte

30. J'adore mettre _____ sur tout, mais j'ai mauvaise haleine.
a. la mastication
b. cru
c. l'ail
d. la cuisson

Answer Key

1. I
2. P
3. A
4. D
5. H
6. F
7. K
8. N
9. E
10. C
11. L
12. G
13. B
14. O
15. T
16. J
17. R
18. S
19. Q
20. M
21. B
22. A
23. C
24. A
25. D
26. B
27. D
28. C
29. A
30. C

Chapter II
Restaurants

Menus & Dishes

á la carte
appetizers
beef
bread
breakfast
brunch
buffet
cake
chicken
coffee
cola
condiments
cookies
cream
daily special
dessert
desserts menu
dinner
dried fruits
drink menu
drinks
eggs
entrée
fish
french fries
fruits
gourmet

Menus et plats

à la carte/au menu
entrées
bœuf
pain
petit-déjeuner
brunch
buffet
gâteau
poulet
café
cola
condiments
biscuits
crème
plat du jour
dessert
menu des desserts
dîner
fruits secs
carte des boissons
boissons
œufs
entrée
poisson
frites
fruits
gourmet

happy hour	happy hour
ice	glace
ice cream	glace
ice cubes	glaçons
jello	jello
ketchup	ketchup
lemonade	limonade
lettuce	laitue
lunch	déjeuner
lunch/meal	déjeuner/repas
main course	plat principal
meat	viande
medium (cooked)	moyenne (cuite)
menu	menu
mustard	moutarde
noodles	nouilles
nuts	noix
onions	oignons
order	commander
pasta	pâtes
pepper	poivre
pizza	pizza
platter	plat
rare (cooked)	saignant (cuit)
reservation	réservation
roasted	rôti
roll	rouleau
salad	salade
salt	sel
sandwich	sandwich
sauce	sauce
seafood	fruits de mer
seared	saisis

side order	commande d'accompagnement
snack	snack
soda	soda
soup	soupe
sparkling water	eau gazeuse
special	spécial
spices	épices
spicy	épicé
spill	renverser
starters/appetizers	entrées / amuse-gueules
steak	steak
sugar	sucre
supper	souper
sushi	sushi
taco	taco
tasty	savoureux
tea	thé
three-course meal	repas à trois plats
to go	à emporter
toast	toast
tomatoes	tomates
vegetables	légumes
vegetarian menu	menu végétarien
water	eau
well done (cooked)	bien cuit (cuit)
wine list	carte des vins

Restaurant Workers — Employés du restaurant

barman/barwoman	barman/barwoman
cashier	caissier

chef	chef cuisinier
dishwasher	plongeur/plongeuse
host	hôte
hostess	hôtesse
maitre d'/head waiter	maître d'hôtel
manager	manager
server	serveur
sommelier/wine steward	sommelier / sommelière
waiter/waitress	serveur/serveuse

Restaurant Items / Articles de restaurant

bar	bar
bottle	bouteille
bowl	bol
candle	bougie
centerpiece	centre de table
chair	chaise
cup	tasse
cutlery	couverts
doggie bag	sac à chien
fork	fourchette
glass	verre
jar/jug	pot/jarre
kids' club	club enfants
kitchen	cuisine
knife	couteau
lounge bar	bar de salon
mug	mug
napkin	serviette
non-smoking area	zone non-fumeur
parking	parking
plate	assiette
playground	aire de jeux

silverware	argenterie
spoon	cuillère
table	table
tablecloth	table
toilet/restroom	toilettes
valet parking	valet de parking
waiting room/area	salle d'attente

Types of Restaurants / Types de restaurants

bistro	bistrot
cafetería/cafe	cafétéria/café
delicatessen	épicerie fine
diner (type of restaurant)	diner (type de restaurant)
italian restaurant	restaurant italien
mexican restaurant	restaurant mexicain
chinese restaurant	restaurant chinois
japanese restaurant	restaurant japonais
spanish restaurant	restaurant espagnol
indian restaurant	restaurant indien
fast food restaurant	restaurant fast-food

The Bill / L'addition

bill/check	facture/chèque
cash	argent liquide
cashier	caissier
change	monnaie
credit card	carte de crédit
debit card	carte de débit
tax	taxe
tip	pourboire

Verbs / Verbes

to accept	accepter
to drink	boire
to eat	manger
to cost	coûter
to decide	décider
to choose	choisir
to push (a door)	pousser (une porte)
to order	pour ordonner
to choose	choisir
to not have money	ne pas avoir d'argent
to spend money	dépenser de l'argent
to make a reservation	faire une réservation
to pull (a door)	tirer (une porte)
to go to the bathroom	pour aller à la salle de bain
to wash the dishes	faire la vaisselle
to wash your hands	pour se laver les mains
to clean a table	pour nettoyer une table
to need	pour avoir besoin
to order	commander
to pay by credit card	payer par carte de crédit
to pay in cash	payer en espèces
to take a meal to go	emporter un repas
to spend time	pour le compte d'autrui
to order	commander
to order dessert	commander un dessert
to make a complaint	faire une réclamation
to want	vouloir
to have a reservation	réserver une place dans un restaurant
to end up/finish	finir
to drink	de boire
to cost	de l'argent

Phrases

1. Enjoy your meal!
   Profitez de votre repas !
2. The tip is included.
   Le pourboire est inclus.
3. Sir/madam, the bill please?
   Monsieur/madame, l'addition s'il vous plaît ?
4. Is the tip included?
   Le pourboire est-il inclus ?
5. One bill, please.
   Une seule facture, s'il vous plaît.
6. Separate bills, please.
   Des factures séparées, s'il vous plaît.
7. Do you accept credit cards?
   Acceptez-vous les cartes de crédit ?
8. Can we get another round please?
   Pouvons-nous avoir une autre tournée, s'il vous plaît ?
9. That was delicious!
   C'était délicieux !
10. Cheers!
    A la vôtre !
11. No pets allowed.
    Les animaux domestiques ne sont pas autorisés.
12. May I sit at the bar?
    Puis-je m'asseoir au bar ?
13. What is the dish of the day?
    Quel est le plat du jour ?
14. Is there a house specialty?
    Y a-t-il une spécialité de la maison ?
15. What do you recommend?
    Que recommandez-vous ?
16. What would you like to drink, eat?
    Que désirez-vous boire ou manger ?

17. Have you finished?
    Avez-vous terminé ?
18. Would you like to order?
    Voulez-vous commander ?
19. Anything else?
    Autre chose ?
20. We need more time to decide.
    Nous avons besoin de plus de temps pour nous décider.
21. Under whose name?
    Au nom de qui ?
22. Do you have any vegetarian dishes?
    Avez-vous des plats végétariens ?
23. May I see the menu, please?
    Puis-je voir le menu, s'il vous plaît ?
24. We are ready to order.
    Nous sommes prêts à commander.
25. No thank you, I am full.
    Non merci, je suis rassasié.

Quiz – Chapter II
Restaurants
Matching

1. bien cuit (cuit)
2. à coûter
3. gourmet
4. manager
5. crème glacée
6. nappe
7. carte des desserts
8. serveur
9. à commander
10. pour faire une réservation
11. bœuf
12. happy hour
13. snack
14. biscuits
15. hors-d'œuvre/entrées
16. nouilles
17. fruits de mer
18. moyen (cuit)
19. pour payer en espèces
20. épicé

A. appetizers/starters
B. beef
C. cookies
D. dessert menu
E. gourmet
F. happy hour
G. ice cream
H. manager
I. medium (cooked)
J. noodles
K. seafood
L. snack
M. spicy
N. tablecloth
O. to cost
P. to make a reservation
Q. to order
R. to pay in cash
S. waiter
T. well done (cooked)

Multiple Choice Sentence Completion

21. J'ai besoin d'un _____ pour manger ma soupe.
a. repas de trois plats
b. bien fait
c. sauce tomate
d. bol

22. Les _____ sont dans le tiroir de gauche.
a. couverts
b. cuisiniers
c. hôtes
d. bistrot

23. Vous voulez partager la _____ ?
a. pas assez cuit
b. serveur
c. facture
d. carte des vins

24. Quel est la _____ sur l'immobilier dans votre pays ?
a. sushi
b. rouleau
c. taxe
d. légumes

25. J'ai hâte de _____, je vais manger une glace !
a. commander un dessert
b. lave-vaisselle
c. bleu
d. pichet

26. Je suis déjà rassasié et je n'ai mangé que la moitié de mon repas, puis-je avoir un _____ ?
a. bar
b. doggy bag
c. salle d'attente
d. deli

27. Ces tacos al pastor sont très _____ !
a. savoureux
b. facture
c. boisson
d. bouteille

28. Je n'aime pas les _____, mais j'essaie quand même d'en manger.
a. conseils   c. fourchettes
b. pousser   d. légumes

29. Ce serveur était excellent. Laissez-lui un _____.
a. pourboire   c. serviette
b. laver la vaisselle d. café

30. Karen est toujours _____ lorsque nous allons au restaurant.
a. tasse   c. réclamer
b. taco   d. savoureux

Answer Key

1. T
2. O
3. E
4. H
5. G
6. N
7. D
8. S
9. Q
10. P
11. B
12. F
13. L
14. C
15. A
16. J
17. K
18. I
19. R
20. M
21. D
22. A
23. C
24. C
25. A
26. B
27. A
28. D
29. A
30. C

Chapter III
The Home

Types of Homes	Types de logements
apartment	appartement
apartment building	immeuble d'habitation
building	immeuble
bungalow	bungalow
cabin	cabane
hut	hutte
castle	château
chalet	chalet
condominium	condominium/copropriété
cottage	chalet
detached house	maison individuelle
dormitory	dortoir
farmhouse	ferme
flat	appartement
high-rise	tour d'habitation
hotel	hôtel
igloo	igloo
lighthouse	phare
loft	loft
log cabin	cabane en rondins
nursing home	maison de retraite
studio	studio
suite	suite
villa	villa

Rooms in the Home — Pièces de la maison

attic	grenier
basement	sous-sol
bathroom	salle de bain
bedroom	chambre à coucher
boiler room	chaufferie
cloakroom	vestiaire
den	nid d'abeilles
dining room	salle à manger
family room	salle familiale
foyer	foyer
garage	garage
guest room	chambre d'amis
hallway	couloir
home office	bureau à domicile
kitchen	cuisine
laundry room	buanderie
library	bibliothèque
living room	salle de séjour
lounge	salon
mud room	vestiaire
nursery	chambre d'enfants/nurserie
pantry	garde-manger
play room/game room	salle de jeux
study room	salle d'étude
sunroom	salle de bronzage
wine cellar	cave à vin

Home Supplies — Fournitures pour la maison

ashtray	cendrier
bedspread	couvre-lit

blanket	couverture
blinds	stores
candle	bougie
curtains	rideau
dish	vaisselle
dishes	vaisselle
doormat	paillasson
doormat	tapis de porte
electrical cord	cordon électrique
extension cord	cordon d'extension
fan	ventilateur
fire extinguisher	extincteur de feu
firewood	bois de chauffage
flatware/utensils	couverts/ustensiles
fork	fourchette
frame (photo)	cadre (photo)
garbage can	poubelle
garbage disposal	poubelle à ordures
gas	gaz
glass (drinking)	verre (à boire)
handle (drawer)	poignée (tiroir)
handle (pitcher)	poignée (pichet)
key	clé
knife	couteau
lamp	lampe
lampshade	abat-jour
lever	levier
light	lumière
lightbulb	ampoule
lock	serrure
log	bûche
painting/picture	peinture/image
paperclips	trombones
passageway	passage

photo	photo
pillow	oreiller
pillowcase	taie d'oreiller
rug/mat	tapis/matelas
tablecloth	nappe
placemat/tablemat	tapis de table/nappe
plug/stopper	fiche/bouchon
poster	affiche
quilt	tapis
rug (area)	tapis (d'extérieur)
sheets	feuille d'érable
shelf	étagère
spoon	cuillère
towel	serviette
tray	plateau
vase	vase
wastepaper basket	corbeille à papier

Furniture — Meubles de salle de bain

armchair/easy chair	fauteuil/chaise longue
armoire/cabinet	armoire/cabinet
bar stool	tabouret de bar
bean bag chair	fauteuil sac à dos
bed	lit
bedside table	table de chevet
bench	banc
bookcase	bibliothèque
bunk bed	lit superposé
bureau	bureau
cabinet	armoire
canopy bed	lit à baldaquin

chair (dining room)	chaise (salle à manger)
china hutch	table à langer
coffee table	table basse
console	console
cradle	berceau
cushion	coussin
desk	bureau
desk chair	chaise de bureau
drawer	tiroir
dresser/bureau	buffet/bureau
dressing table	table de toilette
entertainment center	centre de divertissement
footrest	repose-pieds
futon	futon
grandfather clock	horloge grand-père
highchair	chaise haute
lamp	lampe
love seat	fauteuil d'enfant
ottoman	ottoman
piano	piano
recliner	fauteuil inclinable
rocking chair	fauteuil à bascule
sideboard	buffet
sofa/couch	canapé/chaise
stool	tabouret
table	table
waterbed	lit à eau

Fixed Parts of the House

Parties fixes de la maison

back door	porte de derrière
balcony	balcon

baseboard	plinthe
bathtub	baignoire
boiler	chaudière
bookshelf	bibliothèque
brick	brique
burglar alarm	alarme de cambrioleur
cabinet	armoire
carpet (wall to wall)	moquette (mur à mur)
ceiling/roof	plafond/toit
countertop (kitchen)	plan de travail (cuisine)
cupboard	armoire
door	porte
doorknob	porte d'entrée
doorknob/door handle	poignée de porte
drain	drain
electric lines	lignes électriques
electrical outlet	prise de courant
electricity	électricité
elevator	ascenseur
faucet handle	poignée de robinet
faucet/tap	robinet
fire alarm	alarme incendie
fireplace	cheminée
floor (level of building)	plancher (niveau d'un bâtiment)
floor (standing surface)	sol (surface debout)
front door	porte d'entrée
furnace/oven	appareil de chauffage/four
gas lines	conduites de gaz
ground floor	rez-de-chaussée
hearth/floor of fireplace	foyer/plancher de la cheminée
heating system	système de chauffage
keyhole	trou de serrure

lightswitch	interrupteur
mailbox	boîte aux lettres
mantel	manteau de cheminée
outlet	sortie
pipe	tuyau
radiator	radiateur
roof	toit
shower	douche
shutters	volets
sink (bathroom/kitchen)	évier (salle de bain/cuisine)
sink (kitchen)	évier (cuisine)
skylight	lucarne / puits de lumière
stairs	escalier
step	marche / escalier
terrace	terrasse
the antenna	l'antenne
tile (bathroom)	carrelage (salle de bain)
tile (floor)	carrelage (sol)
tile (roof)	tuile (toit)
toilet	toilettes
towel rack	porte-serviettes
view	vue
view	vue
wall (exterior)	mur (extérieur)
wall (interior)	mur (intérieur)
window	fenêtre
window pane	fenêtre
windowsill	appui de fenêtre
wire	fil
wiring	câblage
wood	bois

Electronics & Appliances

air conditioner	climatiseur
answering machine	machine à répondre aux appels téléphoniques
clothes dryer	sèche-linge
compact disc player	lecteur de disques compacts
computer	ordinateur
drying machine(clothes)	machine à sécher (vêtements)
DVD Player	lecteur DVD
electric razor/shaver	rasoir électrique
electric toothbrush	brosse à dents électrique
freezer	congélateur
fryer	friteuse
furnace/boiler	four/chaudière
glass protector	protection de la vitre
grill	gril
hair dryer	sèche-cheveux
iron/hair straightener	fer à repasser/lisseur de cheveux
hair dryer	sèche-cheveux
iron (clothes)	fer à repasser (vêtements)
ironing board	table à repasser
knobs	boutons
laptop	ordinateur portable
radio	radio
sewing machine	machine à coudre
stereo	stéréo
stereo system	chaîne stéréo
television set	télévision
vacuum cleaner	aspirateur
VCR	magnétoscope
video recorder	magnétoscope

Électronique et appareils

53

washing machine (clothes)	machine à laver (vêtements)

The Kitchen / La cuisine

arepa griller	gril arepa
blender	mixeur
bowl	bol
burner ring (stove)	anneau de brûleur (cuisinière)
burners (stove)	brûleurs (cuisinière)
can opener	ouvre-boîte
chopping board	planche à découper
coffee grinder	moulin à café
coffee maker	machine à café
corkscrew	tire-bouchon
cup	tasse
cupboard	armoire
cutlery	coutellerie
dishwasher	lave-vaisselle
fork	fourchette
freezer	congélateur
frying pan	fosse à frire
funnel	entonnoir
glass (drinking)	verre (à boire)
grater	râpe
jug/pitcher	pot/éprouvette
juicer	jus de fruit
kettle	bouilloire
kitchen mittens	gants de cuisine
knife	couteau
ladle	louche
microwave	micro-ondes
microwave oven	four à micro-ondes
mortar	mortier
oven	

peeler	four
plate	éplucheur
pot	assiette
refrigerator	casserole
rolling pin	réfrigérateur
scissors	rouleau à pâtisserie
spatula	ciseaux
spoon	spatule
stove	cuillère
strainer	fourneau
teaspoon	filtre
toasted sandwich maker	cuillère à café
toaster	appareil à croque-monsieur
whisk/blender	grille-pain
wineglass	fouet/blender
	verre à vin

Cleaning The House / Nettoyage de la maison

broom	balai
brush	brosse
bucket	seau
dustpan	pelle à poussière
gloves	gants
liquid soap	savon liquide
mop	serpillière
rag	chiffon
soap	savon
sponge	éponge
vacuum cleaner	aspirateur

Tools around the House — Outils pour la maison

air compressor	compresseur d'air
anvil	enclume
ax	hache
blade	lame
chisel	ciseau
clamp	pince
crowbar	pince à courroie
drill	moulin à vent
drill bit	moulin à vent
file	lime
hammer	marteau
hedge clippers	ciseaux à haies
hoe	houe
hose	tuyau d'arrosage
knife	couteau
ladder	échelle
lawnmower	tondeuse à gazon
level	niveau
log	bûche
mallet	maillet
motor oil	huile moteur
nail (fastener)	clou (fixation)
nut (fastener)	écrou (fixation)
oil can	bidon d'huile
paint	peinture
paintbrush	pinceau
pickaxe	pioche
pliers	pince
pump	pompe
rake	râteau
sandpaper	papier de verre

saw	scie
screw/bolt	vis/boulon
screwdriver	tournevis
shears	cisaille
shovel/spade	pelle/bêche
sledgehammer	masse
snowblower	souffleuse à neige
stepladder	escabeau
tack (fastener)	punaise (attache)
tools around the House	outils autour de la maison
toolbox	boîte à outils
trowel	truelle
varnish	vernis
vise	étau
weed killer	désherbant
wheelbarrow	brouette
woodworking planer	rabot à bois
wrench	clé à molette

The Backyard — L'arrière-cour

back porch	porche arrière
birdbath	bain d'oiseaux
doghouse	niche
driveway	allée
fence	clôture
gate	portail
grass/sod	gazon
hammock	hamac
path	sentier
patio furniture	meubles de patio
patio/yard	patio/cour
pond	étang
porch	porche

porch swing	balançoire de porche
rocks	rochers
shed	cabane
soil	sol
swing	balançoire
trampoline	trampoline
tree house	cabane

The Garden — Le jardin

animals	animaux
broom	balai
bucket	seau
bush	buisson
edger	coupe-bordure
evergreen	arbre à feuillage persistant
fence	clôture
fertilizer	engrais
flowers	fleurs
fruit tree	arbre fruitier
garden hose	tuyau d'arrosage
gloves	gants
grass	gazon
greenhouse	serre
hardy	rustique
hedges	haies
herb garden	jardin d'herbes
hoe	houe
hose	tuyau d'arrosage
ladybug	coccinelle
mulch	paillis
orchard	verger
perennials (like roses)	plantes vivaces (comme les roses)

pitchfork	fourche
plant pot	pot de fleurs
planter	jardinière
plants	plantes
pond	étang
pot	pot
pruners	tailleurs
root	racine
seasonal flowers	fleurs de saison
seed packet	paquet de graines
seedling	semis
seeds	graines
shears	cisaille
shovel/spade	pelle/bêche
shrub	arbuste
soil	terre
soil/earth	terre/terre
sprinkler	arrosage
tilth	terre
trowel	truelle
vegetable garden	jardin potager
vine	vigne
watering can	arrosoir
weeds	mauvaises herbes
wheelbarrow	brouette

Verbs / Verbes

to lay down	s'allonger
to sweep	balayer
to drink	boire
to unclog the toilet	déboucher les toilettes
to toast	faire des toasts
to change the bed sheets	changer les draps de lit

to dig a hole	creuser un trou
to celebrate holidays	célébrer les vacances
to brush	brosser
to cook	cuisiner
to eat	manger
to mow the lawn	tondre la pelouse
to relax	se détendre/se relaxer
to disinfect	désinfecter
to scrub	frotter
to play cards	jouer aux cartes
to wash (clothes/dishes)	laver (le linge/la vaisselle)
to wash the dishes	laver la vaisselle
to read books	lire des livres
to clear the table	débarrasser la table
to clean the windows	nettoyer les vitres
to clean oneself	se nettoyer
to get full	être rasassié
to chew	mâcher
to smell	sentir
to pay the taxes	payer les impôts
to pass	passer
to hang out	traîner/sortir
to plant a tree	planter un arbre
to set the table	mettre la table
to put music on	mettre de la musique
to try/taste	essayer/goûter
to remove fallen leaves	enlever les feuilles mortes
to pick vegetables and fruit	cueillir des légumes et des fruits
to water the plants	arroser les plantes
to relax	se détendre/se relaxer
to take out the trash	sortir la poubelle/les déchets
to pull out the weeds	arracher les mauvaises herbes
to dust/shake off	dépoussiérer/secouer

to sit down	s'asseoir
to serve	servir
to serve oneself	se servir
to sip	siroter
to finish	finir
to drink	boire
to swallow	avaler
to mop	s'éponger
to watch movies	regarder des films
to watch TV	regarder la télévision

Phrases

1. My uncle enjoys sitting in his rocking chair.
   Mon oncle aime s'asseoir dans son fauteuil à bascule.
2. I plan to go to the cottage for a rest.
   J'ai l'intention d'aller me reposer au chalet.
3. I´m going to sit on the park bench.
   Je vais m'asseoir sur le banc du parc.
4. I think the lightswitch is damaged.
   Je pense que l'interrupteur est endommagé.
5. Could you pass me the corkscrew?
   Pourriez-vous me passer le tire-bouchon ?
6. The cutlery is in the drawer.
   Les couverts sont dans le tiroir.
7. I need to buy a mop to clean.
   Il faut que j'achète une serpillière pour nettoyer.
8. Do you have a screwdriver to lend me?
   Avez-vous un tournevis à me prêter ?
9. I´m going to shake off the dust from the rug.
   Je vais secouer la poussière du tapis.
10. I need two nails to hang the picture.
    J'ai besoin de deux clous pour accrocher le tableau.
11. Do you have a toolbox?
    Avez-vous une boîte à outils ?
12. I will be busy working with my lawnmower.
    Je serai occupé à travailler avec ma tondeuse à gazon.
13. I am going to prune the plants with the shears.
    Je vais tailler les plantes à l'aide du sécateur.
14. The flowers of the garden need fertilizer.
    Les fleurs du jardin ont besoin d'engrais.
15. The vegetable garden attracts deer.
    Le potager attire les chevreuils.
16. In the cupboard is the cup to serve the coffee.
    Dans le placard, il y a la tasse pour servir le café.
17. The coffee maker is next to the toaster.

La cafetière est à côté du grille-pain.
18. I love the colors of the ladybugs.
   J'aime les couleurs des coccinelles.
19. The roots of the plants are strong.
   Les racines des plantes sont fortes.
20. I need soap to wash the rag.
   J'ai besoin de savon pour laver le chiffon.
21. The weed killer will protect my garden.
   Le désherbant protégera mon jardin.
22. Hand me the strainer to make juice.
   Passe-moi la passoire pour faire du jus.
23. Turn on the air conditioner.
   Allume le climatiseur.
24. Give me the can opener to open the cat's tuna.
   Donne-moi l'ouvre-boîte pour ouvrir le thon du chat.
25. We do not have an ashtray in the apartment.
   Nous n'avons pas de cendrier dans l'appartement.

Quiz – Chapter III
The Home

1. scie
2. vis
3. balayer
4. marteau
5. clou
6. ciseaux
7. balai
8. mop (serpillière)
9. l'éponge
10. l'aspirateur
11. congélateur
12. gril
13. bureau
14. canapé
15. porte arrière
16. mixeur
17. les toilettes
18. la fenêtre
19. ampoule
20. draps

A. back door
B. blender
C. broom
D. desk
E. freezer
F. grill
G. hammer
H. lightbulb
I. mop
J. nail
K. saw
L. scissors
M. screw
N. sofa
O. sponge
P. to sweep
Q. toilet
R. vacuum cleaner
S. window
T. sheets

Multiple Choice Sentence Completion

21. A mon retour de vacances, _____ était pleine.
a. la bougie
b. la boîte aux lettres
c. le poing
d. la tuile

22. Il fait froid. Veuillez fermer _____.
a. le fer à repasser
b. l'éponge
c. le balai
d. la fenêtre

23. J'ai besoin de dormir avec plusieurs _____.
a. les oreillers
b. le lave-vaisselle
c. les vis
d. la cuisinière

24. L'énorme _____ chauffe la maison.
a. robinet
b. poubelle
c. canapé
d. cheminée

25. J'ai besoin d'un _____ pour recharger mon téléphone.
a. aspirateur
b. balai
c. brûleur
d. prise

26. Je ne peux pas dormir sans _____.
a. ventilateur
b. pied de biche
c. sèche-linge
d. serpillière

27. En hiver, j'aime dormir avec une _____ chaude.
a. couverture
b. clou
c. fer à repasser
d. nappe

28. Comment dois-je décorer _____ ?
a. la prise de courant
b. l'ampoule
c. les toilettes
d. le couloir

29. J'adore travailler sur mon _____ à la maison !
a. toilettes   c. bureau
b. bougie   d. boîte aux lettres

30. Le four se trouve à _____.
a. le carrelage   c. la cave
b. le canapé   d. le grill

Answer Key

1. K
2. M
3. P
4. G
5. J
6. L
7. C
8. I
9. O
10. R
11. E
12. F
13. D
14. N
15. A
16. B
17. Q
18. S
19. H
20. T
21. B
22. D
23. A
24. D
25. D
26. A
27. A
28. D
29. C
30. C

Chapter IV
Work

Work Words | Mots de travail

Work Words	Mots de travail
advance	avance
advertisement	annonce
applicant	candidat
application	candidature
application forms	formulaire de demande
apprentice	apprenti
assistant	assistant(e)
badly lit	mal éclairé
benefits	avantages sociaux
billboard	panneau d'affichage
board of directors	conseil d'administration
bonus	bonus
boss	patron
branch	branche
business	entreprise
business owner	propriétaire d'entreprise
business trip	voyage d'affaires
civil service	service public
classified ad	petite annonce
commission	commission
company	entreprise
company car	voiture de société
contract	contrat
curriculum vitae	curriculum vitae
day shift	équipe de jour
department	département
director	directeur

discrimination	discrimination
dismissal	licenciement
employee	employé
employer	employeur
employment agency	agence pour l'emploi
employment office/job center	agence pour l'emploi/centre pour l'emploi
employment patterns	modèle d'emploi
executive	cadre
expense account	agence pour l'emploi
expenses	dépenses
flextime	emploi
franchise	franchise
freelancer	freelance
freelance	freelance
full time	temps plein
full time work	travail à temps plein
head of department	chef de service
holidays	vacances
human resources	ressources humaines
income	revenu
intern/apprentice	stagiaire/apprentissage
internship	stage
interview	entretien
job	emploi
job application	demande d'emploi
job description	description de l'emploi
job interview	entretien d'embauche
job offer	offre d'emploi
job openings	emploi
letter of recommendation	lettre de recommandation
marketing	marketing
meeting	réunion
minimum service/light duty	service minimum/travail léger

minimum wage	salaire minimum
night shift	service de nuit
occupation	métier
office	bureau
opening/position	ouverture/poste
overtime	heures supplémentaires
part time	temps partiel
part time work	travail à temps partiel
pay raise	augmentation de salaire
paycheck	salaire
payday	jour de paie
payroll	salaire
pension	pension
pensioner	pensionné
perks	avantages
permanent employee	employé permanent
personnel	personnel
personnel manager	personnel de l'entreprise
post	poste
profession	profession
professional	professionnel
professional experience	expérience professionnelle
promotion	promotion
qualification	qualification
qualified	qualifié(e)
racial discrimination	discrimination raciale
racial harassment	harcèlement racial
range of services	gamme de services
reference	référence
résumé	C.V. / résumé
retired person	personne à la retraite
retirement	retraite
retribution	rémunération
salary	salaire

sales	vente
secretary	secrétaire
self-employed	indépendant
sex discrimination	discrimination sexuelle
sexual harassment	harcèlement sexuel
shift	travailleur indépendant
social security	sécurité sociale
specialist	spécialiste
staff	personnel
strike	grève
temporary	intérimaire
temporary employment agency	agence d'intérim
temporary indefinite contract	contrat temporaire à durée indéterminée
time flexibility	flexibilité du temps
trade union	syndicat
training	formation
training period	période de formation
trial/probation period	période d'essai/probation
unemployed person	chômeur
unemployment	chômage
vacancy	vacance
vacation	vacances
well lit	bien éclairé
worker	travailleur
working day	jour de travail
working hours	heures de travail

Places of Employment

Lieux de travail

bank	banque

bar	bar
branch office	succursale
church	église
company	entreprise
construction site	chantier de construction
drugstore	pharmacie
factory/plant	usine
farm	ferme
foundry	fonderie
hospital	hôpital
library	bibliothèque
main office	bureau principal
mine	mine
movie theater	salle de cinéma
museum	musée
office	bureau
radio station	station de radio
restaurant	restaurant
school	école
shoe store	magasin de chaussures
shopping mall	centre commercial
stadium	stade
store	magasin
sweatshop	magasin d'articles de sport
swimming pool	piscine
theater	théâtre
university	université
vineyard	vignoble
warehouse	entrepôt
workshop/garage	atelier/garage

Professions

Professions

accountant — comptable

actor	acteur
actress	actrice
actuary	actuaire
administrative assistant	assistant(e) administratif(ve)
agent	agent
architect	architecte
artist	artiste
baker	boulanger
banker	banquier
barber	barbier
bellhop	groom
bookseller	libraire
brewer	brasseur
bricklayer/mason	briqueteur/maçon
builder	constructeur
bus driver	chauffeur de bus
business person	entrepreneur
business person	entrepreneur en bâtiment
butcher	boucher
buyer	acheteur
camera operator	opérateur de caméra
caretaker/watchman	gardien/gardienne d'immeuble
carpenter	charpentier
cashier	caissier
caterer	traiteur
chauffeur/driver	chauffeur/conductrice
chef/cook	chef cuisinier
chemist	chimiste
civil servant	fonctionnaire
civil servant/public service worker	fonctionnaire/travailleur du service public
cleaner	nettoyeur
clerk	commis
computer programmer	

computer repair technician	programmeur informatique technicien en réparation d'ordinateurs
contractor	entrepreneur
counselor	conseiller
country person/farmer	technicien en réparation d'ordinateurs
custodian	gardien
customers officer	agent de clientèle
dancer	danseur
decorator	décorateur
delivery person	livreur
dentist	dentiste
deputy	député(e)
detective	détective
doctor	médecin
draftsperson	dessinateur
driver	conducteur/trice
driving teacher	enseignant(e) de la conduite
economist	économiste
editor	rédacteur/rédactrice
electrician	électricien
engineer	ingénieur
executive	cadre
farmer	agriculteur
firefighter	pompier
fisherman/woman	pêcheur/femme
flight attendant	hôtesse de l'air
florist	fleuriste
foreman/forewoman	contremaître/femme de ménage
garbage collector	éboueur /contremaître
gardener	jardinier
grocer	épicier

guide	guide
hairdresser	coiffeur
industrialist	industriel
insurance agent	agent d'assurance
interpreter	interprète
investor	investisseur
IT technician	technicien informatique
janitor	concierge
jeweler	bijoutier
journalist	journaliste
judge	juge
laborer	ouvrier
lawyer	avocat
librarian	bibliothécaire
mail carrier	facteur
manager	manager
manicurist	manucure
manufacturer	fabricant
massage therapist	massothérapeute
mechanic	mécanicien
messenger	messager
metal worker	ouvrier métallurgiste
midwife	sage-femme
miner	mineur
minister	ministre
model	modèle
mover	déménageur
movie director	directeur de cinéma
movie star	star de cinéma
musician	musicien
news anchor	présentateur de journal
newspaperman/woman	journaliste
newsperson	journaliste
nurse	infirmier/ère

office worker	employé de bureau
officer	officier/officière
optician	opticien/opticienne
painter	peintre
pastry chef	pâtissier
pharmacist	pharmacien
photographer	photographe
physicist	physicien
pilot	pilote
plasterer	plâtrier
plumber	plombier
poet	poète
police officer	policier
policewoman	policier/ère
politician	politicien
postman	facteur
priest	prêtre
printer	imprimeur
producer	producteur
professor	professeur
psychiatrist	psychologue
psychologist	psychologue
publicist	publiciste
publisher	éditeur
radio presenter	animateur radio
real estate agent	agent immobilier
receptionist	réceptionniste
reporter	journaliste
representative	représentant(e)
researcher	chercheur
sailor	marin
salesperson	vendeur
scientist	scientifique
sculptor	sculpteur

secretary	secrétaire
security officer	agent de sécurité
senator	sénateur
servant	serviteur
shepherd	berger
shoemaker/cobbler	cordonnier/cobalier
shop assistant	assistant de magasin
shopkeeper	vendeur
singer	chanteur
social worker	travailleur social
soldier	soldat
spy	espion
stock trader	négociant en valeurs mobilières
stockbroker	agent de change
student	étudiant
stylist	styliste
surgeon	chirurgien
surveyor	géomètre
taxi driver	chauffeur de taxi
teacher	enseignant
technical expert	expert technique
television announcer	animateur/animatrice de télévision
translator	traducteur
truck driver	chauffeur de camion
vet/veterinarian	vétérinaire
waiter	serveur
writer	écrivain

Office Work / Travail de bureau

agenda	agenda
business lunch	déjeuner d'affaires

business meeting	réunion d'affaires
business trip	voyage d'affaires
career	carrière
conference call	conférence téléphonique
conference room	salle de conférence
correction fluid	carte d'identité
counter	comptoir
cubicle	cabine
desk	bureau
disciplinary action	action disciplinaire
e-mail	courriel / e-mail
extension	poste
fax	fax
fax machine	fax
file	dossier
filing cabinet	dossier d'archivage
intercom	interphone
position	poste
management	direction / gestion
manger	directeur
meeting	réunion
misconduct	faute professionnelle
occupation/profession	métier/profession
open office plan	plan de bureau ouvert
photocopier	photocopieur
photocopy	photocopie
professional	professionnel
publicity	publicité
reception	réception
receptionist	réceptionniste
requirements	exigences
research	recherche
secretarial pool	pool de secrétaires
shorthand	sténographie

swivel chair	fauteuil pivotant
trade	métier
training course	formation
verbal warning	avertissement verbal
vocation	vocation
salary/wage	salaire
wage earner	salaire
wastebasket	poubelle
word processor	traitement de texte
workforce	main-d'œuvre
workstation	poste de travail
written warning	avertissement écrit
free	gratuit
semi-skilled	semi-qualifié
skilled	qualifié
unskilled	non qualifié

Factory Work / Travail en usine

automation	automatisation
automobile industry	industrie automobile
average	moyen
ballot	bulletin de vote
blue collar worker	travailleur à temps partiel
bonus	prime
component	composante
demonstration	démonstration
dispute	litige
factory	usine
firing/dismissal	licenciement/révocation
forklift	chariot élévateur à fourche
hourly	horaire
industrial relations	relations industrielles
industry	industrie

labor dispute	conflit de travail
light industry	industrie légère
manufacturing	industrie manufacturière
mass production	production de masse
minimum wage	salaire minimum
mining	exploitation minière
official	officiel
on the production line	sur la chaîne de production
picket	piquet de grève
power industry	industrie de l'énergie
precision tool	outil de précision
prefabricated	préfabriqué
process	processus
product	produit
productivity	productivité
raw materials	matières premières
robot	robot
settlement	règlement
shipbuilding	construction navale
steel smelting	construction navale
strike	grève
strikebreaker/scab	briseur de grève/scab
striker	gréviste
textile industry	industrie textile
trade union	syndicat
unfair	injuste
unionized	syndiqué
unofficial	non officiel
unrest	troubles
wage freeze	gel des salaires

Construction Work

adhesives
adjustable wrench
aggregate
asphalt
ax
binding wire
blocks
blueprint
bolt
bricks
bulldozer
cement
chemicals
chipping hammer
clay
coatings
columns
combination pliers
concrete
construction
construction industry
construction site
crane
diagonal cutting pliers
drainage systems

drywall
excavator
fences
fiberglass
foam

Travaux de construction

adhésifs
clé à molette
agrégat
asphalte
hache
fil de fer
blocs
plan
boulon
briques
bulldozer
ciment
produits chimiques
marteau de déchiquetage
argile
enduits
colonnes
pince combinée
béton
construction
industrie de la construction
chantier de construction
grue
pince coupante diagonale
système d'évacuation des eaux usées
cloisons sèches
excavateur
clôtures
fibre de verre
mousse

foundation	fondation
glass	verre
hammer	marteau
handsaw	scie à main
hazardous	dangereux
heavy industry	industrie lourde
height	hauteur
joist	solive
ladder	échelle
level	niveau
long nose pliers	pince à long bec
masonry	maçonnerie
measurement	mesure
metal	métal
nails	clous
nuts	écrous
paint	peinture
paint bucket	seau à peinture
paint roller	rouleau de peinture
paintbrush	pinceau
plastic	plastique
pliers	pince
posts	poteaux
power drill	perceuse électrique
rake	râteau
reinforcement steel	acier de renforcement
rubber mallet	maillet en caoutchouc
rulers	règles
sand	sable
scaffold	échafaudage
screw driver	tournevis
screws	vis
sealers	scellant
shock absorbers	amortisseur de chocs

shovel	pelleteuse
steamroller	rouleau compresseur
stone	pierre
structural steel	acier de construction
tape measure	ruban à mesurer
tiles	tuiles
timber	bois
toolbelt	ceinture à outils
toolbox	boîte à outils
tools	outils
tubes	tubes
utility blade	lame utilitaire
walls	murs
waterproofers	imperméabilisants
wheelbarrow	brouette
width	largeur
windows	fenêtres
wrench	clé à molette

Job Search / Recherche d'emploi

availability	disponibilité
candidate	candidat
eight hour day	journée de huit heures
full time work	travail à temps plein
human resources department	département des ressources humaines
immediate start date	date de début immédiate
incentive	incitation
increase/raise	augmentation
job offer	offre d'emploi
market study	étude de marché
meticulous	méticuleux

new product launch	lancement d'un nouveau produit
opportunity to promote	opportunité de promotion
owner	propriétaire
plan of action	plan d'action
position	poste
position involves	le poste implique
professional career	carrière professionnelle
professional development	développement professionnel
promotion	promotion
remuneration	rémunération
research	recherche
responsibilities	responsabilités
resumé and cover letter	CV et lettre de motivation
roles	rôles
salary	salaire
salary increase	augmentation de salaire
selection process	processus de sélection
sense of responsibility	sens des responsabilités
strategic planning	planification stratégique
training program	programme de formation

Verbs / Verbes

to advertise for a position	publier une annonce pour un poste
to apply for a job	postuler à un emploi
to ask for a raise	demander une augmentation
to be away on business	être en voyage d'affaires
to be employed	être employé(e)
to be laid off/fired	être licencié(e)
to be on sick leave	être en congé de maladie
to be on strike	être en grève
to be promoted	être promu(e)

to be responsible for	être responsable de
to be self-employed	être indépendant(e)
to be specialized in	être spécialisé(e)
to be unemployed	être au chômage
to boycott	boycotter
to build	construire
to call for an interview	convoquer à un entretien
to call for/demand	demander/exiger
to chair a meeting	présider une réunion
to collect a pension	percevoir une pension
to collect a salary/payroll	pour la collecte d'un salaire / d'une paie
to collect compensation	percevoir des indemnités
to collect unemployment benefits	percevoir des allocations de chômage
to contribute to social security	cotiser à la sécurité sociale
to cross the picket line	pour franchir le piquet de grève
to delegate	déléguer
to dictate	dicter
to do the paperwork	faire de la paperasserie
to do/dedicate oneself (for a living)	s'engager/se dévouer (pour gagner sa vie)
to earn money	gagner de l'argent
to employ	employer
to fax	faxer
to file	classer
to find a job	pour trouver un emploi
to fire	faire du bruit
to forge	pour faire de la contrefaçon
to freelance	pour le travail en freelance
to guarantee strictest confidentiality	pour garantir la plus stricte confidentialité
to get a job	pour trouver un emploi

to get in touch/contact	pour obtenir un entretien d'embauche
to have a job interview	pour avoir un entretien d'embauche
to have references	avoir des références
to hire	embaucher
to hire someone	embaucher quelqu'un
to hold a position	occuper un poste
to incorporate	intégrer
to interview	interviewer
to lock someone out	exclure quelqu'un
to look for a job	chercher un emploi
to lose a job	perdre un emploi
to manage	gérer
to manufacture	fabriquer/produire
to market	commercialiser
to negotiate a contract	négocier un contrat
to occupy a position	occuper un poste
to organize (labor)	organiser (travail)
to participate in a selection process	participer à un processus de sélection
to pass an interview	passer un entretien
to pass the probation	passer la période d'essai
to photocopy	photocopier
to picket	faire du piquetage
to practice a profession	exercer une profession
to process	traiter
to promote	promouvoir
to qualify for a job	pour se qualifier pour un emploi
to quit a job	pour démissionner d'un emploi
to register someone for social security	pour inscrire quelqu'un à la sécurité sociale

to renew a contract	renouveler un contrat
to report to	pour se présenter à
to require	exiger
to retire	partir à la retraite
to return to work	reprendre le travail
to sell	vendre
to sign a contract	signer un contrat
to slow down	ralentir
to smelt	sentir
to specialize in	pour se spécialiser
to start	commencer
to strike	faire la grève
to take public examinations	passer des examens publics
to teach	enseigner
to train	former
to transfer/be transferred	transférer/être transféré
to unionize	se syndiquer
to work	travailler
to work full	travailler à temps plein
to work part time	travailler à temps partiel

Phrases

1. How may I help you?
   Comment puis-je vous aider ?
2. What do you do for work?
   Que faites-vous au travail ?
3. What do you do for a living?
   Quel est votre métier ?
4. I'm at your disposal
   Je suis à votre disposition.
5. Are there trade unions in your company?
   Y a-t-il des syndicats dans votre entreprise ?
6. The minimum wage is not enough.
   Le salaire minimum n'est pas suffisant.
7. I have to make job applications today.
   Je dois faire des demandes d'emploi aujourd'hui.
8. There are job openings in that company.
   Il y a des postes vacants dans cette entreprise.
9. Later I will work the night shift.
   Plus tard, je travaillerai dans l'équipe de nuit.
10. I like that they pay me overtime.
    J'aime bien qu'on me paie les heures supplémentaires.
11. We can go to dinner because today is payday.
    Nous pouvons aller dîner parce que c'est aujourd'hui le jour de paie.
12. My contract ended yesterday.
    Mon contrat a pris fin hier.
13. I am a hospital employee.
    Je suis un employé de l'hôpital.
14. The company where I work is very prestigious.
    L'entreprise où je travaille est très prestigieuse.
15. You should look for an employment agency.
    Vous devriez chercher une agence pour l'emploi.
16. My job has very flexible hours!
    Mon travail a des horaires très flexibles !

17. The secretary is bad-tempered.
    La secrétaire est de mauvaise humeur.
18. She wants to be a singer.
    Elle veut être chanteuse.
19. My dream is to be a great writer.
    Mon rêve est de devenir un grand écrivain.
20. The business meeting ran late.
    La réunion d'affaires a pris du retard.
21. I'm afraid of losing my job.
    J'ai peur de perdre mon emploi.
22. My contract may not be renewed.
    Mon contrat risque de ne pas être renouvelé.
23. The company promoted me and I´m happy.
    L'entreprise m'a promu et je suis heureux.
24. I am busy applying for jobs.
    Je suis occupé à postuler à des emplois.
25. They transferred me to another city.
    On m'a transféré dans une autre ville.

Quiz – Chapter IV
Work

1.	patron	A.	boss
2.	CV	B.	editor
3.	dépenses	C.	expenses
4.	revenu	D.	fireman
5.	bureau	E.	flight attendant
6.	ouverture/poste	F.	income
7.	retraité(e)	G.	investor
8.	salaire	H.	library
9.	grève	I.	office
10.	bibliothèque	J.	opening/position
11.	vignoble	K.	plumber
12.	entrepôt	L.	priest
13.	atelier/garage	M.	real estate agent
14.	rédacteur	N.	resumé
15.	pompier	O.	retired person
16.	hôtesse de l'air	P.	salary
17.	investisseur	Q.	strike
18.	plombier	R.	vineyard
19.	prêtre	S.	warehouse
20.	agent immobilier	T.	workshop/garage

Multiple Choice Sentence Completion

21. _____ est tombé dans la mer, mais a survécu.
a. les dépenses   c. l'entrepôt
b. la grève   d. le marin

22. _____ a soulevé la voiture.
a. la grue   c. le CV
b. la réunion   d. la ferme

23. Je vivrai bien à la retraite car j'appartenais à un _____.
a. bibliothèque   c. syndicat
b. échelle   d. pierre

24. Nous avons perdu parce que le match était _____.
a. le verre   c. injuste
b. le marteau   d. le soldat

25. Il a apporté _____ pour construire une maison.
a. les outils   c. dangereux
b. moyen   d. recherche

26. La surface est égale à la longueur multipliée par _____.
a. la largeur   c. la tête
b. le tournevis   d. les vis

27. Le propriétaire _____ l'employé paresseux.
a. l'échelle   c. licencie
b. la demande   d. exige

28. Le propriétaire a dû _____ pour remplacer l'employé paresseux.
a. le vignoble   c. l'atelier
b. embaucher quelqu'un d. le pompier

29. Ne soyez pas en retard, ou vous serez _____.
a. l'indemnité   c. viré
b. accueilli   d. le revenu

30. Il est parfois difficile de _____ les personnes sous-payées.
a. travailler   c. reconnaître
b. commencer   d. sentir

Answer Key

1. A
2. N
3. C
4. F
5. I
6. J
7. O
8. P
9. Q
10. H
11. R
12. S
13. T
14. B
15. D
16. E
17. G
18. K
19. L
20. M
21. D
22. A
23. C
24. C
25. A
26. A
27. C
28. B
29. C
30. C

Chapter V
Shopping

Shopping

around here
article
article of clothing
ATM (automated teller machine)
auction
automatic door
bargain
bill (money owed)
bill (paper money)
business
business hours
button
by check
by credit card
cash register
change
change (coins)
cheap
choice
closed/shut
coin purse
consumerism
contents
credit
credit card
customer information

Achats

autour d'ici
article
article d'habillement
ATM (automated teller machine)
vente aux enchères
porte automatique
marché
facture (argent dû)
facture (papier-monnaie)
affaires
heures d'ouverture
bouton
par chèque
par carte de crédit
caisse enregistreuse
monnaie
monnaie (pièces)
bon marché
choix
fermé/fermé
porte-monnaie
consommation
contenu
crédit
carte de crédit
service à la clientèle

customer service department	service client
	service
discount	réduction
elevator	ascenseur
entrance	entrée
escalator	escalator
exit	sortie
fashion	mode
fire door/exit	porte/sortie coupe-feu
fitting room	salle d'essayage
footwear	chaussure
for sale/on sale	pour la vente/en vente
fraud	fraude
free	gratuit
free gift	cadeau gratuit
genuine	authentique
genuine	authentique
handbag	sac à main
hanger	cintre
high heels	talons hauts
in cash	en liquide
instructions for use	mode d'emploi
item	article
low shoes	chaussures basses
mail order	commande parcorrespondance
manager	directeur / gestionnaire
market	marché
merchandise	marchandise
money	argent
nearest	le plus proche
on vacation	en vacances
open	ouvrir
packet	paquet

pin	épingle
pocket	poche
posted	affiché
posted/glued	affiché/collé
purse	sac à main
quality	qualité
rack	rack
receipt	reçu
reduction	réduction
refund	remboursement
sales	ventes
sale	vente
sales price	prix de vente
sales tax	taxe de vente
salesperson	vendeur
sampler	vendeur
security guard	vente en ligne
self service	service à la clientèle
shopkeeper	vendeur
shoplifter	vendeur/euse
shopping	panier d'épicerie
shopping basket	panier d'achat
shopping cart	panier d'épicerie
shopping list	liste de courses
shopping mall	centre d'achat
showcase	vitrine
sign	enseigne
size	taille
special offer	offre spéciale
supermarket	supermarché
tall ones (shoes)	chaussures (chaussures de sport)
transaction	transaction
traveler's check	chèque de voyage

wallet   portefeuille

Stores   Magasins

bar   bar
bookstore   librairie
bakery   boulangerie
candy store   magasin de bonbons
poultry shop   magasin de volailles
clothing store   magasin de vêtements
coffee shop   café
drugstore   pharmacie
fish market   marché aux poissons
flower show   exposition de fleurs
fruit stand/store   magasin de fruits
furniture shop   magasin de meubles
beauty salon   salon de beauté
hat shop   magasin de chapeaux
hardware store   quincaillerie
jewelry store   bijouterie
liquor store   magasin d'alcools
butcher shop   boucherie
milk store   magasin de lait
stationery store   papeterie
pastry shop   pâtisserie
shoe store   magasin de chaussures
silversmith's shop   boutique d'orfèvrerie
soap shop   magasin d'épices
spice shop   magasin d'épices
ticket office   billetterie
tobacco shop   magasin de tabac
toy store   magasin de jouets
vegetable market   marché aux légumes
watch store   magasin de montres

wine shop	magasin de vins

The Jewelry Store — La bijouterie

amulet	amulette
anklet	bracelet de cheville
barrette	barrette
belt buckle	boucle de ceinture
bracelet	bracelet
brooch	broche
chain	chaîne
crown	couronne
cufflink	bouton de manchette
diadem/tiara	diadème/tiare
earrings	boucles d'oreilles
engagement ring	bague de fiançailles
hairpin	épingle à cheveux
lapel pin	épingle de revers
locket	médaillon
medallion	médaillon
necklace	collier
pendant	pendentif
piercing	piercing
pin	épingle
ring	bague
tiara	diadème
tie chain	chaîne de cravate
tie clip	pince à cravate
watch	montre
wedding ring	bague de mariage

Metals — Métaux

brass	laiton
bronze	bronze

copper	cuivre
gold	or
nickel	nickel
palladium	palladium
pewter	étain
platinum	platine
rhodium	rhodium
silver	argent
stainless steel	acier inoxydable
titanium	titane
tungsten	tungstène

Gemstones / Pierres précieuses

agate	agate
amazonite	amazonite
amber	ambre
amethyst	améthyste
aventurine	aventurine
azurite	azurite
copal	copal
coral	corail
crystal	cristal
diamond	diamant
emerald	émeraude
fluorite	fluorine
garnet	grenat
ivory	ivoire
jade	jade
jasper	jaspe
jet	jais
lapis lazuli	lapis-lazuli
malachite	malachite
nacre	nacre
obsidian	obsidienne

onyx	onyx
opal	opale
pearl	perle
quartz	quartz
ruby	rubis
sapphire	saphir
selenite	sélénite
sodalite	sodalite
tanzanite	tanzanite
tiger's eye	œil de tigre
topaz	topaze
tourmaline	tourmaline
turquoise	turquoise
zircon	zircon

The Supermarket / Le supermarché

vegetables	les légumes
artichoke	artichaut
asparagus	asperges
beans	haricots
beetroot	betterave
broccoli	brocoli
cabbage	chou
carrot	carotte
cauliflower	chou-fleur
celery	céleri
corn	maïs
cucumber	concombre
eggplant	aubergine
garlic	ail
ginger	gingembre
lettuce	laitue
mushroom	champignon

onion	oignon
peppers	poivrons
potatoes	pommes de terre
pumpkin	potiron
radish	radis
spinach	épinards
tomatoes	tomates

Fruit / Les fruits

apple	pomme
apricot	abricot
avocado	avocat
banana/plantain	banane/plantain
banana	banane
blackberry	mûre
blueberry	mûremyrtille
cantaloupe/melon	cantaloup/melon
cherry	cerise
coconut	noix de coco
cranberry	canneberge
cucumber	concombre
date	datte
fig	figue
grape	raisin
grapefruit	pamplemousse
kiwi	kiwi
kumquat	kumquat
lemon	citron
lime	citron vert
lychee	litchi
mandarin	mandarine
mango	mangue
passion fruit	fruit de la passion
nectarine	nectarine

olive	olive
orange	orange
papaya	papaye
passionfruit	fruit de la passion
peach	pêche
pear	poire
pineapple	ananas
plum	prune
pomegranate	grenade
raisin	raisin sec
raspberry	framboise
strawberry	fraise
tamarind	tamarin
tangerine	mandarine
tomato	tomate
watermelon	pastèque

Meat / Viande

bacon	bacon
beef	bœuf
beefsteak	beefsteak
beefsteaks	bifteck de bœuf
blood sausage	boudin
chicken	poulet
chicken fillets	filet de poulet
ground beef	bœuf haché
ham	jambon
kidneys	rognons
lamb	agneau
leg of lamb	gigot d'agneau
liver	foie
oxtail	queue de bœuf
pig's feet	pieds de porc
pork	porc

pork chop	côtelette de porc
pork fillet	filet de porc
pork/pig	porc/porc
ribs	côtes
sausages	saucisses
steak	steak
suckling pig	cochon de lait
tongue	langue
tripe	tripes
turkey fillets	filets de dinde
veal	veau
wings	ailes

Groceries / Épicerie

cookies	biscuits
cereal	céréales
coffee	café
cornmeal	farine de maïs
jelly	gelée
mashed potatoes	purée de pommes de terre
pancake mix	mélange pour crêpes
pasta	pâtes
popcorn	maïs soufflé
raisins	raisins secs
rice	riz
snacks	snacks
sugar	sucre
vanilla	vanille

Dairy Products / Produits laitiers

butter	beurre
cheese	fromage
eggs	œufs
icecream	glace

milk   lait
yogurt   yaourt

Grains / Grains

black beans	haricots noirs
corn	maïs
corn	maïs
garbanzo beans	haricots garbanzo
lentil	lentilles
red beans	haricots rouges
bread	pain
wheat flour	farine de blé

Condiments / Condiments

honey	miel
ketchup	ketchup
maple syrup	sirop d'érable
mayonnaise	mayonnaise
mustard	moutarde
oil	huile
olive oil	huile d'olive
peanut butter	beurre de cacahuètes
salad dressing	vinaigrette
soy sauce	sauce soja
vinegar	vinaigre

Canned Food / Aliments en conserve

beans	haricots
canned tomatoes	tomates en conserve
chili with meat	chili avec viande
condensed milk	lait condensé
fruit cocktail	cocktail de fruits
mixed vegetables	légumes mélangés
sardines	sardines

soup	soupe
tuna	thon
whole corn	maïs entier

Pets / Animaux de compagnie

bird food	nourriture pour oiseaux
cat food	nourriture pour chats
cat litter	litière pour chat
dog food	nourriture pour chiens
medicines	médicaments
shampoo	shampoing
training pads	coussinets d'entraînement

Beverages / Boissons

beer	bière
coffee	café
fruit juice	jus de fruits
liqueur	liqueur
orange juice	jus d'orange
soda	soda
soda water	eau gazeuse
tea	thé
water	eau

Herbs & Spices / Herbes et épices

bay leaves	feuilles de laurier
chicken cube	cube de poulet
cinnamon	cannelle
cumin	cumin
fine herbs	fines herbes
garlic powder	ail en poudre
meat cube	cube de viande
oregano	origan
pepper	poivre

salt	sel
seasoning	assaisonnement
basil	basilic
capers	câpres
cayenne peppers	piments de Cayenne
chili peppers	piments
habanero peppers	piments habanero
chives	ciboulette
cilantro	cilantro
cloves	clous de girofle
dill	aneth
ginger	gingembre
green onions	oignons verts
horseradish	raifort
lavender	lavande
licorice	réglisse
mint	menthe
mustard seed	graines de moutarde
nutmeg	noix de muscade
onion powder	poudre d'oignon
parsley	persil
peppermint	menthe poivrée
rosemary	romarin
saffron	safran
spearmint	menthe verte
thyme	thym
turmeric	curcuma
vanilla	vanille
wasabi	wasabi
wintergreen	gaulthérie couchée

Stationery / Papeterie

aluminum foil	papier d'aluminium
napkins	serviettes de table

paper towel — serviette en papier
plastic wrap — film plastique
sealable bags — sacs scellables
toilet paper — papier hygiénique
wax paper — papier ciré

Personal Cleanliness — Propreté personnelle

body lotion — lotion corporelle
conditioner — après-shampoing
deodorant — déodorant
exfoliant — exfoliant
floss — fil dentaire
mouthwash — bain de bouche
Q-tips — Q-tips
shampoo — shampoing
shavers — rasoir
shaving cream — crème à raser
soap — savon
tissues — mouchoirs en papier
toothpaste — dentifrice

Cleaning — Nettoyage

bleach — eau de Javel
detergents — détergents
dishwasher soap — savon pour lave-vaisselle
disinfectant — désinfectant
escobar — escobar
garbage bags — sacs à ordures
laundry soap — savon à lessive
mop — serpillière
rags — chiffons
sponges — éponges
wet towels — serviettes humides
wipes — lingettes

Verbs

to give the time	donner le temps
to exchange	échanger
to buy in bulk	acheter en gros
to cost	coûter
to decide	décider
to return something to a store	pour retourner quelque chose à un magasin
to choose	choisir
to push (a door)	pousser (une porte)
to order	commander
to choose	choisir
to not have money	ne pas avoir d'argent
to spend money	dépenser de l'argent
to line up	faire la queue
to shop	faire du shopping/des courses
to get an idea	pour se faire une idée
to pull (a door)	tirer (une porte)
to shoplift/steal	voler à l'étalage
to go well	aller bien
to go shopping	faire du shopping
to pay by credit card	payer par carte de crédit
to pay in cash	payer en espèces
to spend time	passer du temps
to order	commander
to post a notice	poster un avis
to make a complaint	faire une réclamation
to steal/shoplift	voler/voler à l'étalage
to pull	retirer
to cost	coûter

Phrases

1. Buy that blouse because it is a bargain.
   Achetez ce chemisier car c'est une bonne affaire.
2. I will buy the gifts with a credit card.
   J'achèterai les cadeaux avec une carte de crédit.
3. Those shoes are very cheap.
   Ces chaussures sont très bon marché.
4. The mall is having a sale!
   Le centre commercial fait des soldes !
5. She always dresses fashionable.
   Elle s'habille toujours à la mode.
6. I need to buy high heels for the wedding.
   Je dois acheter des talons hauts pour le mariage.
7. I like to go to the office in low shoes.
   J'aime aller au bureau avec des chaussures basses.
8. After buying I always ask for the receipt.
   Après l'achat, je demande toujours le ticket de caisse.
9. I will request a refund for the airline ticket.
   Je vais demander le remboursement du billet d'avion.
10. The sale ends tomorrow.
    Les soldes se terminent demain.
11. I lost my wallet in the taxi.
    J'ai perdu mon portefeuille dans le taxi.
12. My shopping cart is already full.
    Mon panier est déjà plein.
13. Let's have lunch at the chicken shop.
    Allons déjeuner au magasin de poulets.
14. I need to go to the hairdresser.
    Je dois aller chez le coiffeur.
15. The jewelry store was robbed last night.
    La bijouterie a été cambriolée hier soir.
16. Let's go to the liquor store for beers.
    Allons acheter des bières au magasin d'alcools.

17. I love the lychee martini cocktail.
    J'adore le cocktail martini au litchi.
18. We bought the cake in the pastry shop.
    Nous avons acheté le gâteau à la pâtisserie.
19. I like to have mandarin juice for breakfast.
    J'aime boire du jus de mandarine au petit déjeuner.
20. Tamarin is a fruit very common here.
    Le tamarin est un fruit très répandu ici.
21. The best meat for me is veal.
    La meilleure viande pour moi est le veau.
22. Bacon and eggs are delicious.
    Le bacon et les œufs sont délicieux.
23. Let's go to the movies and order popcorn.
    Allons au cinéma et commandons du pop-corn.
24. I'm intolerant to the lactose in milk.
    Je suis intolérant au lactose contenu dans le lait.
25. Don't forget to buy cat litter.
    N'oubliez pas d'acheter de la litière pour chat.

Quiz – Chapter V
Shopping
Matching

1. le compte
2. la société
3. la devise
4. carte de crédit
5. la ristourne
6. ascenseur
7. pour la vente/à la vente
8. gestionnaire
9. ouvert
10. qualité
11. remboursement
12. retour
13. taille
14. facture (argent dû)
15. la brasserie
16. la quincaillerie
17. aubergine
18. ananas
19. bacon
20. bœuf

A. bacon
B. bar
C. beef
D. bill (money owed)
E. business
F. change/coins
G. credit card
H. discount
I. eggplant
J. elevator
K. for sale/on sale
L. hardware store
M. manager
N. open
O. pineapple
P. quality
Q. refund
R. refund
S. size
T. wallet

Multiple Choice Sentence Completion

21. L'un de mes plats préférés est _____ au barbecue.
a. la roperie
b. le découpage
c. le manager
d. les côtes

22. J'adore boire de la bière et manger _____ épicés le samedi soir.
a. les ailes
b. le marché
c. la brasserie
d. le facteur

23. J'aime ajouter un peu de _____ à mon riz.
a. déodorant
b. beurre
c. la mousse à raser
d. l'eau de Javel

24. Je mange trois _____ tous les matins.
a. ouvert
b. pâtisseries
c. éponges
d. œufs

25. tu sens mauvais ! N'oublie pas d'utiliser _____ demain.
a. l'aubergine
b. le marché
c. le déodorant
d. la pharmacie

26) Aujourd'hui, je dois acheter _____ et des rasoirs.
a. la crème à raser
b. la pièce
c. le rabais
d. la taille

27. J'utilise _____ Crest pour me brosser les dents.
a. le bœuf
b. le dentifrice
c. le blanchisseur
d. les pommes de terre

28. Je n'utilise pas trop de _____ pour laver les sols.
a. le porc
b. les ailes
c. l'ananas
d. l'eau de Javel

29. Je préfère utiliser _____ liquide dans la douche.
a. le retour
b. le bacon
c. le savon
d. la sauce tomate

30. Avez-vous besoin d'une _____ pour faire la vaisselle ?
a. éponge
b. qualité
c. aubergine
d. linge

Answer Key

1. D
2. E
3. F
4. G
5. H
6. J
7. K
8. M
9. N
10. P
11. Q or R
12. R or Q
13. S
14. T
15. B
16. L
17. I
18. O
19. A
20. C
21. D
22. A
23. B
24. D
25. C
26. A
27. B
28. D
29. C
30. A

Chapter VI
Clothing

The Clothing Shop

Le magasin de vêtements

apron	tablier
attire	vêtement
ball gown	robe de bal
bandana	bandana
baseball cap	casquette de base-ball
bathing suit	costume de bain
bathrobe	robe de chambre
belt	ceinture
beret	béret
bermuda shorts	bermuda
bikini	bikini
blazer	blazer
blouse	blouse
blue jeans	jeans bleu
boots	bottes
bowtie	nœud papillon
boxers	caleçon
bra	soutien-gorge
button down shirt	chemise à boutons
camouflage	camouflage
cap and gown	cape et toge
cape	cape
cardigan	gilet
cash register	caisse enregistreuse
changing room	gilet de sauvetage
cheap	bon marché

115

checkered	à carreaux
cloak	cape
clogs	sabots
coat	manteau
cotton	coton
cowboy boots	bottes de cow-boy
cowboy hat	chapeau de cow-boy
customer	client
department store	magasin d'alimentation
discount	rabais
dress	robe
expensive	cher
fedora	fedora
flannel shirt	chemise en flanelle
flip flops	tongs
free	gratuit
fur coat	manteau de fourrure
garments	vêtements
girdle	gaine
gloves	gants
halter top	dos nu
hat	chapeau
high heeled shoes	chaussures à talons hauts
indoor shoes/slippers	chaussures d'intérieur / chaussons
jacket	veste
lab coat	blouse de laboratoire
leather	cuir
leotard	léotard
linen	linge de maison
lingerie	lingerie
long	long
long sleeved shirt	chemise à manches longues
long underwear	sous-vêtements longs

miniskirt	minijupe
mittens	mitaine
moccasins/loafers	mocassins/loafers
multicolored	multicolore
narrow	étroit
neckline	décolleté
nightgown	chemise de nuit
offer	offre
overalls	salopette de nuit
pajamas	pyjama
panama hat	chapeau panama
panties/underwear	pantalon/sous-vêtement
pants/slacks/trousers	pantalon / pantacourt / pantalons
pantyhose	pantalon
pantyhose/tights/stockings	pantalon/cravate/sous-vêtement
parka	parka
piece of clothing	vêtement
plain	uni
polka dot	à pois
polo shirt	polo
price	prix
puffy jacket	veste bouffante
pullover	pull-over
raincoat	vêtement de pluie
raincoat/waterproof	imperméable/imperméable à l'eau
receipt	ticket de caisse
sales	ventes
sandals	sandales
scarf	écharpe
shawl	châle
shirt	chemise

shoes	chaussures
shop assistant	vendeur en magasin
short	court
short sleeved shirt	chemise à manches courtes
shorts	short
silk	soie
size	taille
skirt	jupe
sleeve	manche
slip/petticoat	jupon
smock	smock
sneaker/slipper	espadrille/chaussure
sneakers	baskets
socks	chaussettes
sports jacket	veste de sport
store	magasin
store window/display case	magasin/ vitrine
striped	rayé
suit	costume
sundress	robe d'été
sweater	magasin de bricolage
sweater/pullover	pull-over/chandail
sweatshirt	sweat-shirt
swimsuit	maillot de bain
synthetic fabric	tissu synthétique
T-shirt/undershirt	T-shirt/sous-pull
tank top	débardeur
tie	cravate
tights/stockings	collants/bas
toga	toge
total	total
training shoes	chaussures d'entraînement
trousers	pantalon
turtleneck sweater	pull-over à col roulé

tuxedo	smoking
underpants	sous-vêtements
underwear	sous-vêtements
uniform	uniforme
vest	gilet
wedding gown	robe de mariée
wide	large
windbreaker	coupe-vent
wool	laine

Accessories / Accessoires

belt	ceinture
bracelet	bracelet
earrings	boucles d'oreilles
glasses	lunettes
handkerchief	mouchoir
necklace	collier
purse	sac à main
ring	bague
shoelace	lacet
sunglasses	lunettes de soleil
umbrella	parapluie
wedding ring	bague de mariage
scarf	écharpe

Partes de la Ropa / Partes de la Ropa

Bow	noeud
button	bouton
collar	collier
cuff	manchette
heel	talon

hem	ourlet
inseam	entrejambe
pocket	poche
ribbon	ruban
sash	ceinture
seam	couture
shoe sole	semelle de chaussure
sleeve	manchon
snap	bouton-pression
strap	sangle
velcro	velcro
waistband	ceinture
zipper	fermeture éclair

Verbs / Verbes

to shorten a piece of clothing	raccourcir un vêtement
to lengthen a piece of clothing	allonger un vêtement
to tighten clothes	resserrer un vêtement
to fix a piece of clothing	Fixer un vêtement
to attend to	s'occuper d'un vêtement
to change a piece of clothing	pour changer un vêtement
to change clothes	pour changer de vêtement
to buy	acheter
to show/demonstrate	montrer/démontrer
to take off one's clothes	se déshabiller
to return	retourner
to have a look	se faire remarquer
to be old-fashioned	être démodé
to wear/have on	porter/avoir sur soi
to be wearing	porter
to take a piece of clothing	prendre un vêtement
to show/demonstrate	montrer/démontrer
to put on a piece of clothing	mettre un vêtement

to try the clothes on	essayer les vêtements
to look good / suit someone	être beau / convenir à quelqu'un
to look terrible	être terrible
to look bad	être mal dans sa peau
to fit tight	pour les personnes qui ont des problèmes de santé
to take off a piece of clothing	pour enlever une pièce de vêtement
to sell	pour vendre
to get dressed	s'habiller

Phrases

1. What are you looking for?
   Que cherchez-vous ?
2. Who's next?
   Qui est le suivant ?
3. How may I help you?
   Comment puis-je vous aider ?
4. What size are you?
   Quelle est votre taille ?
5. Anything else?
   Autre chose ?
6. How much does it cost?
   Combien cela coûte-t-il ?
7. How much does it cost?
   Combien cela coûte-t-il ?
8. What is the total?
   Quel est le montant total ?
9. I would like to try this on.
   J'aimerais l'essayer.
10. Use the apron to cook.
    Utilisez le tablier pour cuisiner.
11. Could you tell me where the changing room is?
    Pouvez-vous me dire où se trouvent les vestiaires ?
12. Put on your flip flops to go to the pool.
    Mets tes tongs pour aller à la piscine.
13. It's raining. Put on your raincoat.
    Il pleut. Mets ton imperméable.
14. I need to wear a scarf because I have the flu.
    Je dois porter une écharpe parce que j'ai la grippe.
15. I love that checkered shirt.
    J'adore cette chemise à carreaux.
16. I need to exchange a garment.
    Je dois échanger un vêtement.
17. I will take off my clothes before bed.

Je me déshabillerai avant de me coucher.
18. The pants fit me tight.
Ce pantalon me va très bien.
19. I´ll get dressed quickly so I'm not late.
Je vais m'habiller rapidement pour ne pas être en retard.
20. The jacket is not my size.
La veste n'est pas à ma taille.
21. I must sew the button of the blouse that fell off.
Je dois recoudre le bouton du chemisier qui est tombé.
22. The skirt needs a hem.
La jupe a besoin d'un ourlet.
23. The zipper of the pants was damaged.
La fermeture éclair du pantalon est abîmée.
24. I miss having velcro shoes.
Les chaussures à scratch me manquent.
25. That tight, old shirt looks terrible.
Cette vieille chemise serrée est affreuse.

Quiz – Chapter VI
Clothing
Matching

1. le shopping
2. la casquette
3. la ceinture
4. le manteau
5. le vol à l'étalage
6. la remise
7. la robe
8. les tongs
9. la robe
10. dépenser
11. parapluie
12. écharpe
13. manche
14. sweat-shirt
15. déshabiller
16. cravate
17. sous-vêtements
18. boucles d'oreilles
19. lunettes
20. mauvaise mine

A. baseball cap
B. belt
C. coat
D. discount
E. dress
F. earrings
G. flip flops
H. glasses
I. scarf
J. sleeve
K. sweatshirt
L. tie
M. to get dressed
N. to go shopping
O. to look terrible
P. to shoplift/steal
Q. to spend money
R. to take off onés clothes
S. umbrella
T. underwear

Multiple Choice Sentence Completion

21. Parfois, la nourriture _____ est la plus délicieuse.
a. bon marché
b. tablier
c. manteau
d. chemise

22. J'essaie d'éviter les restaurants _____.
a. le peignoir
b. le pantalon
c. le manteau
d. chers

23. Je porte toujours _____ pour les mariages et les enterrements.
a. le débardeur
b. un costume
c. la lingerie
d. le bikini

24. Mon père m'engueule si je porte un _____ à table.
a. total
b. rayé
c. chapeau
d. commis

25. Ma veste préférée est celle en _____.
a. cuir
b. chapeau panama
c. sandale
d. mocassins

26. Je porte toujours un _____ pendant la saison des pluies.
a. mackintosh
b. pantalon
c. nœud
d. ruban

27. Ma _____ est coincé.
a. cher
b. bon marché
c. large
d. fermeture éclair

28. Il est marié, mais il ne porte pas _____.
a. l'écharpe
b. l'anneau
c. la corde
d. le tissu synthétique

29. Je porte habituellement _____ lorsque je conduis.
a. un casque
b. un parapluie
c. des lunettes de soleil
d. une robe de mariée

30. Il vous _____ comment le faire.
a. ceinture
b. montre
c. l'air terrible
d. talon

Answer Key

1. N
2. A
3. B
4. C
5. P
6. D
7. E
8. G
9. M
10. Q
11. S
12. I
13. J
14. K
15. R
16. L
17. T
18. F
19. H
20. O
21. A
22. D
23. B
24. C
25. A
26. B
27. D
28. B
29. C
30. B

Chapter VII
Weather & The Environment

The Weather | Le temps

autumn	l'automne
avalanch	avalanche
bad weather	mauvais temps
blizzard	blizzard
breeze	brise
cloud	nuage
cloudy	nuageux
cold	froid
cold front	front froid
cool	frais
cyclone	cyclone
degree	degré
dreary weather	temps maussade
drizzle	bruine
drop	goutte d'eau
drought	sécheresse
dry	sec
flood	inondation
fog	brouillard
frost	givre
frozen	gelé
gale of wind	coup de vent
hail	grêle
heat	chaleur
heat wave	vague de chaleur
highest temperature	température la plus élevée
hot	chaud

humid	humide
humidity	humidité
hurricane	ouragan
ice	glace
lightning	foudre
maximum temperature	température maximale
mild	doux
minimum temperature	température minimale
mist	brume
monsoon	mousson
moon	lune
puddle	flaque d'eau
rain	pluie
season	saison
shade	ombre
shower	douche
sky	ciel
snow	neige
snowball	boule de neige
snowdrift	dérive de neige
snowfall	chute de neige
snowflake	flocon de neige
snowman	homme de neige
snowstore	magasin de neige
splendid	magnifique
spring	printemps
storm	tempête
summer	été
sun	soleil
sunny	ensoleillé
sunny day	jour ensoleillé
sunrise	lever de soleil
sunset	coucher de soleil
temperature	température

thermometer	thermomètre
thunder	tonnerre
thunderstorm	orage
tornado	tornade
tsunami	tsunami
warm	chaud
warm front	front chaud
weather	météo
weather conditions	conditions météorologiques
weather forecast	prévisions météorologiques
wind	vent
winter	hiver

The Environment / L'environnement

acid rain	pluies acides
aerosol	aérosol
air pollution	pollution de l'air
artificial fertilizer	engrais artificiel
atmosphere	atmosphère
balance of nature	équilibre de la nature
biodegradable	biodégradable
black tide	marée noire
catalytic converter (car part)	convertisseur catalytique (pièce automobile)
chlorofluorocarbon (CFC)	chlorofluorocarbone (CFC)
climate change	changement climatique
conservation	conservation
conservationist	conservation (conservationist)
consumption	consommation
contamination/pollution	contamination/pollution
corrosion	corrosion
harmful	nuisible
damaged	endommagé

danger to	danger pour
deforestation	déforestation
desertification	désertification
detergent	détergent
disaster	catastrophe
disastrous	désastreux
disposal	élimination
drainage	drainage
drought	sécheresse
ecology	écologie
ecosystem	écosystème
exhaust pipe	tuyau d'échappement
emission	émission
energy savings	économie d'énergie
environmental impact	impact sur l'environnement
flood	inondation
fossil fuel	combustible fossile
garbage dump	décharge d'ordures
garbage / refuse	ménagères déchets / refus
gas	gaz
glacier	glacier
glass	verre
global	global
global warming	réchauffement de la planète
greenhouse effect	effet de serre
harmful	nocif
hazardous waste	déchets dangereux
incinerator	incinérateur
industrial waste	déchets industriels
landfill	décharge
lead	plomb
natural catastrophe	catastrophe naturelle
natural reserve	réserve naturelle
natural resources	ressources naturelles

nitrates	nitrates
nuclear	nucléaire
nuclear testing	essais nucléaires
nuclear waste	déchets nucléaires
oil slick	marée noire
overfishing	surpêche
ozone layer	couche d'ozone
pesticide	pesticide
phosphates	phosphates
poison	poison
poisonous	poison
pollutant/contaminant	polluant/contaminant
prediction	prédiction
radioactive	radioactif
radioactive waste	déchets radioactifs
rain forest	forêt tropicale
recyclable	recyclable
recycled paper	papier recyclé
recycling	recyclage
reprocessing	retraitement
residue	résidu
scrap metal	ferraille
sea level	niveau de la mer
sewage	eaux usées
sewage treatment	traitement des eaux usées
sewer	eau de mer
sewer gases	eau de pluie
sewer system	système d'égouts
skin cancer	cancer de la peau
soil erosion	érosion du sol
solar panels	panneaux solaires
sulfur	soufre
sustainable development	développement durable
tidal wave	raz-de-marée

toxic waste	déchets toxiques
ultraviolet rays	rayons ultraviolets
unleaded gas	gaz sans plomb
waste	déchets
waste gases	déchets gazeux
waste products	déchets
water level	niveau de l'eau
water pollution	eau potable
water supply	eau potable
water supply system	système d'approvisionnement en eau
weed killer	désherbant

Verbs / Verbes

to run out	s'épuiser
to wear out	s'user
to insulate	isoler
to do without	se passer de
to spray	vaporiser
to go down	s'en aller
to throw in the garbage	jeter à la poubelle
to have a snow storm	de faire une tempête de neige
to conserve	conserver
to consume	consommer
to pollute/contaminate	polluer/contaminer
to damage	endommager
to melt	faire fondre
to waste money	gaspiller de l'argent
to overflow	déborder
to throw away	jeter
to dispose of	jeter
to waste	gaspiller
to detach	détacher

to destroy	détruire
to give off/emanate	émettre/émanciper
to emit	émettre
to soak	s'imbiber
to get worse	s'envenimer
to poison	empoisonner
to be raining	être en train de pleuvoir
to damage/spoil	endommager/gâcher
to become extinct	s'éteindre
to run out	s'épuiser
to hail	grêler
to damage	s'éteindre
to freeze	de geler
to catch fire	s'enflammer
to flood	de l'inondation
a storm is brewing	une tempête se prépare
to rain	pleuvoir
to waste/squander	gaspiller / dilapider
to make better/improve	pour faire mieux/améliorer
to get wet	de l'eau à l'eau
to snow	de la neige
to smell like	sentir comme
to waste time	de perdre du temps
to preserve	préserver
to preserve the environment	pour préserver l'environnement
to predict	de l'eau
to protect the environment	protéger
to provide	de l'environnement
to grind up/spray	fournir
to recycle	pour broyer/pulvériser
to refresh	pour recycler
to water	pour rafraîchir
to spray	arroser

	arroser
to blow	souffler
to go up	monter
to sweat	faire transpirer
to provide	fournir
to cut a tree	couper un arbre
to throw	jeter

Phrases

1. The thermometer shows 32 degrees.
   Le thermomètre affiche 32 degrés.
2. It's overcast.
   Le ciel est couvert.
3. The sky is clear.
   Le ciel est dégagé/clair.
4. It's cloudy.
   Il est nuageux.
5. The weather is good.
   Il fait beau.
6. Too much sugar is poison.
   L'excès de sucre est un poison.
7. Ultraviolet rays cause cancer.
   Les rayons ultraviolets provoquent le cancer.
8. It's cool out. (nice weather)
   Il fait frais. (beau temps)
9. The factory caused a catastrophe.
   L'usine a provoqué une catastrophe.
10. The weather is bad.
    Le temps est mauvais.
11. My grandfather is a conservationist.
    Mon grand-père est un défenseur de l'environnement.
12. It's windy.
    Il y a du vent.
13. The black tide closed the hotel.
    La marée noire a fermé l'hôtel.
14. It's cloudy.
    Le ciel est nuageux.
15. There is a storm.
    Il y a une tempête.
16. The crops need more rain.
    Les cultures ont besoin de plus de pluie.
17. Kids love to throw snowballs.

Les enfants adorent lancer des boules de neige.
18. What's the weather like?
Quel est le temps qu'il fait ?
19. You should bring your raincoat.
Vous devriez apporter votre imperméable.
20. It is sunny. You should put on sunscreen.
Il fait beau. Tu devrais mettre de la crème solaire.
21. Could you turn on the fan?
Pouvez-vous allumer le ventilateur ?
22. Could you turn on the air conditioner?
Pourriez-vous allumer le climatiseur ?
23. It is foggy. I must turn on the car lights.
Il y a du brouillard. Je dois allumer les phares de la voiture.

Quiz – Chapter VII
Weather & The Environment
Matching

1. la brise
2. le nuage
3. la fraîcheur
4. la goutte
5. la sécheresse
6. la canicule
7. l'éclair
8. l'ombre
9. tempête
10. gel
11. inondation
12. souffle
13. changement climatique
14. catastrophe
15. toxique
16. eaux usées
17. panneaux photovoltaïques
18. consommer
19. déchets
20. empoisonner

A. breeze
B. climate change
C. cloud
D. cool
E. disaster
F. drop
G. drought
H. heat wave
I. lightning
J. poisonous
K. sewage
L. shade
M. solar panels
N. storm
O. to blow
P. to consume
Q. to flood
R. to freeze
S. to poison
T. to throw away

Multiple Choice Sentence Completion

21. J'essaie de ne pas _____ ce qui va arriver à l'économie parce que je me trompe souvent.
a. l'automne   c. le nuage
b. la fraîcheur   d. prédire

22. J'essaie de faire _____ chaque fois que je le peux car c'est bon pour la planète.
a. le recyclage   c. la foudre
b. sécheresse   d. brume

23. Si je n'aime pas marcher sous la pluie battante, il m'arrive d'apprécier _____.
a. la ferraille   c. le thermomètre
b. l'égout   d. la bruine

24. Il fait très chaud et il y a _____ à Puerto Vallarta pendant l'été.
a. le désherbant   c. la chute de neige
b. l'humidité   d. le verre

25. Le garçon a sauté dans _____ avec ses bottes de pluie.
a. le poison   c. la flaque d'eau
b. radioactif   d. nucléaire

26. Avez-vous déjà vu une _____ fugitive ?
a. eaux usées   c. soufre
b. étoile   d. niveau de la mer

27. _____ fait peur à mon gros chien.
a. le tonnerre   c. l'oxydation
b. l'impact environnemental   d. le tempéré

28. J'espère que je ne vais pas _____ pendant la promenade en bateau.
a. l'écologie   c. me mouiller
b. nuisible   d. mousson

29. Personne ne veut vivre près d'une décharge _____.
a. des déchets toxiques   c. des conditions climatiques
b. du cancer de la peau   d. des pluies acides

30. J'essaie d'acheter _____ parce que c'est bon pour la planète.
a. le temps chaud   c. les orages
b. la marée noire   d. le papier recyclé

Answer Key

1. A
2. C
3. D
4. F
5. G
6. H
7. I
8. L
9. N
10. R
11. Q
12. O
13. B
14. E
15. J
16. K
17. M
18. P
19. T
20. S
21. D
22. A
23. D
24. B
25. C
26. B
27. A
28. C
29. A
30. D

Chapter VIII
Travel, Tourism & Holidays

Travels	Voyages
accident	accident
aid station	poste de secours
announcement	annonce
arrival	arrivée
assistance	assistance
bag	sac
briefcase	sac à dos
business trip	voyage d'affaires
class	classe
delay	retard
departure	départ
destination	destination
direct/straight	direct/droit
direction	direction
disabled/handicapped	handicapé/handicapped
discount	réduction
distance	distance
early	précoce
emergency call	appel d'urgence
emergency stop	arrêt d'urgence
entrance	entrée
exit	sortie
extra bed	lit supplémentaire
extra charge/surcharge	supplément/ chiffre d'affaires
fare	tarif
fare reduction	réduction du prix du billet

fast	rapide
float	flottant
free	gratuit
help/relief	aide/secours
helpful	utile
honeymoon	lune de miel
honeymoon trip	voyage de noces
inquiry	demande de renseignements
invalid	invalide
itinerary	itinéraire
late	en retard
lost	perdu
lost and found office	bureau des objets trouvés
loudspeaker	haut-parleur
luggage	bagage
message	message
nonsmoker	non-fumeur
non smoking section	section non fumeur
notice	avis
nuisance	nuisance
occupied	occupé
on board	à bord
on strike	en grève
on time	en temps et en heure
one way ticket	à l'heure de la grève
passenger	passager
passport	passeport
porter at airport	passeport de passager
porter at hotel	porteur à l'hôtel
reduced fare	tarif réduit
rescue	sauvetage
reservation	réservation
reservation office	bureau de réservation
resort	station de ski

return/turn	retour/retour
round trip ticket	billet aller-retour
route	route
safe	sécurité
safety	sécurité
schedule/timetable	horaire/horaire
seat	siège
seatbelt	ceinture de sécurité
shelter	abri
signal	signal
slow	lent
smoking section	section fumeurs
speed	vitesse
staff	personnel
stop	arrêter
ticket	billet
ticket counter	billetterie
ticket office	billet d'avion
travel agency	agence de voyage
travel agent	agence de voyage
travel documents	documents de voyage
travel information	information sur les voyages
travel insurance	assurance voyage
traveler	voyageur
tunnel	tunnel
useless	inutile
valid	valable
visitor	visiteur
warning	avertissement
weekdays	jours de la semaine
weekend	week-end
window seat	place à la fenêtre

Tourist Sites

abbey
amphitheater
aquarium
aqueduct
arch
art gallery
beach
bridge
canal
capital
castle
catacombs
cathedral
cemetery
chapel
church
concert hall
convent
countryside
dam/dike
developed area
embankment
fountain
hotel
library
mansion
monastery
museum
opera
palace
stadium
temple
theater

Sites touristiques

abbaye
amphithéâtre
aquarium
aqueduc
arche
galerie d'art
plage
pont
canal
capitale
château
catacombes
cathédrale
cimetière
chapelle
église
salle de concert
couvent
campagne
barrage/dike
zone développée
barrage/barrage
fontaine
hôtel
bibliothèque
maison de maître
monastère
musée
opéra
palais
stade
temple
théâtre

tower	tour
town hall	hôtel de ville

Hotels / Hôtels

Affordable / reasonable	raisonnable/abordable
air conditioning	climatisation
all included	tout compris
amenities/facilities	commodités/équipements
attached bathroom	salle de bain attenante
balcony	balcon
bathroom	salle de bains
bed	lit
bed sheets	draps de lit
bedding	literie
bedspread	couvre-lit
bellhop	groom
bill	facture
billiard room	salle de billard
blanket	couverture
breakfast	petit déjeuner
brochure	brochure
business meeting	réunion d'affaires
call	appel
carpet	tapis
cheap	bon marché
check	vérification
cleaning service	service de nettoyage
coat hanger	porte-manteau
complaint	plainte
concierge	concierge
conference	conférence
conference room	salle de conférence
credit	crédit

credit card	carte de crédit
damage	dommages
dining room	salle à manger
dinner	salle à manger
discount	réduction
double room	chambre double
economical	économique
efficiency unit	unité d'efficacité
electrical outlet	prise de courant
elevator	ascenseur
excluding	excluant
exclusive	exclusif
expensive	coûteux
extra charge	frais supplémentaires
fire exit	sortie de secours
fire extinguisher	extincteur
form (paper)	formulaire (papier)
full board	pension complète
guest	invité
hair salon	salon de coiffure
hairdryer	sèche-cheveux
half board	demi-pension
heating	chauffage
the rural house/cottage	la maison rurale/le gîte
hostal	l'auberge
hotel	hôtel
inclusive	inclusif
inn	auberge
iron	fer à repasser
ironing board	planche à repasser
key	clé
laundry	blanchisserie
laundry service	service de blanchisserie
meal	repas

noisy	bruyant
nuisance	nuisance
overnight bag	sac de nuit
parking lot	parking
parking space	parking
payment	paiement
pillow	oreiller
porter	porteuse
price	prix
price list	prix
privacy	intimité
private bathroom	salle de bain privée
quilt	édredon
receipt	reçu
reception	réception
reception area	réception
receptionist	réceptionniste
refund	remboursement
reservation	réservation
room	chambre
room and board	chambre et pension
room service	service de chambre
rug	tapis
sales tax	taxe de vente
shower	douche
shower cap	chapeau de douche
signature	signature
single/double room	chambre simple/double
stay	séjour
suite	suite
surcharge	supplément
toilet	toilettes
towel	serviette
traveler's check	chèque de voyage

view	vue
villa	villa
wake up call	réveil
youth hostel	auberge de jeunesse
hotel reception	réception de l'hôtel

The Beach / La plage

barnacle	bernache
bathing suit	maillot de bain
bay	baie
beach bar/snack stand	bar/snack de plage
beach flag	drapeau de plage
beach towel	serviette de plage
beach umbrella	parapluie de plage
beachball	ballon de plage
bikini	bikini
boardwalk/pier	trottoir de bois/pierres
boogie board	planche à voile
bucket and spade	seau et bêche
cape	cape
catamaran	catamaran
clam bake	bain de palourdes
coast	côte
conch	conque
cooler	refroidisseur
coral	corail
cove	crique
crab	crabe
current	courant
dock	quai
dune	dune
fins	nageoires
fish	poisson

fishing	pêche
flip flops	tongs
float/life preserver	flotteur/sauveteur
frisbee	frisbee
hammock	hamac
hat	chapeau
high tide	marée haute
jellyfish	méduse
jetski	jetski
kayak	kayak
lake	lac
lifeguard	sauveteur
lifeguard hut	hutte de sauveteurs
life preserver	sauveteuse
low tide	marée basse
nudist beach	plage nudiste
paddle board	planche à pagaie
pier	embarcadère
red, yellow, green flag	drapeau rouge, jaune, vert
reef	récif
rip current	courant d'arrachement
sailboat	voilier
salt water	eau salée
salt water taffy	eau salée, tire d'eau salée
sand	sable
sand dollars	eau de mer
sandals	sable
sandbar	sable de mer
sandcastle	châteaux de sable
scuba diving	plongée sous-marine
sea	mer
seashell	coquillage
seaweed/kelp	algue/képi
shark	requin

shell	coquillage
shore	rivage
snacks	casse-croûte
snorkel	tuba
stone/rock	pierre/rocher
sun shield	écran solaire
sunburn	coup de soleil
sunglasses	lunettes de soleil
sunscreen	écran solaire
suntan	bronzage
surfboard	planche de surf
swimming cap	bonnet de bain
undertow	contre-courant
vacation	vacances
volleyball	volley-ball
wave	vague
weekend	week-end

Important Dates / Dates importantes

All Saints' Day	Fête de la Toussaint
All Souls' Day	Le jour de la Toussaint
anniversary	anniversaire
Ash Wednesday	Mercredi des Cendres
Assumption Day	Jour de l'Assomption
birthday	anniversaire
Christmas	Noël
Christmas Eve	veille de Noël
Easter	Pâques
Fat Tuesday (Mardi Gras)	Mardi gras
Father's Day	Fête des pères
Flag Day	Jour du drapeau
Good Friday	Vendredi saint
Halloween	Halloween

Hanukkah	Hanoukka
Independence Day	Fête de l'indépendance
Labor Day	Fête du travail
Lent	Carême
Mother's Day	Fête des mères
New Year's Day	Jour de l'An
New Year's Eve	Réveillon du Nouvel An
Palm Sunday	Dimanche des Rameaux
Passover	Pâques
Pentecost	Pentecôte
President's Day	Jour du Président
Ramadan	Ramadan
Saint Patrick's Day	Fête de la Saint-Patrick
summer solstice	solstice d'été
Thanksgiving	Thanksgiving (Action de grâce)
Valentine's Day	Saint-Valentin
winter solstice	solstice d'hiver
Yom Kippur	Yom Kippour

Directions / Directions

above/on top of	au-dessus/au-dessus de
across from	en face de
ahead of	devant
at/in	en
behind	derrière
below	en dessous
beside	à côté
between	entre
downstairs	en bas
east	à l'est
far from	loin de
here	ici

in	en
in front of	devant
in the middle of	au milieu de
inside	à l'intérieur
inside of	à l'intérieur de
near	près de
next to	à côté de
north	au nord
northeast	nord-est
northwest	nord-ouest
outside	à l'extérieur
outside of	à l'extérieur de
over there	là-bas
right here	ici
south	sud
southeast	sud-est
southwest	sud-ouest
there	ici
to the east	à l'est
to the left of	à gauche de
to the north	au nord
to the right of	à droite de
to the south	au sud
to the west	à l'ouest
under	sous
upstairs	à l'étage
vía/through	vía/through
west	à l'ouest
with	avec

Streets

Rues

alley	allée
avenue	avenue

beltway	périphérique
bridge	pont
crossing	croisement
crossroad	chemin de fer
culdesac	culdesac
curve/bend	courbe/virage
divider	séparateur
entrance ramp	rampe d'entrée
exit ramp	rampe de sortie
frontage road	route de desserte
highway/freeway	autoroute/voie rapide
inside lane	voie intérieure
intersection	intersection
junction	jonction
lane	voie
level crossing	passage à niveau
main street	rue principale
median	médiane
one way street	rue à sens unique
outside lane	voie extérieure
passing lane	voie de dépassement
pedestrian	piéton
pothole	nid-de-poule
roundabout/rotary	rond-point/rotation
shoulder (on the road)	accotement (sur la route)
side street	rue latérale
sidewalk	trottoir
speed bump	dos d'âne
square	place
street corner	coin de rue
white line	ligne blanche
yellow line	ligne jaune

List of Countries	Liste des pays
Afghanistan	Afghanistan
Albania	Albanie
Algeria	Algérie
Andorra	Andorre
Angola	Angola
Antigua and Barbuda	Antigua et Barbuda
Argentina	Argentine
Armenia	Arménie
Australia	Australie
Austria	Autriche
Azerbaijan	Azerbaïdjan
Bahamas	Bahamas
Bahrain	Bahreïn
Bangladesh	Bangladesh
Barbados	Barbade
Belarus	Biélorussie
Belgium	Belgique
Belize	Belize
Benin	Bhoutan
Bhutan	Bhoutan
Bolivia	Bolivie
Bosnia and Herzegovina	Bosnie et Herzégovine
Botswana	Botswana
Brazil	Brésil
Brunei	Brunei
Bulgaria	Bulgarie
Burkina Faso	Burkina Faso
Burma	Birmanie
Burundi	Burundi
Cambodia	Cambodge
Cameroon	Cameroun
Canada	Canada
Cape Verde	Cap Vert

Central African Republic	République Centrafricaine
Chad	Tchad
Chile	Chili
China	Chine
Comoros	Comores
Dem. Rep. of the Congo	Rép. dém. Rép. du Congo
Congo, Rep of the	Congo, Rép. du
Costa Rica	Costa Rica
Côte d'Ivoire	Côte d'Ivoire
Croatia	Croatie
Cuba	Cuba
Cyprus	Chypre
Czech Republic	République Tchèque
Denmark	Danemark
Djibouti	Djibouti
Dominica	Dominique
Dominican Republic	République dominicaine
East Timor	Timor oriental
Ecuador	Equateur
Egypt	Égypte
El Salvador	El Salvador
Equatorial Guinea	Guinée équatoriale
Eritrea	Erythrée
Estonia	Estonie
Eswatini	Eswatini
Ethiopia	Éthiopie
Fiji	Fidji
Finland	Finlande
France	France
Gabon	Gabon
Georgia	Géorgie
Germany	Allemagne
Ghana	Ghana
Greece	Grèce

Grenada	Grenade
Guatemala	Guatemala
Guinea	Guinée
Guinea-Bissau	Guinée-Bissau
Guyana	Guyana
Haiti	Haïti
Honduras	Honduras
Hungary	Hongrie
Iceland	Inde (en anglais)
India	Inde
Indonesia	Indonésie
Iran	Iran (en anglais)
Iraq	Irak
Ireland	Irlande
Israel	Israël
Italy	Italie
Jamaica	Jamaïque
Japan	Japon
Jordan	Jordanie
Kazakhstan	Kazakhstan
Kenya	Kenya
Kiribati	Kiribati
Korea, North	Corée du Nord
Korea, South	Corée du Sud
Kuwait	Koweït
Kyrgyzstan	Kyrgyzstan
Laos	Laos
Latvia	Lettonie
Lebanon	Lettonie
Lesotho	Lesotho
Liberia	Libéria
Libya	Libéria
Liechtenstein	Liechtenstein
Lithuania	Lituanie

Luxembourg	Lituanie
Macedonia	Macédoine
Madagascar	Madagascar
Malawi	Malawi
Malaysia	Malaisie
Maldives	Maldives
Mali	Mali
Malta	Malte
Marshall Islands	Marshall (Îles)
Mauritania	Mauritanie
Mauritius	Mauritanie
Mexico	Mexique
Micronesia	Micronésie
Moldova	Moldavie
Monaco	Monaco
Mongolia	Mongolie
Montenegro	Monténégro
Morocco	Maroc
Mozambique	Mozambique
Namibia	Namibie
Nauru	Nauru
Nepal	Népal
Netherlands	Népal
New Zealand	Nouvelle Zélande
Nicaragua	Nicaragua
Niger	Népal
Nigeria	Nigéria
Norway	Norvège
Oman	Oman
Pakistan	Pakistan (en anglais)
Palau	Palau
Panama	Panama (en anglais)
Papua New Guinea	Papouasie-Nouvelle-Guinée
Paraguay	Paraguay

Peru	Pérou
Philippines	Philippines
Poland	Pologne
Portugal	Portugal
Qatar	Qatar
Romania	Roumanie
Russia	Russie
Rwanda	Rwanda
Saint Kitts and Nevis	Saint Kitts et Nevis
Saint Lucia	Sainte-Lucie
Saint Vincent and the Grenadines	Saint Vincent et les Grenadines
Samoa	Samoa
San Marino	Saint-Marin
Saudi Arabia	Arabie Saoudite
São Tomé and Príncipe	São Tomé et Príncipe
Senegal	Sénégal
Serbia	Serbie
Seychelles	Seychelles
Sierra Leone	Sierra Leone
Singapore	Singapour
Slovakia	Slovaquie
Slovenia	Slovénie
Solomon Islands	Salomon (Îles)
Somalia	Somalie
South Africa	Afrique du Sud
Spain	Espagne
Sri Lanka	Sri Lanka
Sudan	Soudan
Suriname	Suriname
Sweden	Suède
Switzerland	Suisse
Syria	Syrie (en anglais)
Tajikistan	Tadjikistan

Tanzania	Tanzanie
Thailand	Thaïlande
The Gambia	Gambie
Togo	Togo
Tonga	Tonga
Trinidad and Tobago	Trinité et Tobago
Tunisia	Tunisie
Turkey	Turquie
Turkmenistan	Turkménistan
Tuvalu	Tuvalu
Uganda	Ouganda
Ukraine	Ukraine
United Arab Emirates	Emirats Arabes Unis
United Kingdom	Royaume-Uni
United States of America	États-Unis d'Amérique
Uruguay	Uruguay
Uzbekistan	Ouzbékistan
Vanuatu	Vanuatu
Vatican City	Cité du Vatican
Venezuela	Venezuela
Vietnam	Vietnam (en anglais)
Yemen	Yémen (en anglais)
Zambia	Zambie
Zimbabwe	Zimbabwe

Verbs / Verbes

to accelerate	accélérer
to stay	rester
to rent	louer
to get a tan	se faire bronzer
to dive	plonger
to change the towels	changer les serviettes
to cancel	annuler

to cancel a reservation	annuler une réservation
to cash a check	pour encaisser un chèque
to take (train, bus, or flight)	prendre (le train, le bus ou le vol)
to locate/place	localiser/placer
to buy a ticket	acheter un billet
to confirm a reservation	pour confirmer une réservation
to cross	traverser
to welcome	accueillir
to turn	tourner
to go around the world	faire le tour du monde
to take a bath	prendre un bain
to leave something	quitter quelque chose
to check out of the room	quitter la chambre
to unpack one's suitcase	déballer sa valise
to climb	grimper
to be en route	être en route
to be delayed	être retardé
to misplace luggage	égarer des bagages
to be billed/check in	être facturé/enregistrer
to sign	signer
to turn	de l'argent
to cash a check	encaisser un chèque
to water ski	pour faire du ski nautique
to make a bed	faire un lit
to pack one's suitcase	faire sa valise
to go surfing	faire du ski nautique
to make a complaint	faire une réclamation
to make a reservation	pour faire une réservation
one way only	en aller simple
to clean a room	faire le ménage dans une chambre
to arrive at	arriver à

to carry/take	porter/emporter
to swim	nager
to sail	naviguer
to pay	payer
to stop	s'arrêter
to walk along the shore	marcher le long du rivage
to ask for assistance	demander de l'aide
to inquire	se renseigner
to miss (train, bus, or flight)	manquer (le train, le bus ou le vol)
to fish	pêcher
to make a complaint	faire une réclamation
to inquire	se renseigner
to stay	séjourner
to complain	se plaindre
to travel/tour	voyager/tourner
to slow down	pour ralentir
to check in	s'enregistrer
to return	revenir
to fill out a form	remplir un formulaire
to book/reserve a room	réserver/réserver une chambre
to check out	pour faire un check-out
to depart	départ
to leave/depart from a place	quitter/partir d'un lieu
to leave/depart for a place	quitter/partir pour un lieu
to be delayed	être retardé
to have a view	avoir une vue
to sunbathe	prendre un bain de soleil
to travel	voyager
to return	revenir

Phrases

1. Are there any lifeboats?
   Y a-t-il des canots de sauvetage ?
2. Is it safe for kids to swim here?
   Les enfants peuvent-ils se baigner ici en toute sécurité ?
3. May we swim here?
   Pouvons-nous nager ici ?
4. Is there a strong current?
   Y a-t-il un fort courant ?
5. Can you put cream on my back?
   Pouvez-vous me mettre de la crème sur le dos ?
6. You got burned.
   Vous vous êtes brûlé(e).
7. I'm going for a swim.
   Je vais me baigner.
8. The water is nice.
   L'eau est agréable.
9. The water is very cold.
   L'eau est très froide.
10. The water is warm.
    L'eau est chaude.
11. It's very windy.
    Il y a beaucoup de vent.
12. I got stung by a jellyfish.
    J'ai été piqué(e) par une méduse.
13. Can you recommend a cheap hotel?
    Pouvez-vous me recommander un hôtel bon marché ?
14. How much does it cost per night?
    Combien coûte une nuit ?
15. How much does it cost per week?
    Combien coûte une semaine ?
16. Is there anything cheaper?
    Y a-t-il quelque chose de moins cher ?
17. Do you have any rooms available?

Avez-vous des chambres disponibles ?
18. I would like a single room.
   Je souhaiterais une chambre individuelle.
19. May I see the room?
   Puis-je voir la chambre ?
20. There is no hot water
   Il n'y a pas d'eau chaude
21. I don't like this room, it's very small.
   Je n'aime pas cette chambre, elle est très petite.
22. Are the meals included?
   Les repas sont-ils inclus ?
23. Is it full board or just breakfast?
   Est-ce que c'est la pension complète ou seulement le petit déjeuner ?
24. Do not disturb.
   Ne pas déranger.
25. Welcome!
   Bienvenue à tous !

Quiz – Chapter VIII
Travel, Tourism & Holidays
Matching

1. gratuit
2. utile
3. lune de miel
4. perdu
5. billet aller-retour
6. escalade
7. l'aquarium
8. le pont
9. la tour
10. les draps
11. la couverture
12. le dos
13. bruyant
14. parking
15. un reçu
16. tongs
17. le sable
18. le rivage
19. la vague
20. plongée

A. aquarium
B. blanket
C. bridge
D. flip fops
E. free
F. helpful
G. honeymoon
H. lost
I. noisy
J. parking lot
K. receipt
L. roundtrip ticket
M. sand
N. sheets (bed)
O. shore
P. to climb
Q. to dive
R. to return
S. tower
T. wave

Multiple Choice Sentence Completion

21. Je dois aller aux _____ car je me suis foulé la cheville.
a. la mallette   c. le flotteur
b. urgences   d. tôt

22. Le site _____ d'Airbnb a détruit le nouvel appartement.
a. la publicité   c. l'abordable
b. crédit   d. hôte

23. Le week-end, le site de _____ était plein de visiteurs.
a. l'auberge   c. les algues
b. le ferry   d. l'anniversaire

24. Quel est _____ de l'excursion d'observation des baleines ?
a. l'allée   c. l'horaire
b. Pays-Bas   d. anniversaire

25. N'oubliez pas d'attacher votre _____ de sécurité.
a. ceinture   c. amphithéâtre
b. drapeau de la plage   d. chapelle

26. _____ sur le bateau était exaltante.
a. le salaire   c. le sud
b. la vitesse   d. Noël

27. Le _____ était vitré, immense et luxueux.
a. Suisse   c. douche
b. mercredi des cendres d. volley-ball

28. N'oubliez pas de laver le sable de votre _____ avant de l'emballer.
a. pont
b. sortie
c. tarif
d. serviette de plage

29. La compagnie aérienne a perdu mes _____.
a. rocher
b. valises
c. eau salée
d. sous

30. La station de luxe était _____, mais tout le reste était bon marché.
a. chère
b. le sens unique
c. dos d'âne
d. le coup de soleil

Answer Key

1. E
2. F
3. G
4. H
5. L
6. P
7. A
8. C
9. S
10. N
11. B
12. R
13. I
14. J
15. K
16. D
17. M
18. O
19. T
20. Q
21. B
22. D
23. A
24. C
25. A
26. B
27. C
28. D
29. B
30. A

Chapter IX
Nature & Camping

Nature

air
animal
archipelago
area
arid landscape
bay
beach
bird
border
bottom
bouquet of flowers
branch
brush
bush
canyon
cape
city
clean
cliff
coast
coastline
comet
continent
copse/thicket
corals
country
country person/farmer

Nature

air
animal
archipel
région
paysage aride
baie
plage
oiseau
bordure
fond
bouquet de fleurs
branche
pinceau
buisson
canyon
cap
ville
propre
falaise
côte
côte
comète
continent
bosquet
coraux
pays
paysan/agricultrice

country road	pays de l'Est
countryside	paysan
creek	ruisseau
creek/stream	ruisseau/rivière
dangerous	dangereux
deep	profond
delta	delta
desert	désert
dune	dune
dust	poussière
earth	terre
earthquake	tremblement de terre
equator	équateur
equatorial	équatorial
eruption	éruption
escarpment	escarpement
estuary	estuaire
excursion	excursion
farm	ferme
farmer	ferme
farmland	terre agricole
female	femme
field	champ
fire	feu
fjord	fjord
flame	flamme
flat	plat
flock	flocon
flower	fleur
foot of a mountain	pied de montagne
foothills	pied de montagne
forest/woodland	forêt/forêt
freshwater	eau douce
fruit	fruit

full moon	pleine lune
geographical	géographique
geyser	geyser
glacier	glacier
globe	globe
grass	herbe
grove	bosquet
half moon	demi-lune
hamlet	hameau
harbor	port
harmful	nuisible
healthy/beneficial	sain/bénéfique
hemisphere	hémisphère
high/tall	haut/bas
hill	colline
hunter	chasseur
incline/gradient/slope	pente/gradient/slope
inhabitant	habitant
insect	insecte
international	international
island	île
jungle	jungle
lagoon	lagune
lake	lac
land	terre
landscape	paysage
lava	lave
leaf	feuille
leafy	feuillu
lightning	éclair
livestock	bétail
location	lieu
low	bas
male	mâle

map	carte
marsh/bog	marais/bog
marshy	marécageux
meridian	méridien
mountain	montagne
mountain range	chaîne de montagnes
mountainous	montagneux
mountainside/slope	flanc de montagne/pente
mouth/estuary	embouchure/estuaire
mud	boue
national park	parc national
nature	nature
nest	nid
North pole	pôle Nord
oasis	oasis
ocean	océan
ocean floor	fond de l'océan
path	chemin
peaceful	paisible
peak	sommet
peninsula	péninsule
plant	plante
plateau	plateau
poisonous	toxique
position	position
province	province
rain forest	forêt tropicale
reef	récif
region	région
regional	régional
ridge	crête
river	rivière
river shore	rivière, rivage
riverbank	rivière

riverbed	lit de la rivière
rock	roche
rock pool	bassin de roche
root	racine
salt marsh	marais salé
salt water	eau salée
sand	sable
sea	mer
sea shore	bord de mer
sea water	eau de mer
seaside	bord de mer
seaweed	algue
seed	graine
shallow	peu profond
shepherd	berger
shooting star	étoile filante
shore	rivage
source of a river	source d'une rivière
South pole	pôle sud
spring	printemps
stall	stabulation
star	étoile
steep	raide
steppe	steppe
stone	pierre
storm	tempête
stream	ruisseau
summit/peak	sommet/peak
surface	surface
swamp	marécage
territory	territoire
thunder	tonnerre
tide	marée
tree	arbre

tropics	tropiques
trunk	tronc
tundra	toundra
valley	vallée
vegetation	végétation
view/scenery	vue/paysage
volcano	volcan
waterfall	chute d'eau
wild mushroom	champignon sauvage
woodland	forêt
zenith	zénith
zone	zone

Camping

air mattress	matelas pneumatique
alone	seul
amenities	commodités
ant	fourmi
antihistamine cream	crème antihistaminique
arrival	arrivée
barbecue	barbecue
battery	batterie
camera	caméra
camper	campeur
camping	camping
campsite	camping
canoe	canoë
canoeing	canoë
clean	propre
climate	climat
closed	fermé
comfort	confort
comfortable	confortable

congested	encombré
cost	coût
countryside	campagne
cycling	cyclisme
damaged	endommagé
dirty	sale
disadvantage	désavantage
disorganized	désorganisé
drinking water	eau potable
extension cord	rallonge électrique
fire (in a fireplace)	feu (dans une cheminée)
fire (out of control)	feu (incontrôlable)
fishing	pêche
flashlight	lampe de poche
folding chair	chaise pliante
folding table	table pliante
free	gratuit
full	complet
group	groupe
group travel	voyage en groupe
guide	guide
guidebook	guide
guided tour	visite guidée
honeymoon	lune de miel
hunting	chasse
journey	voyage
knapsack	sac à dos
land	terre
landscape	paysage
map	carte
medicine kit	trousse à pharmacie
mild weather	temps doux
money	argent
mosquito	moustique

mosquito bite	piqûre de moustique
mosquito net	moustiquaire
mountain climbing	escalade en montagne
open	ouvert
organized	organisé
portable	portable
rock climbing	escalade
ruined	ruiné
sailing	voile
sea	mer
seascape	paysage marin
seaside resort	station balnéaire
self service	service à la personne
shopping	shopping
show	spectacle
sight/view	vue/vue
sightseeing	tourisme
sleeping bag	sac de couchage
spare keys	clé de secours
spoiled	gâté
sun	soleil
sunny	ensoleillé
tan	bronzage
tent	tente
the stay (in a hotel, etc.)	le séjour (dans un hôtel, etc.)
torch	torche
tour	tour
tourism	tourisme
tourist	touriste
tourist office	office de tourisme
town	ville
trip	voyage
vacation	vacances
visiting hours	heures de visite

visitor	visiteur
water bottle	bouteille d'eau
water filter	filtre à eau
welcome	accueil
well (water)	puits (eau)
wine tasting	dégustation de vin
wood fire/bonfire	feu de bois
worth seeing	vaut la peine d'être vu

Verbs / Verbes

to camp	camper
to burn	brûler
to tan	bronzer
to take a shower	prendre une douche
to hunt	chasser
to care for	prendre soin de
to flow	s'écouler
to unpack	déballer
to hail	grêler
to pack a suitcase	faire une valise
to freeze	geler
to hike/go on an excursion	faire des randonnées/excursions
to go on vacation	partir en vacances
to ride a horse	faire de l'équitation
to bite	mordre
to begin	commencer
to organize	organiser
to spend time	faire de l'exercice
to bite	mordre
to plant	planter
to pitch a tent	planter une tente
sunset	coucher de soleil

to stay (in a hotel, etc.)	séjourner (dans un hôtel, etc.)
to take down a tent	démonter une tente
sunrise	lever du soleil
to sow	semer
to blow (the wind)	souffler (le vent)
to sunbathe	prendre un bain de soleil
to assemble/put together	assembler/réunir
to walk	marcher

Phrases

1. Do you want to go camping for the weekend?
   Veux-tu aller camper pour le week-end ?
2. I will take my sleeping bag.
   Je prendrai mon sac de couchage.
3. We can go for a walk on the path.
   Nous pouvons nous promener sur le chemin.
4. Be careful because there are poisonous plants.
   Fais attention car il y a des plantes toxiques.
5. Do you want to go to the hill to see the sunrise?
   Veux-tu aller sur la colline pour voir le lever du soleil ?
6. I think there are a lot of mosquitoes here.
   Je pense qu'il y a beaucoup de moustiques ici.
7. I like to visit the countryside on weekends.
   J'aime visiter la campagne le week-end.
8. I go to the reef to see colored corals.
   Je vais au récif pour voir les coraux colorés.
9. The canoe trip was great.
   La balade en canoë était super.
10. I want to go to the lagoon and watch the sunset.
    Je veux aller à la lagune et regarder le coucher du soleil.
11. Let's build a bonfire on the beach.
    Faisons un feu de joie sur la plage.
12. I love to go horseback riding!
    J'adore faire de l'équitation !
13. The weather forecast says it´s going to rain.
    Les prévisions météorologiques annoncent de la pluie.
14. It's better to carry a medicine kit for camping.
    Il est préférable d'emporter une trousse à médicaments pour le camping.
15. I love to go fishing in the river.
    J'adore aller pêcher dans la rivière.
16. I´m going to pack my suitcase.
    Je vais préparer ma valise.

17. I want to go to the beach for my honeymoon.
    Je veux aller à la plage pour ma lune de miel.
18. Do not forget to bring a mosquito net.
    N'oubliez pas d'emporter une moustiquaire.
19. I will take my camera on the walk.
    Je vais prendre mon appareil photo pour la promenade.
20. Don't get lost in the forest!
    Ne te perds pas dans la forêt !
21. The trip to the island makes me happy.
    Le voyage sur l'île me rend heureux.
22. We walked to the top of the mountain.
    Nous avons marché jusqu'au sommet de la montagne.
23. Navigation can be very difficult at times.
    La navigation est parfois très difficile.
24. The town is a good place for tourists.
    La ville est un bon endroit pour les touristes.
25. Would you like to go wine tasting on friday?
    Voulez-vous faire une dégustation de vin vendredi ?

Quiz – Chapter IX
Nature & Camping
Matching

1. le ruisseau
2. la forêt
3. le champ
4. le chasseur
5. le feu
6. le lac
7. le paysage
8. le tremblement de terre
9. le sable
10. la baie
11. le pic
12. la côte
13. la ferme
14. la colline
15. la pleine lune
16. la nature
17. le bord de mer
18. la jungle
19. profond
20. calme

A. bay
B. coast
C. countryside
D. creek/stream
E. deep
F. earthquake
G. farm
H. fire
I. forest
J. full moon
K. hill
L. hunter
M. jungle
N. lake
O. landscape
P. nature
Q. peaceful
R. sand
S. sea shore
T. summit/peak

Multiple Choice Sentence Completion

21. Le site de _____ est le meilleur endroit pour se baigner.
a. zone
b. oiseau
c. chute d'eau
d. frontière

22. J'aime bien manger du _____ le week-end avec mes amis.
a. barbecue
b. arrière-plan
c. branche
d. buisson

23. L'appareil photo ne fonctionne pas. Peut-être que la _____ est déchargée.
a. champ
b. pile
c. port
d. village

24. Ne pas avoir l'équipement adéquat est un _____ pour le camping.
a. delta
b. excursion
c. dune
d. inconvénient

25. Pour faire une randonnée de nuit, il faut se munir d'une _____.
a. terre
b. profond
c. torche
d. colline

26. Vérifiez les dates des médicaments sur la _____ pour les mettre à jour.
a. mackintosh
b. trousse de secours
c. lasso
d. ruban adhésif

27. N'oubliez pas le répulsif pour les _____.
a. montagne
b. carte
c. marais
d. piqûres de moustiques

28. Aujourd'hui, c'est une journée parfaite grâce au _____ pour se promener en plein air.
a. rivage
b. étoile
c. stable
d. soleil

29. Elle a un beau _____ sur la peau.
a. puits
b. bronzage
c. zone
d. volcan

30. Je dois _____ car je me rends en ville demain.
a. la colline
b. monter à cheval
c. la pêche
d. faire ma valise

Answer Key

1. D
2. I
3. C
4. L
5. H
6. N
7. O
8. F
9. R
10. A
11. T
12. B
13. G
14. K
15. J
16. P
17. S
18. M
19. E
20. Q
21. C
22. A
23. B
24. D
25. C
26. B
27. D
28. D
29. B
30. D

Chapter X
Animals

Land Animals

antelope
beaver
bison
boar
buffalo
bull
camel
chimpanzee
cow
deer
elephant
ferret
foal
gerbil
giraffe
goat
goldfish
goose
gopher
gorilla
grizzly bear
guinea pig
hamster
hedgehog
horse
hyena
kangaroo

Animaux terrestres

antilope
castor
bison
sanglier
buffle
taureau
chameau
chimpanzé
vache
cerf
éléphant
furet
poulain
girafe
girafe
chèvre
poisson rouge
oie
gorille
gorille
ours grizzly
cochon d'Inde
hamster
hérisson
cheval
hyène
kangourou

lamb	agneau
lion	lion
mare	jument
monkey	singe
mouse	souris
ox	bœuf/vache
panda	panda
panther	panthère
pig	cochon
piglet	porcelet
polar bear	ours polaire
pony	poney
rabbit	lapin
racoon	raton laveur
rat	rat
rhinoceros	rhinocéros
sheep	mouton
skunk	mouffette
sloth	paresseux
squirrel	écureuil
tiger	tigre
turkey	dindon
wolf	loup
zebra	zèbre

Birds — Oiseaux

bat	chauve-souris
bird	oiseau
chicken	poule
crane	grue
dove	colombe
duck	canard
eagle	aigle

falcon	faucon
hen	poule
hummingbird	colibri
nightingale	rossignol
ostrich	autruche
owl	hibou
parrot	perroquet
peacock	paon
pelican	pélican
penguin	pingouin
pheasant	faisan
raven	corbeau
rooster	coq
seagull	mouette
sparrow	moineau
swallow	hirondelle

Reptiles / Reptiles

alligator	alligator
anaconda	anaconda
boa constrictor	boa constrictor
chameleon	caméléon
cobra	cobra
copperhead	tête de cuivre
crocodile	crocodile
garter snake	serpent à collier
gecko	gecko
gila monster	monstre de Gila
iguana	iguane
komodo dragon	dragon de komodo
lizard	lézard
painted turtle	tortue peinte
rattlesnake	serpent à sonnettes

sea turtle	tortue de mer
snake	serpent
snapping turtle	tortue serpentine
turtle/tortoise	tortue/trompette
viper	vipère
water moccasin	mocassin d'eau

Water Animals / Animaux aquatiques

baleen whale	baleine à fanons
blue whale	baleine bleue
clams	palourdes
clown fish	poisson clown
crab	crabe
dolphin	dauphin
eel	anguille
electric eel	anguille électrique
fish	poisson
frog	grenouille
hammerhead shark	requin marteau
hippopotamus	hippopotame
humpback whale	baleine à bosse
jellyfish	méduse
killer whale	orque
manatee	manatee
octopus	pieuvre
otter	loutre
oyster	huître
penguin	pingouin
salmon	saumon
sea animals	animaux marins
sea horse	hippocampe
sea ray	raie de mer
sea snails	escargots de mer

sea snake	serpent de mer
sea turtle	tortue de mer
seal	phoque
shark	requin
shrimp	crevette
snail	escargot
squid	calmar
starfish	étoile de mer
tadpole	têtard
tiger shark	requin tigre
toad	crapaud
trout	truite
whale	baleine
white shark	requin blanc

Bugs & Insects / Insectes

ant	fourmi
bedbug	punaise de lit
bee	abeille
beetle	scarabée
black widow	veuve noire
brown recluse	recluse brune
butterfly	papillon
caterpillar	chenille
cockroach	cafard
cricket	grillon
daddy long legs	papa longues pattes
dragonfly	libellule
flea	puce
fly	mouche
garden spider	araignée de jardin
grasshopper	sauterelle
ladybug	coccinelle

locust	sauterelle
mite	acarien
mosquito	moustique
moth	mite
queen bee	reine des abeilles
scorpion	scorpion
spider	araignée
tarantula	tarentule
termite	termite
tick	tique
wasp	guêpe
water spider	araignée d'eau
wolf spider	araignée-loup
worm	ver
worm	ver

Animal Parts / Parties de l'animal

antennas	antennes
beak	bec
belly	ventre
chest	poitrine
claws	griffes
ears	oreilles
eyes	yeux
fangs	crocs
feathers	plumes
fins	nageoires
fur/hair	fourrure/poils
guts	boyaux
loin	longe
lungs	poumons
nose	nez
paw print	empreinte de patte

paws	pattes
peak	crête
skin	peau
snout	museau
tail	queue
tongue	langue
trunk	tronc
whiskers	moustaches
wings	ailes

Pets

Animaux de compagnie

akita	akita
alley cat	chat de gouttière
australian cattle dog	chien d'élevage australien
bark	aboiement
basset hound	basset hound
beagle	beagle
bird	oiseau
bloodhound	chien de chasse
boxer	boxer
breed	race
bulldog	bouledogue
bullmastiff	bullmastiff
calico	calicot
canary	canari
cat	chat
chihuahua	chihuahua
collie	collie
corgi	corgi
dachshund	teckel
dalmatian	dalmatien

doberman pinscher	doberman pinscher
dog	chien
feline	félin
ferret	furet
fish	furet
gecko	gecko
german shepherd	berger allemand
golden retriever	golden retriever
great dane	furet
greyhound	lévrier
hamster	hamster
hedgehog	hérisson
husky	husky
kitten	chaton
labrador retriever	labrador retriever
lizard	lézard
mastiff	mastiff
mutt	chien
parrot	perroquet
pit bull	pitbull
police dog	chien de police
poodle	caniche
pug	carlin
puppy	chiot
purebred	pur-sang
rabbit	lapin
rescue dog	chien de sauvetage
rottweiler	rottweiler
saint bernard	saint bernard
search and rescue dog	chien de recherche et de sauvetage
sheepdog	chien de berger
snake	serpent
spider	araignée

turtle	tortue
weimaraner	weimaraner
working dog	chien de travail

Pet Items / Articles pour animaux de compagnie

ball	balle
bed	lit
bowl	bol
cage	cage
collar	collier
dog bone	os pour chien
dog groomer	chien d'appartement
dog park	parc à chiens
food	nourriture
ID tag	étiquette d'identification
kennel	chenil
leash/lead	laisse
microchip	puce électronique
pet owner	propriétaire de l'animal
pet shop	animalerie
pet store	animal de compagnie
tank	réservoir
treat	gâterie
treats	gâteries

Pet Adjectives / Adjectifs pour animaux de compagnie

adorable	adorable

allergic	allergique
beautiful	beau
breed	race
clever	intelligent
exotic	exotique
faithful	fidèle
fast	rapide
friendly	sympathique
funny	drôle
loving	aimant
noisy	bruyant
playful	enjoué
quiet	silencieux
repulsive	repoussant
sad	triste
shy	timide
slow	lent
small	petit
smart	intelligent
weird	bizarre
tender	tendre
messy	désordonné
slobbery	baveux
hairy	poilu

The Veterinarian — Le vétérinaire

appointment	rendez-vous
arthritis	arthrite
cancer	cancer
cataracts	cataracte
consult	consulter
diarrhea	diarrhée
disease/illness	maladie/maladie

ear infection	infection de l'oreille
fleas	puces
fur loss	perte de poils
heartworms	vers du cœur
home visit	visite à domicile
kennel cough	toux de chenil
obesity	obésité
parasite	parasite
pathology	pathologie
patient	patient
prescription	prescription
rabies	rage
reception area	zone d'accueil
receptionist	réceptionniste
sneezing	éternuement
symptoms	symptômes
tapeworms	vers solitaire
the animal's behavior	le comportement de l'animal
vaccine	vaccin
vet clinic	clinique vétérinaire
veterinarian	vétérinaire
vomiting	vomissement

Verbs / Verbes

to pet	caresser
to groom	toiletter
to feed	nourrir
to fetch	aller chercher
to change the cage	changer la cage
to walk	promener
to brush	brosser
to run	courir
to take care of	s'occuper de

to give water	donner de l'eau
to let in	faire entrer
to let out	faire sortir
to slither	pour se faufiler
to train	former
to crawl	ramper
to go to the vet	pour aller chez le vétérinaire
to play	pour jouer
to bark	aboyer
to clean up after	pour nettoyer après
to wag	pour remuer
to bite	mordre
to wag	pour faire du bruit
to swim	nager
to walk	marcher
to chirp	gazouiller
to hop	sauter

Phrases

1. I know a girl who has a spider.
   Je connais une fille qui élève une araignée.
2. Do you have a pet?
   Avez-vous un animal de compagnie ?
3. My german shepherd is very smart.
   Mon berger allemand est très intelligent.
4. When will you go to the vet?
   Quand iras-tu chez le vétérinaire ?
5. How often do you walk your dog?
   Combien de fois promenez-vous votre chien ?
6. How much does your dog eat?
   Quelle est la quantité de nourriture de ton chien ?
7. What kind of food does your cat eat?
   Quelle sorte de nourriture votre chat mange-t-il ?
8. I'm allergic to cat hair.
   Je suis allergique aux poils de chat.
9. We should report him for animal abuse.
   Nous devrions le dénoncer pour maltraitance envers les animaux.
10. I have had pets since I was a child.
    J'ai des animaux depuis mon enfance.
11. Beware of the dog.
    Méfiez-vous du chien.
12. I like animals but I don't have any pets.
    J'aime les animaux, mais je n'en ai pas.
13. I can't have pets because I live alone.
    Je ne peux pas avoir d'animaux parce que je vis seul.
14. How many cats do you have?
    Combien de chats avez-vous ?
15. The dog has bad breath.
    Le chien a mauvaise haleine.
16. I´m very sad because my dog passed away.
    Je suis très triste parce que mon chien est mort.

17. I am vegetarian because I love animals.
    Je suis végétarien parce que j'aime les animaux.
18. Is your dog vaccinated?
    Votre chien est-il vacciné ?
19. Your dog is beautiful. May I pet him?
    Votre chien est magnifique. Puis-je le caresser ?
20. You must pick up your dog's poop.
    Vous devez ramasser les crottes de votre chien.
21. Is that breed of dog prohibited here?
    Cette race de chien est-elle interdite ici ?
22. I don't like the Zoo.
    Je n'aime pas le zoo.
23. My favorite animal is the lion.
    Mon animal préféré est le lion.
24. Would you like to go on a safari in Africa?
    Aimeriez-vous faire un safari en Afrique ?
25. I have a phobia of insects.
    J'ai la phobie des insectes.

Quiz – Chapter X
Animals
Matching

1. le castor	A. bat
2. le taureau	B. beaver
3. le cerf	C. bull
4. le canard	D. crocodile
5. la chèvre	E. deer
6. le hérisson	F. duck
7. l'agneau	G. eagle
8. lézard	H. goat
9. le bœuf	I. hedgehog
10. le porcelet	J. lamb
11. le raton laveur	K. lizard
12. le phoque	L. owl
13. le mouton	M. ox
14. l'écureuil	N. piglet
15. le loup	O. racoon
16. la chauve-souris	P. seagull
17. l'aigle	Q. seal
18. le hibou	R. sheep
19. la mouette	S. squirrel
20. le crocodile	T. wold

Multiple Choice Sentence Completion

21. Les _____ sont transparentes.
a. méduses
b. buffles
c. chats
d. taureaux

22. Les _____ expulsent de l'encre pour se cacher du danger.
a. lapins
b. poneys
c. pieuvres
d. porcelets

23. Elle aime regarder les _____ nager.
a. lézards
b. abeilles
c. mouches
d. loutres

24. Les _____ ont un dard qu'ils utilisent pour se protéger.
a. oiseaus
b. pigeons
c. raies
d. aigles

25. Il n'est pas prudent de se baigner dans la mer à cause des _____.
a. des hirondelles
b. des perroquets
c. des requins
d. des araignées

26. _____ sont les animaux les plus travailleurs du règne animal.
a. les tortues
b. les serpents
c. les fourmis
d. les canards

27. J'adore le miel des _____.
a. geckos
b. caméléons
c. alligators
d. abeilles

28. Les plus belles couleurs que j'ai jamais vues sont celles des _____ .
a. moufettes   c. moutons
b. papillons   d. phoques

29. Dans les endroits sales, il est fréquent de voir _____ .
a. des écureuils   c. des mouches
b. des tigres   d. des crapauds

30. Le garçon a la phobie des _____ .
a. araignées   c. coq
b. pigeon   d. colibri

Answer Key

1. B
2. C
3. E
4. F
5. H
6. I
7. J
8. K
9. M
10. N
11. O
12. Q
13. R
14. S
15. T
16. A
17. G
18. L
19. P
20. D
21. A
22. C
23. D
24. C
25. C
26. C
27. D
28. B
29. C
30. A

Chapter XI
Transportation

Modes of Transportation

airplane
bicycle
boat
bus
by foot
car
company car
ferry
limousine
motorcycle
rental car
scooter
ship
skateboard
spaceship
subway
taxi
train
trolly/tram
yacht

Modes de transport

avion
bicyclette
bateau
bus
à pied
voiture
voiture de société
ferry
limousine
moto
voiture de location
scooter
bateau
skateboard
vaisseau spatial
métro
taxi
train
trolley/tram
yacht

General Transportation

backpack
baggage/luggage
boarding

Transport général

sac à dos
bagage
embarquement

briefcase	mallette
destination	destination
disembarking	débarquement
distance	distance
kilometer	kilomètre
meter	mètre
national ID card	carte d'identité nationale
outbound journey/one way	voyage aller/un aller simple
passport	passeport
pedestrian	piéton
pedestrian crossing	passage pour piétons
reservation	réservation
return journey/return ticket	voyage aller-retour/billet aller-retour
schedule/timetable	horaire/horaire
sidewalk	trottoir
street directory	annuaire des rues
suitcase	valise
ticket	billet
travel agency	agence de voyage
traveller	voyageur
visa	visa

Air Travel / Voyage en avion

aeronave	aéronautique
airline	compagnie aérienne
airline company	compagnie aérienne
airline counter	comptoir de la compagnie aérienne
airplane/aircraft	avion/avion
airport	aéroport
aisle	allée
aisle seat	siège dans l'allée

arrival	arrivée
baggage	bagage
baggage carousel	carrousel à bagages
boarding gate	porte d'embarquement
boarding pass	carte d'embarquement
body search	fouille corporelle
business class	classe affaires
by air	par avion
cabin	cabine
canceled flight	vol annulé
cancellation	annulation
cancelled	annulé
charter flight	vol charter
check in desk	bureau d'enregistrement
closed	fermé
coach class	classe économique
cockpit	cockpit
control tower	tour de contrôle
copilot	copilote
crew	équipage
customs	douane
delay	retard
delayed	retard
departure	départ
departures board	tableau des départs
direct flight	vol direct
domestic flight	vol intérieur
during landing	pendant l'atterrissage
during takeoff	pendant le décollage
during the flight	pendant le vol
duty free goods	marchandises hors taxes
emergency exit	sortie de secours
emergency landing	atterrissage d'urgence
excess baggage	excédent de bagages

flight	vol
flight attendant	hôtesse de l'air
flight number	numéro de vol
flying	vol
fuselage	fuselage
gate	porte d'embarquement
hand luggage	bagage à main
headphones	casque d'écoute
hijacker	pirate de l'air
immigrant	immigrant
immigration rules	règles d'immigration
information desk	bureau d'information
instructions	instructions
landing	atterrissage
landing lights	feux d'atterrissage
last call	dernier appel
layover	escale
lifejacket	gilet de sauvetage
lit	éclairé
loaded	chargé
no smoking sign	signe d'interdiction de fumer
nonstop	nonstop
on board	à bord
one way ticket	billet aller simple
opened	ouvert
overseas	à l'étranger
paper or electronic ticket	billet papier ou électronique
parachute	parachute
passenger	passager
passport control	contrôle des passeports
pilot	pilote
refreshments	rafraîchissements
round trip ticket	billet aller-retour
runway	piste d'atterrissage

seat	siège
seat belt	ceinture de sécurité
security measures	mesures de sécurité
security staff	personnel de sécurité
stopover	escale
takeoff	décollage
taxi stand	station de taxis
terminal	terminal
tray	plateau
turbulence	turbulence
unloaded	déchargé
view	vue
view	vue
waiting room	salle d'attente
window	fenêtre
window seat	siège de fenêtre

Travel by Rail / Voyage en train

announcement	annonce
barrier	barrière
carriage/coach	voiture/autocar
dining car	voiture-restaurant
coach ticket	billet d'autocar
commuter/suburban train	train de banlieue
compartment	compartiment
conductor	conducteur
connection	correspondance
dining car	voiture-restaurant
direct train	train direct
elevated railway	chemin de fer surélevé
entrance to the subway	entrée du métro
express train	train express
fare	tarif

first class ticket	billet de première classe
group ticket	billet de groupe
inspector	contrôleur
intercity train	train interurbain
level crossing	train de banlieue
local train	train local
long distance train	train longue distance
luggage rack	porte-bagages
menu	menu
night train	train de nuit
non refundable	non remboursable
non smoking car	voiture non fumeur
occupied	occupé
one way ticket	billet d'aller simple
platform	quai
porter	porteur
rail network	réseau ferroviaire
railroad	réseau de chemin de fer
railway station/train station	réseau de transport en commun
regional train	train régional
reservation	réservation
reserved	réservé
restaurant car	voiture-restaurant
return ticket	billet aller-retour
round trip ticket	billet aller-retour
schedule/timetable	programme/horaire
schedule/timetable changes	billet d'avion aller-retour
second class ticket	billet de seconde classe
sleeper car	voiture-lits
smoker	fumeur
speed	vitesse
stationmaster	chef de gare
steps	marches

stop (location)	arrêt (lieu)
subway	métro
subway line	ligne de métro
subway station	station de métro
summer schedule/timetable	horaire d'été
ticket	billet
ticket collector	billet d'avion
ticket office	billet d'avion
tracks	voies ferrées
train	train
train station	gare
train track	voie ferrée
transfer	transfert
traveler	voyageur
waiting room	salle d'attente
warning	avertissement
winter schedule/timetable	horaire d'hiver

Travel by Ship —— Voyage par bateau

boat	bateau
bridge	pont
calm	calme
calm sea	mer calme
captain	capitaine
choppy sea	mer agitée
coast	côte
crew	équipage
cruise	croisière
deck	pont
deck chair	chaise de pont
destination	destination
dock/pier	quai/pierres
embarcation card	carte d'embarcation

ferry	ferry
harbor	port
heavy sea	mer agitée
high seas	haute mer
lifeboat	bateau de sauvetage
life jacket	gilet de sauvetage
lifeboat/raft	bateau de sauvetage / ravitaillement
lounge	salon
lower deck	pont inférieur
mermaid	sirène
ocean	océan
on board	à bord
open sea	mer ouverte
overboard	à la mer
port	port
port of call	port d'escale
port side	port de plaisance
reclining chair	chaise inclinable
sail	voile
sailboat	voilier
sailing	voile
sailor/seaman	marin/marine
seasick	mal de mer
seasickness	mal de mer
ship/boat	navire/barquement
shipping forecast	navire/boîte de nuit
shipyard	chantier naval
small boat	petit bateau
smooth sea	mer calme
starboard side	côté tribord
storm	tempête
stormy	tempête
tide	marée

upper deck	pont supérieur
wave	vague
weather forecast	prévisions météorologiques
wind	vent
windy	venteux
yacht	yacht
yachting	yachting/nautisme

Verbs / Verbes

to fasten one's seat belt	attacher sa ceinture de sécurité
to lean out the window	se pencher par la fenêtre
to land	atterrir
to get off the train	descendre du train
to change trains	changer de train
to cancel	annuler
to take a train	prendre un train
to buy the ticket	acheter le billet
to cancel a flight	annuler un vol
to get off/to disembark	descendre/débarquer
to take off	décoller
to embark/get on board	embarquer / monter à bord
to board a plane or boat	embarquer dans un avion ou un bateau
	être à bord
to get on board	être à bord
to be on board	avoir le vertige / le mal de l'air / le mal de mer
to be dizzy / air / seasick	enregistrer ses bagages
to check in one's baggage	s'enregistrer soi-même
to check oneself in	ranger
to stow	

to have a stopover in an airport	faire une escale dans un aéroport
to transfer	transférer
to take a cruise	faire une croisière
to sink	couler
to go on foot	aller à pied
to arrive at	arriver à
to sail	naviguer
to not sleep	ne pas dormir
to pay for the ticket	payer le billet
to miss the train	manquer le train
to miss one's flight	rater son vol
to punch the ticket	poinçonner le billet
to reserve	réserver
to be delayed	être retardé
to leave from	partir de
to board an airplane	embarquer dans un avion
to get on the train	monter dans le train
to take a train	prendre le train
to travel	voyager
to travel to	voyager jusqu'à
to travel by	voyager en
to travel by train	voyager en train
to fly	prendre l'avion
to fly to	voler jusqu'à
to fly at an altitude of	voler à une altitude de
to vomit	vomir

Phrases

1. Do you have any hand luggage?
   Avez-vous un bagage à main ?
2. How many suitcases do you want to check in?
   Combien de valises voulez-vous enregistrer ?
3. What airline are you flying with?

Avec quelle compagnie aérienne voyagez-vous ?
4. What seat do you prefer? Window or aisle?
Quel siège préférez-vous ? Fenêtre ou couloir ?
5. How long is your flight?
Quelle est la durée de votre vol ?
6. The president travels by limousine.
Le président se déplace en limousine.
7. ¿What is your final destination?
Quelle est votre destination finale ?
8. ¿Do you have a return ticket?
Avez-vous un billet de retour ?
9. The sidewalk is very wide.
Le trottoir est très large.
10. Today I will buy a ticket to visit you.
Aujourd'hui, je vais acheter un billet pour vous rendre visite.
11. I always travel in coach class.
Je voyage toujours en classe économique.
12. The airline company went on strike.
La compagnie aérienne s'est mise en grève.
13. I would like an aisle seat.
Je voudrais un siège côté couloir.
14. ¿Where is the boarding gate?
Où se trouve la porte d'embarquement ?
15. Unfortunately the flight was canceled.
Malheureusement, le vol a été annulé.
16. I don't want to miss the connecting flight.
Je ne veux pas manquer la correspondance.
17. The fare is very expensive.
Le prix du billet est très cher.
18. I will travel on the night train.
Je prendrai le train de nuit.
19. I would like a copy of my reservation.
Je voudrais une copie de ma réservation.

20. The subway station is very crowded.
    La station de métro est très fréquentée.
21. The flight just landed.
    L'avion vient d'atterrir.
22. Be careful when you get off the train.
    Faites attention en descendant du train.
23. I need to stow luggage at the airport.
    Je dois déposer mes bagages à l'aéroport.
24. My friend is already on board the plane.
    Mon ami est déjà à bord de l'avion.
25. I hope I don't vomit on you.
    J'espère ne pas vous vomir dessus.

Quiz – Chapter XI
Transportation
Matching

1. vomir
2. la moto
3. le vaisseau spatial
4. le yacht
5. le sac à dos
6. le piéton
7. le trottoir
8. le billet
9. le voyageur
10. l'arrivée
11. fermé
12. la douane
13. retardée
14. pendant l'atterrissage
15. bagages à main
16. pas d'escale
17. à l'étranger
18. le siège
19. le chef de train
20. chemin de fer surélevé

A. arrival
B. backpack
C. closed
D. conductor
E. customs
F. delayed
G. during landing
H. elevated railway
I. hand luggage
J. motorcycle
K. nonstop
L. overseas
M. pedestrian
N. seat
O. sidewalk
P. spaceship
Q. ticket
R. to vomit
S. traveller
T. yacht

Multiple Choice Sentence Completion

21. Je prendrai le _____ pour aller plus vite au travail.
a. train direct
b. vélo
c. bus
d. à pied

22. J'ai fait la demande mais le billet _____ .
a. débarquement
b. n'est pas remboursé
c. passeport
d. gilet de sauvetage

23. Vous êtes d'accord pour que nous nous retrouvions à _____.
a. tarif
b. la mallette
c. la gare
d. la valise

24. Dans certaines petites villes, il n'y a pas de _____ .
a. cabine
b. le surpoids
c. équipage
d. le métro

25. Sur le _____ , vous pouvez acheter votre billet.
a. guichet
b. porte
c. fuselage
d. couloir

26. Il faut aller sur _____ et ensuite prendre la ligne B du métro.
a. sac à dos
b. transfert
c. embarquement
d. distance

27. Le site de _____ n'est pas bon pour les marins du bateau.
a. voiture louée
b. rue
c. trottoir
d. mer agitée

28. L' _____ est maintenant prêt pour le vol .
a. équipage   c. départ
b. la douane   d. l'atterrissage

29. Vous pouvez marcher jusqu'au _____ .
a. quai   c. siège
b. l'escale   d. le plateau

30. La place du _____ est située sous le siège de l'avion.
a. dégagement   c. gilet de sauvetage
b. fenêtre   d. panorama

Answer Key

1. R
2. J
3. P
4. T
5. B
6. M
7. O
8. Q
9. S
10. A
11. C
12. E
13. F
14. G
15. I
16. K
17. L
18. N
19. D
20. H
21. A
22. B
23. C
24. D
25. A
26. B
27. D
28. A
29. A
30. C

Chapter XII
Cars & Driving

Driving

access	accès
accident	accident
alley	allée
arterial road	route artérielle
auto show	salon de l'auto
automatic	automatique
avenue	avenue
back up	retour à la normale
bend/curve	coude/courbe
black ice	glace noire
blocked/jammed	bloqué/engorgé
bottleneck	goulot d'étranglement
boulevard	boulevard
brake	frein
breakdown	panne
breathalyzer	alcootest
breathalyzer test	test de l'éthylotest
broken	cassé
bus	bus
bus fare	test d'alcoolémie
bus stop	arrêt de bus
camper	campeur
car	voiture
car wash	lavage de voiture
carpool	covoiturage
causeway	chaussée
caution	prudence

driver	chauffeur
check	vérifier
circle	cercle
city map	plan de la ville
city traffic	circulation en ville
cobblestone	pavé
collision	collision
compartment	compartiment
competent	compétent
comprehensive insurance	assurance tous risques
court	tribunal
crash	collision
crossing/crossroad	croisement/croisement
cul-de-sac	cul-de-sac
curve	courbe
danger	danger
dangerous	dangereux
dead end	impasse
defensive driving	conduite défensive
dent	dent
detour	détour
diesel	diesel
dirt road	chemin de terre
do not enter sign	panneau d'interdiction d'entrer
double parked	double stationnement
driver	conducteur
driver's education	formation à la conduite /
driver's license	permis de conduire
driveway	voie d'accès
driving	conduite
driving instructor	permis de conduire
driving lesson	cours de conduite
driving school	école de conduite

driving test	test d'aptitude à la conduite
drunk driving	conduite en état d'ivresse
electric car	voiture électrique
empty	vide
engine trouble	problème de moteur
exit ramp	rampe de sortie
expressway	autoroute
fast lane	voie rapide
fine	amende
flatbed truck	camion à plate-forme
flat tire/puncture	pneu crevé/crevaison
flat tire	pneu plat
for rent	à louer
fuel efficiency	efficacité énergétique
full	complet
garage/shop	garage/atelier
gas	gaz
gas pump	pompe à essence
gas station	station-service
gravel road	route de gravier
green light	feu vert
gridlock	embouteillage
hairpin curve	courbe en épingle à cheveux
helmet	casque
high beams	feux de route
high occupancy vehicle lane	voie réservée aux véhicules à occupation multiple
highway	autoroute
highway police	police de l'autoroute
hitchhiker	auto-stoppeur
hitchhiking	auto-stop
HOV lane	voie réservée
idling	ralenti
impact	choc

in first gear	en première vitesse
in gear	en vitesse
in neutral	au point mort
in reverse	en marche arrière
insurance	assurance
insurance policy	assurance
intersection	intersection
interstate highway	autoroute inter-États
jackknifed tractor trailer	remorque de tracteur en portefeuille
journey	voyage
key	clé
key ring	porte-clés
lane	voie
leaded gas	gaz plombé
license plate number	plaque d'immatriculation
lights	feux
limousine	limousine
line of cars	ligne de voitures
make of car	marque de voiture
mass transit	transport en commun
mechanic	mécanique
mechanical	mécanique
mechanics	mécanicien
mile marker	marqueur kilométrique
miles per gallon	mile marker
motel	motel
motor home	motocyclette
motorcyclist	motocycliste
no parking	pas de parking
oncoming traffic	circulation en sens inverse
one way	sens unique
parallel parking	stationnement parallèle
parking ban	interdiction de stationner

parking lot	parking
parking meter	parkingmètre
parking space	place de parking
parking ticket	ticket de parking
passenger	passager
passing	passage
pedestrian	piéton
picnic area	aire de pique-nique
police	police
police officer	agent de police
police station	poste de police
policeman	policier
policewoman	policier
pothole	nid-de-poule
premium gas	gaz de pétrole liquéfié
private car	voiture privée
prohibited	interdit
public transportation	transport en commun
railroad crossing	passage à niveau
ramp	rampe d'accès
red light	feu rouge
registration papers	carte grise
regular gas	gaz ordinaire
rental	location
rental car	location d'une voiture
rental charge	frais de location
repair	réparation
repair shop/garage	réparation/garage
reservation	réservation
rest area	aire de repos
right of way	droit de passage
road	route
road closed	route fermée
road hog	route fermée

road rage	route de la soie
road sign	route de la soie
roadblock	route
roadside service/repair	service/réparation sur la route
roadwork	route
road map	carte routière
roundabout	route de la soie
rush hour	heure de pointe
scenic route	route pittoresque
self service	service en libre-service
service area	service (zone de)
shoulder (of the road)	trottoir (de la route)
sidewalk	trottoir
signpost	panneau de signalisation
slippery	glissant
slow	lent
snow plow	chasse-neige
spare tire	pneu de secours
spare wheel	roue de secours
speed	vitesse
speed bump	vitesse d'exécution
speed limit	vitesse d'exécution
stop	arrêt
straight stretch	ligne droite
street directory	répertoire des rues
student driver	étudiant chauffeur
taxi	taxi
taxi driver	chauffeur de taxi
taxi stand	taxi stand
test drive	test de conduite
tire	pneu
toll/toll booth	péage/poste de péage
tow truck	remorqueuse
traffic code	code de la route

traffic cop	code de la route
traffic fine	code de la route
traffic jam	embouteillage
traffic light	feu de circulation
traffic police	police de la route
traffic report	rapport sur la circulation
traffic sign	panneau de signalisation
trailer	remorque
truck	camion
truck driver	chauffeur de camion
truck stop	arrêt de camion
tunnel	tunnel
turn signals/blinkers	clignotants
U-turn	demi-tour
underground	souterrain
underpass	passage souterrain
unleaded gas	gaz sans plomb
used car	voiture d'occasion
vehicle	véhicule
vehicle papers	papiers du véhicule
vehicle registration	immatriculation d'un véhicule
vest	gilet
warning	avertissement
wide load	charge importante
witness	témoin
yellow light	feu jaune

Car Parts

Pièces de voiture

a space (parking)	un espace de parking
accelerator	accélérateur
air bag	coussin gonfable
air conditioning	air conditionné
air filter	filtre à air

air vent	bouche d'aération
alarm	alarme
all-wheel drive	traction intégrale
alternator warning light	témoin d'alternateur
antenna	antenne
anti-lock brakes	freins anti-blocage
armrest	accoudoir
automatic transmission	transmission automatique
axle	essieu
baby seat	siège bébé
back-up lights	feux de recul
battery	batterie
belt	ceinture
brake lights	feux de freinage
brake pedal	pédale de frein
brakes	freins
bucket seats	sièges baquets
bumper	pare-chocs
camshaft	arbre à cames
car parts	pièces de voiture
carburetor	carburateur
catalytic converter	catalyseur
chassis	châssis
chrome trim	chrome, garniture
clutch	embrayage
coil	bobine
combustion chamber	chambre de combustion
console	console
crankshaft	vilebrequin
cruise control	régulateur de vitesse
cylinders	cylindres
dashboard	tableau de bord
defroster	dégivreur
diesel engine	moteur diesel

dipstick	jauge d'huile
door handles	poignées de porte
doors	porte
drive shaft	arbre d'entraînement
emergency brake	frein d'urgence
emergency lights	feux de détresse
engine	moteur
exhaust pipe	tuyau d'échappement
exhaust valve	soupape d'échappement
filter	filtre
floor mats	tapis de sol
fog lights	feux de brouillard
four-wheel drive	quatre roues motrices
frame	châssis
front and back fenders	ailes avant et arrière
fuel	carburant
fuel cap	bouchon de réservoir
fuel gauge	jauge à carburant
fuses	fusibles
gas gauge	jauge à gaz
gas pump	pompe à essence
gas tank	réservoir de gaz
gasket	joint d'étanchéité
gears	engrenages
gearshift/gear stick	boîte à gants
glove compartment	boîte à gants
grill	gril
handbrake	frein à main
headlights	feux de croisement
headrest	appui-tête
heating	chauffage
hood	capot
horn	klaxon
hubcaps	enjoliveur

hybrid	hybride
ignition	allumage
indicator lights	feux clignotants
insurance	assurance
interior light	lumière intérieure
jack	cric
key	clé
license plate	plaque d'immatriculation
lug nuts	écrous de roue
manifold	collecteur
mats	tapis
mirrors	rétroviseurs
moon roof	toit ouvrant
mud flaps	bavettes
muffler	silencieux
odometer	compteur kilométrique
oil	huile
oil filter	filtre à huile
side view mirrors	rétroviseurs latéraux
parking brake	frein à main
passenger seat	siège passager
pedal	pédale
pedestrians	piétons
piston rod	tige de piston
power windows	lève-vitres électriques
pulley	poulie
radiator	radiateur
radio	radio
rag top	radio
rearview mirror	miroir de rétroviseur
reverse	roue de secours
rims	jantes
roof	toit
roof rack	porte-bagages

seatbelt	ceinture de sécurité
seats	sièges
shocks	amortisseurs
snow chains	chaînes à neige
spare tire	roue de secours
spark plug	bougie d'allumage
speakers	haut-parleurs
speedometer	compteur de vitesse
spoiler	spoiler
starter	démarreur
steering column	colonne de direction
steering power	volant d'inertie
steering wheel	volant de direction
sun visors	pare-soleil
sunroof	toit panoramique
suspension	suspension
tail light	feu arrière
tailgate	hayon
thermostat	thermostat
throttle	accélérateur
tire	pneu
traffic light	feu de circulation
traffic signal	feu de circulation
trailer hitch	attelage de remorque
transmission	transmission
trim	garniture
trunk	coffre
turbocharger	turbocompresseur
turn signal indicator	indicateur de clignotant
valve	valve
voltage	tension
warning lights	feux d'avertissement
wheel	roue
wheels	roues

window	fenêtre
windshield	pare-brise
windshield wipers	essuie-glace

Verbs / Verbes

to put on one's seat belt	mettre sa ceinture de sécurité
to accelerate/speed up	accélérer
to pass/overtake	dépasser
to fasten seatbelt	attacher la ceinture de sécurité
to align the wheels (rims)	aligner les roues (jantes)
to rent a car	louer une voiture
to turn off the engine	pour couper le moteur
to park	pour garer
to start	pour démarrer
to fix/repair	pour fixer/réparer
to rent a car	louer une voiture
to run over	pour rouler
to pump gas	pour pomper de l'essence
to shift	changer de vitesse
to change gear	changer de vitesse
to change a tire	changer un pneu
to collide with	d'entrer en collision avec
to crash into something	s'écraser contre quelque chose
to drive	conduire
to cross	traverser
to yield to	céder le passage
to turn around	faire demi-tour
to back up/reverse	faire marche arrière
to stop	s'arrêter
to direct traffic	diriger la circulation
to turn right	tourner à droite

to turn left	tourner à gauche
to turn on the engine	allumer le moteur
to turn on the headlights	allumer les phares
to put in gear	pour passer la vitesse supérieure
to be amber	être orange
to be red	être rouge
to be green	être vert
to park	pour se garer
to be insured	être assuré
to be for rent	louer
to collide with	pour être en collision avec
to brake	pour freiner
to turn right	tourner à droite
to turn left	tourner à gauche
to keep one's distance	se tenir à l'écart
to hitchhike	faire de l'auto-stop
to fill up with gasoline	faire le plein d'essence
to drive	conduire
to get in the lane	se mettre sur la voie
to look back in mirrors	se retourner dans les rétroviseurs
to ride a motorcycle	faire de la moto
to get in	pour se mettre à l'aise
to fine	infliger une amende
to pay the toll	pour payer le péage
yield	céder
to steer	pour se rendre à l'aéroport
to stop	s'arrêter
to park	stationner
to pass	passer
to get lost	se perdre
to get a flat tire	crever un pneu
to tow away	remorquer

to fix/repair	réparer
to refuel	faire le plein
to skid	pour déraper
to get driver's license	pour obtenir un permis de conduire
to get out of	pour sortir de
to drive off the road	pour faire le plein d'essence
to go straight ahead	pour aller tout droit
to get in	pour entrer dans le véhicule
to roll up the window	pour rentrer la vitre
to have a breakdown	pour avoir une panne
to honk the horn	pour klaxonner

Phrases

1. I got a fine.
   J'ai reçu une amende.
2. What time does the bus come?
   A quelle heure arrive le bus ?
3. Honk the horn when you arrive.
   Klaxonnez quand vous arrivez.
4. The brakes of the car were damaged.
   Les freins de la voiture sont endommagés.
5. That crossroad is dangerous.
   Ce carrefour est dangereux.
6. The driver did not have a driver´s license.
   Le conducteur n'avait pas de permis de conduire.
7. The car has engine trouble.
   La voiture a des problèmes de moteur.
8. What bad luck? The tire is flat.
   Quelle malchance ! Le pneu est à plat.
9. The police issued a fine.
   La police a dressé un procès-verbal.
10. I hate driving during rush hour.
    Je déteste conduire aux heures de pointe.
11. Helmets save lives.
    Les casques sauvent des vies.
12. Your insurance policy is awful.
    Votre police d'assurance est affreuse.
13. I forgot the key inside the car.
    J'ai oublié la clé dans la voiture.
14. The witness wrote the license plate number.
    Le témoin a noté le numéro de la plaque d'immatriculation.
15. The parking space is tight.
    L'espace de stationnement est restreint.
16. Pedestrians must always be respected.
    Les piétons doivent toujours être respectés.

17. Look in the rear view mirror when parking.
    Regardez dans le rétroviseur quand vous vous garez.
18. Seatbelts save your lives.
    Les ceintures de sécurité vous sauvent la vie.
19. Let's go fast! Step on the accelerator.
    Allons-y vite ! Appuyez sur l'accélérateur.
20. Put your bags in the trunk.
    Mettez vos sacs dans le coffre.
21. My hotel is ahead to the right.
    Mon hôtel est devant à droite.
22. My office is to the left.
    Mon bureau est à gauche.
23. Start your engine before I arrive.
    Démarrez votre moteur avant que j'arrive.
24. I crashed into a wall.
    J'ai percuté un mur.
25. Check your mirrors.
    Vérifiez vos rétroviseurs.

Quiz – Chapter XII
Cars & Driving
Matching

1. éteindre
2. démarrer
3. rouler
4. l'embouteillage
5. le nid-de-poule
6. le conducteur
7. l'aiguilleur
8. la place de parking
9. la limitation de vitesse
10. le pneu crevé
11. la crevaison
12. le garage
13. le témoin lumineux
14. le volant
15. le freinage
16. le chauffage
17. la leçon de conduite
18. l'amende
19. les feux
20. les piétons

A. detour
B. driver
C. driving lesson
D. fine
E. flat tire
F. garage/workshop
G. heating
H. lights
I. parking space
J. pedestrians
K. pothole
L. puncture
M. speed limit
N. steering wheel
O. to brake/slow down
P. to drive
Q. to start/turn on
R. to turn off
S. traffic light
T. witness

Multiple Choice Sentence Completion

21. Je pense que la voiture est tombée en panne d'_____ .
a. batterie   c. frein
b. accident   d. essence

22. Lorsque vous conduisez, vous devez faire attention au _____ si quelqu'un vous coupe la route.
a. porte   c. frein
b. châssis   d. tableau de bord

23. La route est peut-être _____ parce qu'il a plu.
a. lavage de voiture   c. chaussée
b. glissante   d. prudence

24. Le site de l'_____ est très encombré en ville.
a. accident   c. dangereux
b. collision   d. heure de pointe

25. Il ne faut pas être _____ quand on conduit.
a. crevaison   c. contravention
b. faire de l'auto-stop   d. fou au volant

26. si le _____ est jaune, il faut ralentir.
a. feu rouge   c. contravention
b. parking   d. aire de pique-nique

27. Si la _____ a un pneu crevé, il faut le changer.
a. voiture   c. police
b. nid-de-poule   d. poste de police

28. Allumez les _____ car je ne vois pas bien à cause de la pluie.
a. essuie-glaces
c. moteur
b. carburant
d. fusibles

29. J'emmène la voiture au _____ aujourd'hui parce qu'elle est sale.
a. radiateur
c. parking
b. lave-auto
d. volant

30. La _____ a été endommagée lors de l'accident.
a. mécanicien
c. motel
b. freins
d. plaque d'immatriculation

Answer Key

1. R
2. Q
3. P
4. S
5. K
6. B
7. A
8. I
9. M
10. E
11. L
12. F
13. T
14. N
15. O
16. G
17. C
18. D
19. H
20. J
21. A
22. C
23. B
24. D
25. D
26. A
27. A
28. A
29. B
30. B

Chapter XIII
Entertainment

Theatre & Movies

acting school
applause
autograph
award
box office
box seat
cabaret
cameo
camera
camera crew
cameraman/camerawoman
cartoons
choreographer
circle seating
circus
coatroom
comedian
comedian (female)
comedian (male)
costume
critic
curtain
display
dress rehearsal
dubbed
dubbing
effect

Théâtre et cinéma

école de théâtre
applaudissements
autographe
prix
bureau d'enregistrement
boîte de nuit
cabaret
cameo
caméra
caméra de surveillance
caméraman/camérawoman
dessinateur/trice
Chorégraphe
sièges en cercle
cirque
salle des manteaux
comédien(ne)
comédien (femme)
comédien (homme)
costume
critique
rideau
exposition
répétition générale
doublé
effet
effet

farce	farce
ridiculous	ridicule
absurd	absurde
feature film	long métrage
floor show	spectacle en salle
flop	flop
gaffer	gaffeur
in a row	en ligne
in the limelight	en pleine lumière
intermission	intermission
lights	lumières
lobby	hall d'entrée
location work	travail de repérage
masterpiece	chef-d'œuvre
matinée	matinée
melodrama	mélodrame
mime	mime
movie buff	metteur en scène
movie producer	producteur de cinéma
movie star	star du cinéma
movie theater	cinéma
moviemaker/filmmaker	film de cinéma
music hall	music-hall
offstage	hors-scène
ovation	ovation
pantomime	pantomime
performance	spectacle
premier/opening night	première/soirée d'ouverture
play	pièce de théâtre
playwright	auteur de la pièce
premiere	première
production	production
representation	représentation
retrospective	rétrospective

review	revue
role	rôle
row	rangée
scene	scène
screen	écran
screen test	test d'écran
screening	écran
script	scénario
scriptwriter	scénario
seat	siège
sequel	suite
sequence	séquence
show business	spectacle
silent film	film muet
sold out	vendu à l'amiable
soundtrack	bande sonore
special effects	effets spéciaux
stage	scène
stage directions	effets spéciaux
stage effects	effets de scène
stage fright	scène de théâtre
stunt person	cascadeur
talking film	film parlant
ticket	billet
trailer/preview	bande-annonce/preview
understudy in movie	doublure au cinéma
understudy in theater	doublure au théâtre
usher	huissier
walk on part	rôle de marcheur

Television & Radio / Télévision et radio

anchorman/anchorwoman	présentateur/présentatrice
announcer	annonceur

antenna	antenne
broadcasting station	station de radiodiffusion
cable TV	télévision par câble
cartoons	dessins animés
channel	chaîne
children's program	programme pour enfants
comedy	comédie
commercial	publicité
couch potato	une personne paresseuse et inactive
current affairs	affaires courantes
documentary film	film documentaire
DVD	DVD
earphones	écouteurs
educational broadcasting	diffusion éducative
episode	épisode
high frequency	haute fréquence
journalist	journaliste
listener	auditeur
live broadcast	diffusion en direct
live coverage	couverture en direct
loudspeaker	haut-parleur
low frequency	basse fréquence
microphone	microphone
news	journal télévisé
production studio	studio de production
program	programme
quiz/contest show	émission de quiz/concours
radio (object)	radio (objet)
radio station	station de radio
reality TV	télé-réalité
regional news	nouvelles régionales
remote control	télécommande
reporter	journaliste

satellite dish	antenne parabolique
satellite TV	satellite TV
signal	signal
soap opera	feuilleton
sports program	programme sportif
subtitles	sous-titres
TV	TV
TV audience	audience TV
TV screen	écran de télévision
TV set	Télévision
TV station	Poste de télévision
TV studio	studio de télévision
variety show	émission de variétés
video clip	vidéo clip
video game	jeu vidéo
video library	vidéothèque
video recorder	enregistreur vidéo
viewer	télespectateur
weather forecast	météo
weatherman	météorologue
weather woman	météorologue

Music / Musique

acoustics	acoustique
album	album
amplifier	amplificateur
audience	public
auditorium	auditorium
bandleader	chef d'orchestre
bass clef	clef de sol
band	orchestre
cassette tape	cassette
chamber music	musique de chambre

choir/chorus	chorale/chorus
chorus	chœur
compact disc	disque compact
composer	compositeur
concert	concert
concert hall	salle de concert
conductor	chef d'orchestre
dance music	musique de danse
disc jockey	disc-jockey
discotheque	discothèque
drummer	batteur
duet	duo
ensemble	ensemble
folk music	musique folklorique
gig	concert
group	groupe
harmony	harmonie
hit song	chanson à succès
list of hits	groupe de musique
jazz	jazz
jukebox	juke-box
musical key	clé musicale
microphone	microphone
note	note
orchestra	orchestre
overture	ouverture
performance	performance
performer	interprète
musical piece	pièce musicale
music player	musique de chambre
recital	récital
record	enregistrement
recording	enregistrement
recording studio	studio d'enregistrement

refrain	refrain
rehearsal	répétition
repertoire	répertoire
rhythm	rythme
show	spectacle
songwriter	auteur-compositeur
string orchestra	orchestre à cordes
stringed instrument	instrument à cordes
symphony	symphonie
tempo	tempo
tour	tournée
treble clef	clef de sol
tune	air
tuner of instruments	accordeur d'instruments
tuning fork	diapason
voice	voix
whistling	sifflement
wind instrument	instrument à vent

Musical Instruments / Instruments de musique

accordion	accordéon
acoustic guitar	guitare acoustique
bagpipe	cornemuse
banjo	banjo
bass guitar	guitare basse
bell	cloche
bongo drum	tambour bongo
bugle	bugle
cello	violoncelle
clarinet	clarinette
clavichord	clavicorde

drumsticks	batterie
drums	guitare électrique
electric guitar	guitare électrique
fiddle	violon
flute	flûte traversière
guitar	guitare
harmonica	harmonica
harpsichord	clavecin
keyboard	clavier
oboe	hautbois
organ	orgue
piano	piano
saxophone	saxophone
triangle	triangle
trumpet	trompette
tuba	tuba
ukulele	ukulélé
vibraphone	vibraphone
violin	violon
wind instruments	instruments à vent

Free Time & Hobbies — Temps libre et loisirs

arts and crafts	arts et artisanat
astronomy	astronomie
audiobooks and podcasts	livres audio et podcasts
baking	pâtisserie
bird watching	observation des oiseaux
board games	jeux de société
bowling	bowling
building models	construction de modèles
camera	caméra
carnival	carnaval
checkers	jeu de dames

chess	échecs
cooking	cuisine
design	design
disguise/costume	déguisement/costume
DIY (Do it Yourself)	bricolage
fishing	pêche
gardening	jardinage
genealogy	généalogie
hiking	randonnée
learning a language	apprentissage d'une langue
learning an instrument	apprentissage d'un instrument
meditation	méditation
park	parc
photography	photographie
playing cards	cartes à jouer
reading	lecture
robotics	robotique
stamp collecting	collection de timbres
video games	jeux vidéo
web design	conception de sites web
writing	écriture
yoga	yoga

Verbs / Verbes

to tune	accorder
to turn off	éteindre
to cancel	annuler
to sing	chanter
to hum	fredonner
to zoom in	pour zoomer
to compose	composer
to digitize	pour numériser
to direct	diriger

to dub	doubler
to broadcast	pour diffuser
to turn on	pour mettre en marche
to rehearse	répéter
to tune	régler
to entertain	divertir
to be on tour	être en tournée
to premiere	être en tournée
to shoot film	tourner un film
to record	enregistrer
to play a role	jouer un rôle
to make a film	faire un film
to interpret	interpréter
to go to the movies	faire du cinéma
to show a movie	pour montrer un film
to hang out	pour aller à l'école
to have a great time	passer un bon moment
to play a CD	pour jouer un CD
to recite	réciter
to perform	de la musique
to reserve	de l'eau de pluie
to rhyme	de l'eau de pluie
to go out	de sortir
to whistle	de l'eau
to perform/play	jouer/jouer
to transmit	transmettre
to watch	regarder

Phrases

1. I would like to have your autograph, please.
   J'aimerais avoir votre autographe, s'il vous plaît.
2. Could you buy the tickets for the box seat?
   Pourriez-vous acheter les billets pour la loge ?
3. Children enjoy cartoons.
   Les enfants aiment les dessins animés.
4. The choreographer did an excelent job.
   Le chorégraphe a fait un excellent travail.
5. My mom took me to the circus.
   Ma mère m'a emmené au cirque.
6. Do you have your Halloween costume ready?
   Avez-vous préparé votre costume d'Halloween ?
7. The dubbing of the movie was terrible.
   Le doublage du film était très mauvais.
8. I often go to watch feature films with friends.
   Je vais souvent voir des longs métrages avec des amis.
9. My father is a movie buff.
   Mon père est un cinéphile.
10. The movie star won a prestigious award.
    La star du cinéma a reçu un prix prestigieux.
11. I invite you to the premier of the movie.
    Je vous invite à la première du film.
12. The role he had seemed secondary.
    Le rôle qu'il avait joué semblait secondaire.
13. Behind the scenes, the actor is an idiot.
    Dans les coulisses, l'acteur est un idiot.
14. The script of the movie was fabulous.
    Le scénario du film était fabuleux.
15. Buy the tickets before we leave.
    Achetez les billets avant de partir.
16. The announcer has an amazing voice.
    Le présentateur a une voix incroyable.
17. Comedy is my favorite entertainment.

La comédie est mon divertissement préféré.
18. I love to learn from documentaries.
J'aime apprendre des documentaires.
19. Did you watch the last episode?
Avez-vous regardé le dernier épisode ?
20. My grandmother loves quiz shows.
Ma grand-mère adore les quiz.
21. He is a famous chess master.
C'est un grand maître des échecs.
22. I want to know my genealogy.
Je veux connaître ma généalogie.
23. I practice yoga every morning.
Je pratique le yoga tous les matins.
24. Meditation is a way to relax.
La méditation est un moyen de se détendre.
25. Arts and crafts is a good hobby.
Les arts et les artisanats sont un bon passe-temps.

Quiz – Chapter XIII
Entertainment
Matching

1. absurdo
2. apagar
3. doblado
4. el disfraz
5. el documentario
6. el fracaso
7. el haragán del sofá
8. el papel
9. el pronóstico del tiempo
10. el vestíbulo
11. encender
12. hacer un papel
13. la actuación
14. la estrella de cine
15. la periodista
16. la revista
17. la telenovela
18. las noticias
19. los auriculares
20. los dibujos animados

A. cartoons
B. costume
C. couch potato
D. documentary
E. dubbed
F. earphones
G. farcical
H. flop
I. journalist
J. lobby
K. movie star
L. news
M. performance
N. review
O. role
P. soap opera
Q. to play a role
R. turn off
S. turn on
T. weather forecast

Multiple Choice Sentence Completion

21. Voulez-vous aller ce soir au _____ ?
a. concert
b. comédien
c. billetterie
d. rideau

22. Le _____ est mon lieu de prédilection pour faire la fête.
a. musique de danse
b. ridicule
c. farce
d. bar

23. Sur le _____, il faut se taire.
a. rangée
b. studio d'enregistrement
c. pause
d. lumières

24. Quel est le type de _____ de cette chanson ?
a. scénarisée
b. showbiz
c. rythmée
d. sold out

25. L'arbitre sonne le _____ pour commencer et arrêter le match.
a. suite
b. sifflet
c. fauteuil
d. prendre

26. Les _____ nous font danser sur la plage.
a. signal
b. tambours
c. public
d. chœur

27. Le _____ de ce film a remporté plusieurs prix.
a. symphonie
b. musical
c. clavecin
d. soundtrack

28. Le _____ du film est passionnant.
a. scénario   c. pêche
b. l'interprétation   d. la robotique

29. Sortir sur _____ me fait paniquer.
a. mélodie   c. temps
b. air   d. scène

30. J'adore aller à la _____ avec mes amis.
a. salle de concert   c. clubbing
b. journaliste   d. casque

Answer Key

1. G
2. R
3. E
4. B
5. D
6. H
7. C
8. O
9. T
10. J
11. S
12. Q
13. M
14. K
15. I
16. N
17. P
18. L
19. F
20. A
21. A
22. D
23. B
24. C
25. B
26. B
27. D
28. A
29. D
30. A

Chapter XIV
Theme Parks, Fairs & The Circus

Theme Parks & Fairs — Parcs à thème et foires

amusement	parc d'attractions
amusement park	parc d'attractions
attractions	attractions
band	bandeau
banners	bannières
beads	perles
block party	fête de quartier
booth	stand
bumper cars	autos tamponneuses
candy apples	pommes d'amour
carnival/mardi gras	carnaval/mardi gras
carousel	carrousel
celebration	fête
cheerful	joyeux
concessions	concessions
contest	concours
corn dog	chien de maïs
costume	costume
cotton candy	barbe à papa
country fair	foire champêtre
dance	danse
Disneyland	Disneyland
entertainment	divertissement
event	événement
exciting	passionnant

exhibition	exposition
extravaganza	extravagance
fair	foire
fairground	fête foraine
feast/party	fête
ferris wheel	grande roue
festival	festival
festive	festif
festivity	fête
float	flotteur
food	nourriture
fried dough	pâte frite
fun	fun
fun house	fun house
funnel cakes	gâteaux à l'entonnoir
gala	gala
games	jeux
gathering	rassemblement
gleeful	gaieté
good time/revelry	bon temps/réjouissance
haunted house	maison hantée
holiday	vacances
hot dog	hot-dog
house of mirrors	maison des miroirs
ice cream	glace
juggler	jongleur
lemonade	limonade
log flume	flûte de bois
marching band	fanfare
mask	masque
masquerade	mascarade
maze	labyrinthe
merry-go-round	manège
merrymaking/good time	manège/bon temps

music	musique
occasion	occasion
parade	parade
party	fête
performances	spectacles
petting zoo	zoo pour enfants
picnic	pique-nique
popcorn	pop-corn
prizes	prix
procession	cortège
rides	manèges
roller coaster	montagnes russes
show/spectacle	spectacle
sideshow	spectacle
Six Flags Great Adventure	Six Flags Great Adventure
snowcone	cône de neige
state fair	foire d'état
stuffed animals	animaux empaillés
thrill ride	manège à sensations fortes
ticket	billet
water park	parc aquatique
world's fair	exposition universelle

The Circus / Le cirque

acrobat	acrobate
admission	entrée
animals	animaux
applause	applaudissements
audience	public
balancing act	numéro d'équilibriste
ball	ballon
balloons	ballons
bears	ours

bicycle	bicyclette
big top	chapiteau
booth	stand
boxes	boîtes
bullet man	homme à la balle
bullwhip	fouet
cage	cage
candy	bonbon
cannon	canon
cape	cape
cashier	caissier
chain	chaîne
chainsaw	tronçonneuse
circus clown	clown de cirque
circus tent	Cahier des charges
contortionist	contorsionniste
costume	costume
cotton candy	barbe à papa
elephant	éléphant
entertainer	artiste de cirque
escapist	évasion
exhibition	exposition
fire	feu
fire breather	cracheur de feu
fire eater	mangeur de feu
flags	drapeaux
games	jeux
giant	géant
glass eating	manger du verre
glass walking	marche en verre
grand finale	grand final
grandstand	tribune
hooks	crochets
horn	corne

horses	chevaux
human cannonball	boulet de canon humain
jokes	blagues
juggler	jongleur
knife thrower	lanceur de couteaux
leotard	léotard
lion tamer	dompteur de lions
lions	lions
magic	magie
magic trick	tour de magie
magic wand	baguette magique
magician	magicien
make up	maquillage
microphone	microphone
mime	mime
monkey	singe
opening act	spectacle d'ouverture
padlocks	cadenas
performer	artiste
props	accessoires
puppeteer	marionnettiste
puppets	marionnettes
refrigerators	réfrigérateurs
ring	anneau
ring/hoop	ring/hoop
ringmaster	ringmaster
ropes	cordes
saber	sabre
safety net	filet de sécurité
seal	sceau
seats	sièges
show	spectacle
showman	forain
snake charmer	charmeur de serpents

somersault	saut périlleux
spectator	spectateur
spinning plates	plaques tournantes
stage	scène
star	étoile
stilt man	échassier
stilt show	spectacle d'échasses
stilts	échasses
straitjacket	camisole de force
strong man	homme fort
suits	costumes
sword	épée
sword swallower	avaleur d'épée
tamer	dompteur
tent	tente
ticket	billet
ticket booth	billet d'entrée
tiger	tigre
tightrope	corde raide
tightrope act	numéro de funambule
tightrope walker	funambule
top hat	chapeau haut de forme
trainer	entraîneur
trampoline	trampoline
trapeze	trapèze
trapeze artist	trapéziste
tricks	tours de passe-passe
trucks	camions
unicycle	monocycle
unicyclist	monocycliste
vanishing act	numéro d'évasion
ventriloquist	ventriloque
whip	fouet

Verbs

to open	ouvrir
to lie down/go to bed	s'allonger/se coucher
to attend	assister
to get scared	avoir peur
to dance	danser
to drink	boire
to cavort	se promener
to walk	marcher
to celebrate	fêter
to close	fermer
to begin	commencer
to eat	manger
to cut	couper
to revel/delight	se délecter/se réjouir
to disappear	disparaître
to have fun	s'amuser
to divide	diviser
to tame	d'apprivoiser
to begin	commencer
to entertain	s'amuser
to spit	cracher
to spit fire	cracher du feu
to win prizes	pour gagner des prix
to prance	pour se promener
to juggle	jongler
to go on thrill rides	pour faire des tours de manège à sensations fortes
to split	se fendre
to laugh	rire
to repair	réparer
to breathe fire	respirer le feu
to romp	s'ébattre

to break	casser
to split	fendre
to blow	souffler
to finish	finir
to throw	jeter
to sword swallow	avaler le sabre
to join	rejoindre

Phrases

1. Let's go to the circus and see clowns.
   Allons au cirque pour voir des clowns.
2. Let's buy some snacks.
   Achetons des friandises.
3. I love cotton candy!
   J'adore la barbe à papa !
4. The magician has no wand.
   Le magicien n'a pas de baguette.
5. I want to eat a hot dog.
   Je veux manger un hot-dog.
6. I want to see the trapeze artist now!
   Je veux voir le trapéziste maintenant !
7. That sword eater is amazing!
   Cet avaleur de sabre est incroyable !
8. Pizza at the circus doesn't taste very good.
   La pizza au cirque n'a pas très bon goût.
9. I love amusement parks.
   J'adore les parcs d'attractions.
10. Children like to ride on the carousel.
    Les enfants aiment monter sur le carrousel.
11. The juggler is very skilled.
    Le jongleur est très habile.
12. ¿Do you want to go to the water park?
    Veux-tu aller au parc aquatique ?
13. The acrobat nearly lost his balance.
    L'acrobate a failli perdre l'équilibre.
14. Nobody applauded the magician.
    Personne n'a applaudi le magicien.
15. ¿Dad, buy me a balloon, please?
    Papa, achète-moi un ballon, s'il te plaît.
16. The circus tent is huge.
    Le chapiteau du cirque est immense.
17. The elephant tried to escape.

L'éléphant a essayé de s'échapper.
18. The escapist made it in less than a minute.
    L'évadé a réussi en moins d'une minute.
19. The knife thrower is awesome.
    Le lanceur de couteaux est génial.
20. I would like to be a lion tamer.
    J'aimerais être dompteur de lions.
21. The mimes scare me.
    Les mimes me font peur.
22. It's the best show in the world.
    C'est le meilleur spectacle du monde.
23. Children like puppets.
    Les enfants aiment les marionnettes.
24. It is very difficult to be an animal tamer.
    Il est très difficile d'être dompteur d'animaux.
25. The trapeze artist fell from a great height.
    Le trapéziste est tombé de très haut.

Quiz – Chapter XIV
Theme Parks, Fairs & The Circus
Matching

1. disparaître
2. le numéro d'équilibriste
3. la parade
4. le dompteur de lions
5. l'éléphant
6. le magicien
7. le jongleur
8. le parc d'attractions
9. le clown
10. le cracheur de feu
11. le divertissement
12. la maison hantée
13. le déguisement
14. la fête foraine
15. la tronçonneuse
16. les spectacles
17. les animaux en peluche
18. les ballons
19. les prix
20. le lancer

A. amusement park
B. balancing act
C. balloons
D. chainsaw
E. clown
F. costume
G. elephant
H. fair
I. fire breather
J. haunted house
K. juggler
L. lion tamer
M. magician
N. parade
O. performances
P. prizes
Q. stuffed animals
R. to disappear
S. to entertain
T. to throw

Multiple Choice Sentence Completion

21. Ce lion au cirque m'a _____ .
a. effrayé   c. soufflé
b. apprivoisé   d. jeté

22. Le _____ a été très vilain pendant le spectacle.
a. parade   c. singe
b. la fête   d. le carnaval

23. Le _____ a fait de cette soirée un fabuleux spectacle.
a. applaudissements   c. maître de cérémonie
b. orchestre   d. bannières

24. Je ne sais pas comment fait l' _____.
a. carnaval   c. ours
b. caissier   d. avaleur de sabres

25. Le _____ m'a beaucoup impressionné à cause des risques qu'il comporte.
a. vélo   c. fil de fer
b. nourriture   d. flotteur

26. Vous devriez _____ les bougies de votre gâteau d'anniversaire.
a. le plaisir   c. le kiosque
b. souffler   d. dormir

27. Le meilleur spectacle que j'ai vu est celui du _____ .
a. exposition   c. tribune
b. cerceau   d. lanceur de couteaux

28. Quand je vais au cinéma, j'aime bien manger du _____ pendant le film.
a. pop-corn
b. clown
c. cape
d. drapeaux

29. Je pense que les _____ devraient être très courageux et avoir des antidotes contre les morsures.
a. phoques
b. étoiles
c. charmeurs de serpents
d. sauts périlleux

30. Les _____ que fait le magicien sont étonnants.
a. échasses
b. tours
c. costumes
d. monocycle

Answer Key

1. R
2. B
3. N
4. L
5. G
6. M
7. K
8. A
9. E
10. I
11. S
12. J
13. F
14. H
15. D
16. O
17. Q
18. C
19. P
20. T
21. A
22. C
23. C
24. D
25. C
26. B
27. D
28. A
29. C
30. B

Chapter XV
Sports

Sports

aerobics
archery
arena
athletics
badminton
basketball
basketball court
bet
betting pools
biathlon
bobsleigh
bocce
bowling
boxing
bronze medal
canoe
car racing
chair lift
championship
changing room
circuit
coach
competition
competitiveness
corner
court
crew

Sports

aérobic
tir à l'arc
arène
athlétisme
badminton
basket-ball
terrain de basket-ball
pari
paris
biathlon
bobsleigh
bocce
bowling
boxe
médaille de bronze
canoë
course de voitures
télésiège
championnat
salle d'entraînement
circuit
entraîneur
compétition
compétitivité
corner
tribunal
équipe

cricket	cricket
croquet	croquet
cross country running	course à pied
cross country skiing	ski de fond
curling	curling
cycling	cyclisme
decathlon	décathlon
defeat	défaite
defender	défenseur
dodgeball	dodgeball
doping	dopage
downhill skiing	ski alpin
encounter	rencontre
equestrian	équitation
equipment	équipement
exercising	exercice physique
F1 driver	pilote de F1
fan	fan
fee	frais
fencing	fencing
fight	combat
figure skating	patinage artistique
fishing	pêche
football	football
football field	terrain de football
forward	avant
foul	faute de main
game	jeu
goal	but
gold medal	médaille d'or
golf	golf
gym	gymnastique
gymnastics	gymnastique
halftime	mi-temps

handball	handball
hiking	randonnée
hockey	hockey
hole-in-one	trou en un
horse racing	course de chevaux
horse riding	cheval de course
huddle	caucus
hunting	chasse
ice hockey	hockey sur glace
ice rink	patinoire
ice skating	patinage sur glace
indoor football	football en salle
instructor	moniteur
jogging	jogging
judo	judo
juggling	jonglerie
karate	karaté
kayaking	kayak
kung fu	kung fu
luge	luge
marathon	marathon
martial arts	arts martiaux
match	match
medal	médaille
member	membre
midfielder	milieu de terrain
motor racing	course automobile
motorcycle	moto
motorcycling	motocyclisme
motorcyclist	motocycliste
mountain climbing	escalade en montagne
Olympic Games	Jeux olympiques
paddle/paddleball	padel/balle de padel
penalty	pénalité

pickleball	ping-pong
ping pong	ping-pong
pole vault	saut à la perche
polo	polo
pool	piscine
powerlifting	sport d'endurance
race	course
race course	course à pied
racing	course à pied
racquetball	racquetball
record holder	recordman
referee	arbitre
resistance	résistance
result	résultat
risk/extreme sports	risque/sports extrêmes
rock climbing	escalade
roller skating	patinage à roulettes
rugby	rugby
sailboat	voilier
sailing	voile
scoreboard	tableau d'affichage
scuba diving	plongée sous-marine
silver medal	médaille d'argent
skateboard	planche à roulettes
skating	patinage
ski slope	ski de fond
skiing	ski de fond
snowboarding	snowboard
soccer	football
softball	softball
speed skating	patinage de vitesse
sport	sport
sports center	centre sportif
sports club	club sportif

stadium	stade
stands	tribunes
start	départ
sumo wrestling	lutte sumo
swimming	natation
swimming pool	piscine
synchronized swimming	natation synchronisée
table tennis	tennis de table
taekwondo	taekwondo
tai-chi	tai-chi
team	équipe
tennis	tennis
the belt	la ceinture
the kimono	le kimono
ticket office	billetterie
tie/draw	égalité/tirage au sort
tournament	tournoi
track and field	athlétisme
trainer/coach	entraîneur/coach
training	formation
triathlon	triathlon
ultramarathon	ultramarathon
uniform	uniforme
victory	victoire
volleyball	volley-ball
warm up	échauffement
water polo	water polo
water skiing	ski nautique
weight training	musculation
whistle	sifflet
windsurfing	planche à voile
world championship	championnat du monde
World Cup	Coupe du monde
world record	record du monde

wrestling — lutte

Soccer — football

away game	match à l'extérieur
away team	équipe à l'extérieur
ball	ballon
bench	banc
captain	capitaine
championship	championnat
coach	entraîneur
commentator	commentateur
corner	corner
defence	défenseur
defender	défenseur
dressing room	vestiaire
ejection	éjection
extra time	prolongation
fan	fan
far post	poteau éloigné
final score	score final
first half	première mi-temps
flag	drapeau
forward	avant
foul	faute de main
free kick	coup franc
friendly game	match amical
game	jeu
goal	but
goal area	but de football
goal kick	but, coup de pied
goal line	ligne de but
goal scorer	buteur
goalkeeper	gardien de but

half time	mi-temps
halfway line	ligne de démarcation
handball	ballon de handball
header	tête
hooligan	hooligan
injured player	joueur blessé
kick	coup d'envoi
kick-off	coup d'envoi
lineman	joueur de ligne
lineup	ligne de démarcation
lineup	équipe
midfield	milieu de terrain
midfielder	milieu de terrain
near post	premier poteau
net	filet
offside	hors-jeu
opposing team	équipe adverse
own goal	but contre son camp
pass	passe
penalty	penalty
penalty area	joueur de l'équipe adverse
player	joueur
post	poteau
rebound	rebond
red card	carton rouge
referee	arbitre
replay	rejouer
score draw	score tirage au sort
scoreboard	tableau d'affichage
second half	deuxième mi-temps
shinguard	maillot de bain
shirt	maillot
shorts	short
shot	tir

sideline	ligne de touche
soccer player	joueur de football
socks	chaussettes
spectators	spectateurs
stadium	stade
substitute bench	banc des remplaçants
substitution	substitution
supporter	supporter
The FIFA World Cup	Coupe du monde de la FIFA
throw in	remplacer
trainer	entraîneur
uniform	uniforme
warning	avertissement
whistle	sifflet
winger	ailier
yellow card	carte jaune

Baseball — Baseball

american league	ligue américaine
at bat	au bâton
ball	balle
baseball	baseball
baseball bat	batte de baseball
baseball card	carte de baseball
baseball glove	gant de baseball
baserunning	baseerunning (course de base)
bases loaded	base chargée
bat	batte
batboy	bat-boy
batter	batteur
bullpen	bullpen
bunt	bunt
catch	catch

French Edition

catcher	catcher
center field	champ central
curveball	balle courbée
designated hitter	l'homme de la rue
double header	double tête
fastball	balle rapide
first	premier
foul	balle de base
ground ball	balle au sol
hardball	balle dure
helmet	casque
hits	coups de poing
home	domicile
home team	équipe locale
infield	champ intérieur
inning	manche
knuckleball	balle au poing
league	champ de bataille
left field	champ gauche
left hander	gaucher
line drive	ligne d'attaque
lineup	ligne de démarcation
major league	ligue majeure
minor league	ligue mineure
mitt	mitt
most valuable player	joueur le plus précieux
mound	mound
national league	ligue nationale
no hitter	no hitter
out	out
outfield	terrain d'entraînement
park	parc
pinch hitter	pinch hitter
pitch	lancer

pitcher	pitcher
pitcher's mound	terrain de jeu
right field	champ droit
run	course
score/scoreboard	score/tableau d'affichage
shortstop	shortstop (arrêt-court)
slide	slide (glissade)
slugger	balle de baseball
softball	softball
spring training	formation de printemps
stadium	stade
steal	voler
stolen	volé
strike	grève
tag	tag
triple play	triple jeu
umpire	arbitre
uniform	uniforme
visiting team	équipe visiteuse
walk	marcher
win	victoire

Athletes / Athlètes

athlete	athlète
baseball player	joueur de baseball
basketball player	joueur de basket-ball
batter	batteur
bodybuilder	bodybuilder
boxer	boxeur
catcher	attrapeur
champion	champion
cheerleader	pom-pom girl
climber	grimpeur

coach	entraîneur
cyclist	cycliste
defender	défenseur
diver	plongeur
fighter	combattant
football player	joueur de football
forward	attaquant
goalkeeper	gardien de but
golfer	golfeur
gymnast	gymnaste
hiker	randonneur
jockey (horse)	jockey (cheval)
lineman	joueur de ligne
loser	perdant
manager	manager
opponent	adversaire
outfielder	joueur de champ
owner	propriétaire
pitcher	lanceur
pitcher/quarterback	joueur/quarterback
player	joueur
referee	arbitre
runner	coureur
skier	skieur
swimmer	nageur
team	équipe
teammate	coéquipier
tennis player	joueur de tennis
trainer	entraîneur
umpire/referee	juge-arbitre
winner	vainqueur

Athletic Equipment — Équipement sportif

arrow	flèche
ball (small)	ballon (petit)
ball (large)	balle (grande)
baseball glove	gant de baseball
basket	panier
bat	batte
bicycle	bicyclette
binoculars	jumelles
bow	arc
boxing gloves	gants de boxe
catcher's mitt	gants de boxe
cleats	cale-pieds
exercise bike	vélo d'appartement
fishing rod	brosse à reluire
golf ball	Balle de golf
golf club	club de golf
helmet	casque
hockey stick	bâton de hockey
javelin	javelot
mat	tapis
net	filet
pads	coussinets
puck	palet
puck	palet
raquet	raquette
shot put	patin à glace
skates	patins
ski boots	bottes de ski
ski poles	skis de fond
skis	skis
soccer ball	ballon de football
surfboard	planche de surf
tennis ball	balle de tennis

tennis court	terrain de tennis
tennis racket	raquette de tennis
weights	poids
windsurfing board	planche à voile

Verbs / Verbes

to cheer on a team	encourager une équipe
to clap	applaudir
to bet	parier
to catch	attraper
to box	boxer
to scuba dive	faire de la plongée sous-marine
to head the ball	pour faire une tête de billard
to warm up	pour s'échauffer
to qualify	pour se qualifier
to commit a foul	pour commettre une faute
to run	pour courir
to defend	défendre
to beat	battre
to play a game	jouer un match
to remove/eliminate	pour enlever/éliminer
to tie	pour faire du sport
to push	de l'eau
to meet	rencontrer
to train	pour former
to ski	skier
to send a player off	pour envoyer un joueur à l'extérieur
to fake	pour faire semblant
to win	gagner
to hit	pour frapper
to do aerobics	faire de l'aérobic
to do sports	

to exercise	faire du sport
to do gymnastics	faire de l'exercice
to lift weights	faire de la gymnastique
to cheat	faire de l'aérobic
to register	tricher
to go to the pool	s'inscrire
to play	aller à la piscine
to play football	jouer
to play against somebody	jouer au football
to play soccer	jouer contre quelqu'un
to play fair	jouer au football
to play dirty	jouer franc-jeu
to play a match	jmanipuler les résultats du jeu
to score a goal	jouer un match
to score a goal	pour marquer un but
to score a basket	jouer au football
to ride a horse	marquer un panier
to ride a bike	monter à cheval
to swim	faire de la bicyclette
to sail	nager
to participate	naviguer
to pass	participer
to shoot	passer
to skate	tirer
to lose	patiner
to blow one's whistle	perdre
to trip somebody up	dénoncer
to practice martial arts	faire trébucher quelqu'un
to do sports	pratiquer les arts martiaux
to windsurf	faire du sport
to take away the ball	faire de la planche à voile
to jump	faire de la planche à voile
to break the rules of the game	sauter
to shoot at the goal	enfreindre les règles du jeu

to jog	tirer au but
to beat	faire du jogging
	battre

Phrases

1. What's the score?
   Quel est le score ?
2. I gave my son a baseball glove.
   J'ai offert à mon fils un gant de base-ball.
3. Which is your favorite sport?
   Quel est votre sport préféré ?
4. I love table tennis.
   J'adore le tennis de table.
5. Do you practice any sport?
   Pratiquez-vous un sport ?
6. I like to go hiking.
   J'aime faire de la randonnée.
7. I bet my team will win.
   Je parie que mon équipe va gagner.
8. I don´t like boxing because it is violent.
   Je n'aime pas la boxe parce que c'est violent.
9. I enjoy watching car racing on televisión.
   J'aime regarder les courses de voitures à la télévision.
10. Do you want to see the championship game?
    Voulez-vous voir le match de championnat ?
11. This football field is perfect.
    Ce terrain de football est parfait.
12. Hunting can be dangerous.
    La chasse peut être dangereuse.
13. The game was great!
    Le match a été formidable !
14. Many people watch the Olympic Games.
    Beaucoup de gens regardent les Jeux olympiques.
15. The athlete won the silver medal.
    L'athlète a remporté la médaille d'argent.
16. He is an excellent goalie.
    C'est un excellent gardien de but.
17. The cheerleader did her routine very well.

La pom-pom girl a très bien exécuté son numéro.
18. The gymnast trains every day.
    La gymnaste s'entraîne tous les jours.
19. I bought an exercise bike.
    J'ai acheté un vélo d'appartement.
20. My friend has incredible skates.
    Mon ami a des patins incroyables.
21. I will give my nephew a soccer ball.
    Je vais donner un ballon de football à mon neveu.
22. Tennis is a great sport for any age.
    Le tennis est un sport formidable à tout âge.
23. The fighter lifts weights every day.
    Le combattant soulève des poids tous les jours.
24. Which team won the game?
    Quelle équipe a gagné le match ?

Quiz – Chapter XV
Sports
Matching

1. le pari
2. le gagnant
3. le champion
4. plonger
5. l'entraîneur
6. le défenseur
7. le terrain de football
8. l'échauffement
9. la randonnée
10. le milieu de terrain
11. la moto
12. le joueur
13. l'entraînement
14. la course
15. le perdant
16. l'arbitre
17. l'entraînement au poids
18. l'athlète
19. le skieur
20. gagner

A. athlete
B. bet
C. champion
D. coach
E. defender
F. football field
G. hiking
H. manager
I. midfielder
J. motorcycle
K. player
L. race
M. referee
N. skier
O. to dive
P. to lift weights
Q. to train
R. to warm up
S. to win
T. winner

Multiple Choice Sentence Completion

21. Le site du _____ doit être spécifique au sport que vous pratiquez.
a. équipement
b. quota
c. combat
d. jeu

22. Le _____ de l'énergie influence votre performance en tant qu'athlète.
a. niveau
b. golf
c. gymnase
d. maison

23. Le _____ est mon sport préféré et m'aide à déstresser.
a. moniteur
b. médaille
c. skateboard
d. partenaire

24. Le but ultime du football est de marquer un _____ .
a. baseball
b. surdo
c. but
d. ligue

25. Pendant le match de football, le _____ était plein à craquer.
a. stade
b. tennis de table
c. touch
d. droit

26. Le _____ a fait de son mieux pendant la compétition .
a. nageur
b. gant
c. batte
d. triathlon

27. L'athlète a _____ son adversaire avec une grande avance.
a. uniforme
b. victoire
c. glissade
d. battu

28. Mes amis aiment aller voir le _____ le vendredi soir.
a. jockey
b. lutte
c. propriétaire
d. tir à l'arc

29. Le _____ a été l'un des plus amusants de la saison.
a. battre
b. tournoi
c. sauter
d. partenaire

30. Je n'oublierai jamais le _____ de la Coupe du monde 2010.
a. skateboard
b. sport
c. moniteur
d. match

Answer Key

1. B
2. T
3. C
4. O
5. D
6. E
7. F
8. R
9. G
10. I
11. J
12. K
13. Q
14. L
15. H
16. M
17. P
18. A
19. N
20. S
21. A
22. A
23. C
24. C
25. A
26. A
27. D
28. B
29. B
30. D

Chapter XVI
Triathlons

Running

barefoot runners
beats per minute
beer mile
black toenails
boston qualifier
cadence
chafing
cool down
dynamic stretching
easy run
elite
foot strike
form
half marathon
hill sprints
intervals
marathon
over training
overpronation
pace
race
recovery run
rest days
rhythm
road race
runner's high
runner's knee

Course à pied

coureurs pieds nus
battements par minute
bière mile
ongles d'orteil noirs
boston qualifier
cadence
chafing
refroidir
étirements dynamiques
course facile
élite
attaque du pied
forme
semi-marathon
sprint en côte
intervalles
marathon
surentraînement
surpronation
rythme
course
course de récupération
jours de repos
rythme
course sur route
course à pied
genou du coureur

speedwork	travail de vitesse
splits	fractionnement
static stretching	étirements statiques
strength training	entraînement de la force
stride	foulée
trail runs	course à pied
treadmill	tapis roulant
ultramarathon runner	ultramarathonien
warm up	échauffement

Swimming / Natation

agile	agile
aquatic	aquatique
backstroke	dos crawlé
bottom line	ligne de fond
breaststroke	brasse
breathing in	inspiration
breathing out	expiration
butterfly stroke	nage papillon
chief timekeeper	chronométreur en chef
cold	froid
crawl stroke	course de crawl
current	courant
deep	profond
depth	profondeur
dry	sec
end wall	mur d'extrémité
fast	rapide
flip turn	virage à l'envers
freestyle stroke	nage libre
lake	lac
lane	couloir
lane number	numéro de couloir

lane rope	corde du couloir
lifeguard	sauveteur
ocean	océan
olympic pool	piscine olympique
open water swimming	piscine d'eau libre
pond	étang
pool	piscine
powerful	puissant
referee	arbitre
river	rivière
sea	mer
shallow	peu profond
side stroke	côté de l'eau
sidewall	mur d'enceinte
slow	lent
start wall	mur de départ
starting block	bloc de départ
starting dive	plongée de départ
stroke	course
strong	fort
swimmer	nageur
swimming	natation
swimming lessons	leçons de natation
tide	marée
treading water	nager dans l'eau
turning wall	tourner le mur
types of strokes	types de nage
warm	chaud
wave	vague
weak	faible
wet	humide

Cycling / Cyclisme

Cycling	Cyclisme
awesome	génial
balance	équilibre
bicycle path/cycle lane	piste cyclable/voie cyclable
cadence	cadence
carbon fiber	fibre de carbone
champion	champion
cheap	bon marché
climb	grimper
climber	grimpeur
comfortable	confortable
cruiser bicycle	vélo de croisière
cyclist	cycliste
dangerous	dangereux
descent	descente
difficult	difficile
electric bicycle	vélo électrique
elegant	élégant
fast	rapide
foldable bicycle	vélo pliable
freestyle	freestyle
goal	but
grip	poignée
heavy	lourd
king of the mountain (KOM)	roi de la montagne (KOM)
leader	leader
light	léger
modern	moderne
mountain bike	vélo de montagne
mountain biking	vélo de montagne
new	nouveau
old	ancien
padlock	cadenas
pannier/saddlebags	sacoches

pump	pompe
puncture	crevaison
queen of the mountain (QOM)	reine de la montagne (QOM)
race	course
race bicycle	vélo de course
road bicycle	vélo de route
rusty	rouillé
shining	brillant
singletrack	singletrack
slope	pente
slow	lent
slow	lent
spectacular	spectaculaire
speed/gear	vitesse/engin
sprinter	sprinter
stage	étape
standings	classement
summit (of a hill)	sommet (d'une colline)
suspension fork	fourche de suspension
team	équipe
team captain	capitaine d'équipe
time trial	contre-la-montre
track bicycle	bicyclette de piste
trainer	entraîneur
training	entraînement
ugly	laid
valve	valve
velodrome	vélodrome
wheelie	wheelie
yellow jersey	maillot jaune

Triathlons

ability	capacité
age	âge
aid stations	postes de secours
athletic	athlétique
beach	plage
body marking	marquage du corps
breathless	essoufflement
brick	brique
camaraderie	camaraderie
chafing	frottement
challenge	défi
champion	champion
cheering	encouragement
coach	entraîneur
collapse	effondrement
competition	compétition
compression socks	chaussettes de compression
conditioning	conditionnement
cool down	refroidissement
coordination	coordination
courage	courage
course record	record de parcours
crash	chute
cross training	entraînement croisé
crowds	foules
did not finish	n'a pas fini
did not start	n'a pas commencé
diet	régime
disappointment	déception
discomfort	malaise
distance	distance
doctor	médecin
driven	conduit

encouragement	encouragement
endurance	endurance
energy	énergie
exhaustion	épuisement
fitness	forme physique
flexibility	flexibilité
foam roller	rouleau en mousse
fuel belt	ceinture de combustible
glory	gloire
goal	objectif
gym	salle de sport
health	santé
hypoxic	hypoxique
injury	blessure
ironman	ironman
jogging	jogging
junk miles	junk miles
massage	massage
medication	médicaments
moisture wicking clothing	vêtements qui évacuent l'humidité
monitor	moniteur
motivation	motivation
nausea	nausée
nutrition	nutrition
open water swim	nage en eau libre
optimism	optimisme
outstanding	exceptionnel
overtraining	surentraînement
pace	rythme
personal best	record personnel
personal record	record personnel
podium	podium
preparation	préparation

punishment	punition
quest	quête
race number belt	ceinture de dossards
rank	rang
recovery	rétablissement
rehabilitation	réhabilitation
resilient	résilient
risk	risque
roadway	route
running tights	collant de course
sand	sable
segment	segment
shin splints	tibia
sportsmanship	sport de haut niveau
stamina	endurance
strain	tension
strength	force
stride	foulée
support	soutien
sweat	sueur
target	cible
timing chip	puce de chronométrage
tone	tonus
trainer	entraîneur
transition	transition
triathlete	triathlète
victory	victoire
vitamins	vitamines
VO2 max	VO2 max

Gear

Matériel

bike	vélo
bikini	bikini

cycling shoes	chaussures de vélo
fitness watch	montre fitness
flat repair kit	kit de réparation de crevaison
flippers/fins	palmes/palmes
floaties	flotteurs
goggles	lunettes
heart rate monitor	moniteur de fréquence cardiaque
helmet	casque
hydration	hydratation
inflatable raft	radeau gonflable
kick board	planche de surf
life jacket	gilet de sauvetage
lubricant	lubrifiant
nose clip	pince-nez
nutrition	nutrition
race number belt	ceinture porte-dossard
running hat	chapeau de course
running shoes	chaussures de course
sunglasses	lunettes de soleil
sunscreen	crème solaire
swim cap	bonnet de bain
swimsuit	maillot de bain
towel	serviette
transition bag	sac de transition
triathlon clothing	vêtements de triathlon
wetsuit	combinaison

Bike Parts

Pièces de vélo

aluminum frame	cadre en aluminium
basket	panier
bell	cloche

brake light/red light in rear	feu de freinage/feu rouge à l'arrière
brakes	freins
carbon fiber frame	cadre en fibre de carbone
chain	chaîne
disc brakes	freins à disque
forks	fourches
gear changer	changeur de vitesse
gloves	gants
hand grips	poignées de maintien
handlebars	guidon
helmet	casque
kickstand	béquille
light	lumière
oil	huile
pedals	pédales
reflectors	réflecteurs
seat	siège
shifter	levier de vitesse
shocks	amortisseurs
tires	pneus
water bottle	bouteille d'eau
wheels	roues
wheels/rims	roues/jantes

Verbs / Verbes

to speed up	accélérer
to loosen	desserrer
to tighten	serrer
to attack	attaquer
to fall (oneself)	tomber (soi-même)
to change (gears)	changer (de vitesse)
to splash	éclabousser

to race	courir
to dive into the water	plonger dans l'eau
to drop the hammer	faire tomber le marteau
to descend	pour descendre
to lubricate	pour lubrifier
to climb	monter
to float	flotter
to brake/slow down	freiner/ralentir
to breakaway	se détacher
to blow up (the tire)	gonfler (le pneu)
to lubricate	lubrifier
to measure	mesurer
to get wet	pour se mouiller
to ride	rouler
to swim	nager
to participate	participer
to kick	donner un coup de pied
to pedal	pédaler
to chase	poursuivre
to paddle	pagayer
to breathe	respirer
to jump	sauter
to dry off	se sécher
to dive into the water	plonger dans l'eau
to perspire	transpirer

Phrases

1. ¿Are you going to run in the half marathon?
   Allez-vous participer au semi-marathon ?
2. He is going to participate in the road race.
   Il va participer à la course sur route.
3. You should warm up before exercising.
   Il faut s'échauffer avant de faire du sport.
4. I know how to swim butterfly style.
   Je sais nager en style papillon.
5. The cold gave me a cramp.
   Le froid m'a donné une crampe.
6. Freestyle stroke is very common.
   La nage libre est très courante.
7. ¿Do you want to go swimming in the pond?
   Voulez-vous aller nager dans l'étang ?
8. She uses the bicycle path every sunday.
   Elle emprunte la piste cyclable tous les dimanches.
9. He is the team leader.
   Il est le chef d'équipe.
10. ¿Who won the race?
    Qui a gagné la course ?
11. Climbing the slope requires effort.
    Monter la pente demande un effort.
12. The trainer is demanding.
    L'entraîneur est exigeant.
13. He is the world champion.
    Il est champion du monde.
14. The athlete collapsed.
    L'athlète s'est effondré(e).
15. It takes courage to win.
    Il faut du courage pour gagner.
16. The crash was strong.
    L'accident a été violent.
17. I must diet for the competition.

Je dois faire un régime pour la compétition.
18. My dream is to dive with dolphins.
    Mon rêve est de plonger avec les dauphins.
19. I don't have flexible muscles.
    Je n'ai pas de muscles souples.
20. My goal is to win the race.
    Mon objectif est de gagner la course.
21. His motivation is low because he lost.
    Sa motivation est faible parce qu'il a perdu.
22. You must stay hydrated.
    Il faut rester hydraté(e).
23. Brakes need maintenance.
    Les freins ont besoin d'être entretenus.
24. The bike seat is uncomfortable.
    La selle du vélo est inconfortable.
25. Kick the ball hard.
    Frappez fort dans le ballon.

Quiz – Chapter XVI
Triathlons
Matching

1. le bloqueur
2. battements par minute
3. jours de repos
4. profond
5. poursuivre
6. la course sur route
7. la voie
8. vague
9. incroyable
10. crever
11. lubrifier
12. tapis roulant
13. l'entraînement
14. le défi
15. la déception
16. l'épuisement
17. la sueur
18. se détendre
19. la victoire
20. le casque

A. awesome
B. beats per minute
C. challenge
D. deep
E. disappointment
F. exhaustion
G. helmet
H. lane
I. puncture
J. rest days
K. road race
L. sunscreen
M. sweat
N. to chase
O. to loosen
P. to lubricate
Q. training
R. treadmill
S. victory
T. wave

Multiple Choice Sentence Completion

21. Le _____ est nécessaire si vous naviguez sur un bateau.
a. refroidissement
b. course facile
c. gilet de sauvetage
d. coup de pied

22. Hier, en faisant du vélo, je suis tombé parce que la _____ s'est déplacée.
a. chaîne
b. golf
c. gymnase
d. maison

23. Les _____ sont importants pour ne pas ressentir l'impact des trous.
a. course
b. amortisseurs
c. marche
d. cloisons

24. Vous devez _____ les boulons de votre vélo.
a. foulée
b. tapis roulant
c. serrer
d. échauffement

25. Vous devez vous assurer que les _____ sont bien gonflés.
a. froid
b. rue
c. voie
d. pneus

26. La _____ de chaque coup lui a fait gagner la compétition.
a. force
b. rivière
c. océan
d. marée

27. L'athlète avait un _____ qui l'a épuisé pour la course.
a. surentraînement
b. lourd
c. léger
d. moderne

28. Le _____ est rapide.
a. cheval
b. plage
c. applaudissements
d. marteau

29. Le _____ l'a empêché d'atteindre l'objectif.
a. malaise
b. gymnase
c. chaîne
d. optimisme

30. L'athlète a réalisé une performance _____ dans la course.
a. casque
b. exceptionnelle
c. chat
d. attaque

Answer Key

1. L
2. B
3. J
4. D
5. N
6. K
7. H
8. T
9. A
10. I
11. P
12. R
13. Q
14. C
15. E
16. F
17. M
18. O
19. S
20. G
21. C
22. A
23. B
24. C
25. D
26. A
27. A
28. D
29. A
30. B

Chapter XVII
Health & Fitness

The Gym
ab wheel
balance
bars
become faster
become stronger
bench
bones
boxing ring
calories burned
cardio area
changing room
cycling studio
dumbells
effort
elasticity
elliptical machine
endurance
energy
exercise/workout
exercise balls
feel better
fitness
flexibility
for aesthetics
for fun
for health
free weights area

La Gym
roue abdominale
équilibre
barres
devenir plus rapide
devenir plus fort
banc
os
ring de boxe
calories brûlées
zone cardio
salle d'entraînement
salle d'entraînement
haltères
effort
élasticité
machine elliptique
endurance
énergie
exercice/entraînement
ballon d'exercice
se sentir mieux
forme physique
flexibilité
pour l'esthétique
pour le plaisir
pour la santé
zone de poids libres

HIIT (High intensity interval training)	HIIT (Entraînement par intervalles à haute intensité)
kickboxing zone	zone de kickboxing
ligaments	ligaments
locker room	vestiaire
lounge	salle de repos
main studio	studio principal
movement	mouvement
muscles	muscles
not to stress	ne pas stresser
playground	cour de récréation
pool	piscine
power bands	bande d'élan
power rack	rack d'entraînement
punching bags	sacs de frappe
reception	réception
recovery zone	zone de récupération
repetitions	répétitions
rowing machine	machine à ramer
sauna	sauna
sets	séries
showers	douches
stair climber	escaliers
stamina	endurance
stationary bicycle	vélo d'appartement
strength	force
stretches	étirements
tendons	tendons
treadmill	tapis roulant
weights	poids
well being	bien-être
workout	entraînement
yoga mat	tapis de yoga
yoga studio	studio de yoga

Exercises

barbell back squat
bench press
bicep curls
burpees
cable flys
calf raise
crunches
deadlift
dumbbell shrugs
dumbbell curls
incline press
jumping squats
jumprope
lateral shoulder raises
leg curls
leg extensions
leg press
lunges
machine press
military press
overhead press
plank
pull ups
pulldowns
push-ups
pushdowns
quadriceps leg extensions
seated row
squats
tricep dips
tricep extensions

Exercices

squat arrière avec haltères
développé couché
flexion des biceps
burpees
flys avec câble
élévation des mollets
crunchs
soulevé de terre
haussements d'haltères
flexion des haltères
flexion de la jambe
squats sautés
corde à sauter
élévation latérale des épaules
flexion des jambes
extension de la jambe
fente d'aération
fentes
presse à la machine
presse militaire
presse au-dessus de la tête
planche
tirage au sort
tractions
pompes
pompes
extension des quadriceps
Rangée assise
squats
triceps dips
extension des triceps

Gym Clothes

boxing gloves
goggles
headband
hoodie
leggings
leggings
mouthpiece
shin protectors
shorts
sneakers
swim cap
swimsuit
t-shirt
tank top
tennis shoes/sneakers
weight lifting gloves

Vêtements de sport

gants de boxe
lunettes
bandeau
sweat à capuche
jambières
jambières
embout buccal
protège-tibias
short
chaussures de sport
bonnet de bain
maillot de bain
t-shirt
débardeur
chaussures de tennis
gants d'haltérophilie

Muscle Groups

abs
back
bicep
calves
chest
core
forearm
front, side, rear delts

glutes
hamstrings

Groupes musculaires

abdominaux
dos
biceps
mollets
poitrine
abdominaux
avant-bras
deltoïdes avant, latéraux et arrière
fessiers
ischio-jambiers

lats	lombaires
legs	jambes
muscle	muscle
neck	cou
obliques	obliques
pecs	pecs
quadriceps	quadriceps
shoulders	épaules
traps	pièges
tricep	triceps

Gym Classes / Cours de gym

boxing	boxe
calisthenics	gymnastique suédoise
functional training	entraînement fonctionnel
kickboxing	kickboxing
muay thai	muay thaï
salsa	salsa
swimming	natation
yoga	yoga
zumba	zumba
dance class	cours de danse
abs class	cours d'abdominaux
pilates	pilates

Diet & Nutrition / Régime et nutrition

balanced nutrition	alimentation équilibrée
calcium	calcium
calories	calories
carbohydrates	glucides
celiac	cœliaque

diet	régime
fats	graisses
fibre	fibres
food	alimentation
gluten free	sans gluten
health	santé
healthy	sain
high in fat	riche en graisses
high in sugar	riche en sucre
hunger	faim
junk food	malbouffe
low fat	pauvre en graisses
minerals	minéraux
nutrients	nutriments
nutrition	nutrition
portion	portion
protein	protéine
ration	ration
sodium	sodium
sugar free	sans sucre
thirst	soif
trans fats	graisses trans
vegan	végétalien
vegetarian	végétarien
vitamins	vitamines
weight gain	prise de poids
weight loss	perte de poids

Verbs / Verbes

to crouch	s'accroupir
to increase	augmenter
to dance	danser
to put down/lower	poser/abaisser

to warm up	s'échauffer
to walk	marcher
to get tired	se fatiguer
to eat a balanced diet	pour manger de façon équilibrée
to eat a healthy diet	pour manger un régime alimentaire sain
to contract/tighten	se contracter/serrer
to run	pour courir
to quit smoking	arrêter de fumer
to rest	se reposer
to bend/turn	se plier/se tourner
to get enough sleep	pour dormir suffisamment
to take a shower	prendre une douche
to eliminate stress	éliminer le stress
to cool down	pour se rafraîchir
to train for	pour s'entraîner
to climb	pour grimper
to be in good shape	pour être en bonne forme
to stretch	s'étirer
to stretch oneself	s'étirer
to avoid sweets	pour éviter les sucreries
to flex/bend	pour s'étirer
to strengthen	pour se renforcer
to gain muscle	pour gagner du muscle
to turn	s'étirer
to exercise	pour faire de l'exercice
to go hiking	pour faire de la randonnée
to lift/raise	soulever/élever
to lift weights	pour soulever des poids
to stay in shape	pour rester en forme
to improve	pour améliorer
to move	pour se déplacer
to lose fat	perdre de la graisse

to lose weight	perdre du poids
to get fit	pour se mettre en forme
to get in better shape	pour être en meilleure forme
to decrease	pour diminuer
to relax	se détendre
to chill out	répéter
to repeat	pour respirer
to breathe	sauter/sauter
to skip/jump	être au régime/suivre un régime
to be on/follow a diet	
to watch what you eat	pour faire attention à ce que vous mangez
to gain weight	prendre du poids
to sweat	transpirer
to drink water	boire de l'eau
to tone up	se mettre à l'aise
to lie down	s'allonger

Phrases

1. How many sets do you have left?
   Combien de séries vous reste-t-il ?
2. A healthy diet does not include a lot of sugar.
   Une alimentation saine ne doit pas contenir beaucoup de sucre.
3. Vanessa is in good shape.
   Vanessa est en bonne forme.
4. I walk with my neighbor.
   Je me promène avec ma voisine.
5. I do physical activity every day.
   Je fais de l'activité physique tous les jours.
6. I lost weight.
   J'ai perdu du poids.
7. My friend quit smoking last month.
   Mon ami a arrêté de fumer le mois dernier.
8. My mother is always on a diet.
   Ma mère est toujours au régime.
9. My friends exercise at the gym.
   Mes amis font de l'exercice à la salle de sport.
10. I like practicing yoga.
    J'aime pratiquer le yoga.
11. Juan tries to avoid sweets, sometimes.
    Juan essaie parfois d'éviter les sucreries.
12. Exercise more and watch less TV.
    Je devrais faire plus d'exercice et regarder moins la télévision.
13. I should, but almost never stretch.
    Je devrais, mais je ne m'étire presque jamais.
14. Well being is important for our health.
    Le bien-être est important pour notre santé.
15. Exercise eliminates stress.
    L'exercice élimine le stress.
16. He's at the gym.

Il est à la salle de sport.
17. The man lifts weights in the gym.
L'homme soulève des poids à la salle de sport.
18. He doesn't pay attention to what he eats.
Il ne fait pas attention à ce qu'il mange.
19. We should eat a balanced diet.
Nous devrions avoir une alimentation équilibrée.
20. We should stay in shape.
Nous devrions rester en forme.
21. You should drink water every day.
Il faut boire de l'eau tous les jours.
22. How many times a week do you exercise?
Combien de fois par semaine faites-vous de l'exercice ?
23. Sometimes I don't get enough sleep.
Parfois, je ne dors pas assez.
24. I didn't go to dance class yesterday.
Je ne suis pas allé(e) au cours de danse hier.
25. Drink a lot of water.
Buvez beaucoup d'eau.
26. Get enough sleep.
Dormez suffisamment.

Quiz – Chapter XVII
Health & Fitness
Matching

1. l'équilibre
2. devenir plus fort
3. pompes sur le biceps
4. calories brûlées
5. l'espace musculation
6. le vestiaire
7. se détendre
8. étirements
9. squats
10. rester en forme
11. s'entraîner
12. le protège-dents
13. le débardeur
14. éviter les sucreries
15. les mollets
16. le tronc
17. le cou
18. renforcer
19. les pectoraux
20. les quadriceps

A. balance
B. bicep curls
C. calories burned
D. calves
E. core
F. free weights area
G. locker room
H. mouthguard
I. neck
J. pectoral muscles
K. quadraceps
L. squats
M. tank top
N. to avoid sweets
O. to be in good shape
P. to become stronger
Q. to relax
R. to strengthen
S. to stretch
T. workout

Multiple Choice Sentence Completion

21. Je dois manger des aliments qui sont _____ .
a. banque   c. sans gluten
b. vestiaires   d. équilibre

22. Le garçon est très fort et musclé parce qu'il _____ .
a. l'effort   c. le plaisir
b. énergie   d. soulève des poids

23. Elle a un style de vie _____ .
a. mouvement   c. piscine
b. sain   d. réception

24. _____ est mauvaise pour la santé.
a. La malbouffe   c. les séries
b. réception   d. douches

25. J'aime les chocolats mais je veux qu'ils soient _____.
a. fer   c. sans sucre
b. squats   d. pompes

26. La _____ est le résultat d'un exercice physique.
a. transpiration   c. sauna
b. pompes   d. endurance

27. Il a très _____ parce qu'il a fait du jogging pendant deux heures.
a. mouvement   c. soif
b. ligaments   d. terrain de jeu

28. La jeune fille a eu une _____ notable au cours de l'année écoulée.
a. répétitions   c. prise de poids
b. douches   d. séries

29. _____ est importante pour la gestion du stress.
a. la respiration   c. l'entraînement
b. le bien-être   d. les burpees

30. Le jeune homme avait un _____ qui l'a aidé à être plus rapide dans la course.
a. pois idéal   c. military press
b. tractions   d. pompes

Answer Key

1. A
2. P
3. B
4. C
5. F
6. G
7. Q
8. S
9. L
10. O
11. T
12. H
13. M
14. N
15. D
16. E
17. I
18. R
19. J
20. K
21. C
22. D
23. B
24. A
25. C
26. A
27. C
28. C
29. A
30. A

Chapter XVIII
The Human Body

Exterior Parts

abdomen
ankle
anus
arm
armpit
back
back of the neck
belly button
body
breast
breast/chest
butt
buttocks
calf
cheek
chin
ear (exterior)
elbow
eye
eyebrow
eyelash
eyelid
face
finger
fingernail
foot
forehead

Parties extérieures

abdomen
cheville
anus
bras
aisselle
dos
dos de la nuque
nombril
corps
sein
poitrine
fesses
fesses
mollet
joue
menton
oreille (extérieur)
coude
œil
sourcil
cil
paupière
visage
doigt
ongle
pied
front

genitalia	organes génitaux
gums	gencives
hair	poils
hand	main
head	tête
heel	talon
hip	hanche
index finger	index
jaw	mâchoire
knee	genou
kneecap	rotule
knuckle	articulation
leg	jambe
lip	lèvre
mouth	bouche
neck	cou
nose	nez
nostril	narine
penis	pénis
shin	tibia
shoulder	épaule
skin	peau
thigh	cuisse
throat	gorge
thumb	pouce
tip of the finger	extrémité du doigt
tip of the tongue	bout de la langue
toe	orteil
toenail	ongle d'orteil
tongue	langue
tooth	dent
vagina	vagin
waist	taille
wrist	poignet

Las Partes Interiores ## Les parties intérieures

aorta	aorte
appendix	appendice
artery	artère
backbone/spine	colonne vertébrale
bladder	vessie
blood	sang
blood pressure	pression artérielle
bone	os
bowels	intestins
brain	cerveau
colon	colon
ear (inner)	oreille (interne)
esophagus	œsophage
fat	graisse
gland	glande
heart	cœur
hormone	hormone
intenstines	intestin
joint	articulation
kidney	rein
liver	foie
lung	poumon
muscle	muscle
nerve	nerf
organs	organes
pancreas	pancréas
rectum	rectum
rib	côte
saliva	salive
sex organs	organes sexuels
spine	colonne vertébrale

spleen	rate
stomach	estomac
sweat	sueur
tear	déchirure
tendon	tendon
thyroid	thyroïde
trachea	trachée
uterus	utérus
vein	veine
womb	utérus

Physical Conditions / Conditions physiques

achy/sore	courbatures
alert/wide awake	alerte/éveillé
alive	vivant
arranged/fixed up	arrangé/fixé
bad	mal
broken	cassé
burned	brûlé
clean	propre
clumsy	maladroit
cold	froid
completed	achevé
cooked	cuit
crazy	fou
dead	mort
dirty	sale
dizzy	vertigineux
drunk	ivre
dry	sec
empty	vide
envious	envieux
fixed/repaired	fixé/réparé

flat	plat
full	plein
gray-haired	gris-gris
healthy	en bonne santé
hot	chaud
injured	blessé
itchy	démangeaisons
kneeling	à genoux
miserable	misérable
moldy	moisi
nasty/dirty	désagréable/sale
overwhelmed	accablé
planted	planté
ready	prêt
relaxed	détendu
rusty	rouillé
seasick	mal de mer
seated	assis
sick	malade
so-so	moitié-moitié
sober	sobre
standing	debout
tired	fatigué
to be animated	être animé
twisted	tordu
washed	lavé
well/fine	bien/fin
wet	mouillé
wrinkled	froissé

Physical Appearances / Apparences physiques

albino	albinos
asian	asiatique

asian eyes	yeux asiatiques
attractive	séduisant
average	moyen
bald	chauve
beard	barbe
bearded	barbu
beautiful	beau
big lips	grandes lèvres
big ears	grandes oreilles
big eyes	grands yeux
big nose	grand nez
big/large	grand/grande
birthmark	tache de naissance
black hair	cheveux noirs
black skin	peau noire
blonde hair	cheveux blonds
braided hair	cheveux tressés
brown skin	peau brune
clean	propre
curly hair	cheveux bouclés
cute	mignon
dark	sombre
dirty	sale
dreadlocks hair	cheveux dreadlocks
dusty	poussiéreux
dwarf	nain
dyed hair	cheveux teints
elderly	vieux
fat	gros
fit	en forme
freckled	taches de rousseur
freckles	taches de rousseur
furry	poilu€
grey hair	cheveux gris

grotesque	grotesque
handsome	beau
lame	boiteux
lanky	maigrichon
light/bright	clair/éclatant
long hair	cheveux longs
long nose	nez long
medium hair	cheveux moyens
middle-aged	âge moyen
moles	grains de beauté
moustache	moustache
muscular	musclé
neat/tidy	soigné(e)
old	vieux/vieille
one-eyed	borgne
one-handed	manchot
pale	pâle
petite	petit
plain	simple
pretty	jolie
red hair	cheveux roux
ridiculous	ridicule
scars	cicatrices
scary/frightening	effrayant(e)
shiny	brillant
short	court
short hair	cheveux courts
sideburns	pattes d'oie
skinny	maigre
slender	mince
small ears	petites oreilles
small eyes	petits yeux
small lips	petites lèvres
small nose	petit nez

small/little	petit/petite
stocky	trapu
stout	corpulent
straight hair	cheveux raides
stunning	étonnant
sun tanned	bronzé
tall	grand
tattoos	tatouages
thin/lean	mince/maigre
ugly	laid
warts	verrues
wavy hair	cheveux ondulés
white skin	peau blanche
wrinkles	rides
wrinkly	rides
young	jeune
youthful	jeune

Health & Hygiene / Santé et hygiène

alcohol	alcool
ambulatory	ambulatoire
analgesic	analgésique
anti-inflammatory	anti-inflammatoire
bathroom	salle de bain
bathtub	baignoire
beauty	beauté
beauty queen	reine de beauté
beauty salon	salon de beauté
beauty treatment	traitement de beauté
beneficial	bénéfique
blister	cloque
blood pressure	pression artérielle
body odor	odeur corporelle

boil	brosse à reluire
brush	brosse
burp	bombe à retardement
carbuncle	eau de Javel
cold	froid
comb	peigne
comfort	confort
conditioner	conditionneur
condom	préservatif
contraception	contraception
contraceptive	contraceptif
cotton	coton
cotton balls	boules de coton
cuticle	cuticule
dandruff	pellicules
dental floss	fil dentaire
deodorant	désodorisant
diagnosis	diagnostic
diapers	couche
diet	régime alimentaire
dirty clothes/laundry	vêtements sales/blanchisserie
dizziness	vertiges
facial	faciam
farmacy	pharmacie
faucet	robinet
fleas	puces
hairbrush	brosse à cheveux
haircut	coupe de cheveux
hairdo	coiffure
hairdryer	brosse à cheveux
hairpin	épingle à cheveux
hairspray	laque
harmful	nuisible
hemorrhoids	hémorroïdes

hot water heater	chauffe-eau
injection	injection
laundry room	laxatif
laxative	laxatif
lice	poux
liquid soap	laxatif
manicure	manucure
maxipad	maxipad
medicine cabinet	armoire à pharmacie
menstrual pains	douleurs menstruelles
menstruation	menstruation
mirror	miroir
mouthwash	bain de bouche
nail clippers	coupe-ongles
nailbrush	brosse à ongles
nausea	nausée
ointment	pommade
pads to remove makeup	tampons pour se démaquiller
painkiller	anti-douleur
pedicure	pédicure
period (menstruation)	règles (menstruation)
pimple	bouton
plaster (cast)	plâtre (moulage)
pumice stone	pierre ponce
q-tips	pommade (plâtre)
rag	chiffon
razor	rasoir
safety razor	rasoir de sûreté
sanitary napkin	serviette hygiénique
scale	balance
scissors	ciseaux
shampoo	shampoing
shower	douche
shower curtain	rideau de douche

shower head	pomme de douche
sink	évier
small maxipad	petit maxipad
smell/odor of sweat	odeur/odeur de sueur
soap	savon
spa	spa
sponge	éponge
sweat	sueur
symptom	symptôme
talc powder	talc
tampon	tampon
tissues	mouchoirs en papier
toilet bowl	cuvette de toilette
toilet paper	papier hygiénique
toilet/urinal	toilettes/urinaux
toothbrush	brosse à dents
toothpaste	dentifrice
towels	serviettes
tub	baignoire
tweezers	pince à épiler
vase for q-tips	vase pour les cotons-tiges
washbasin	lavabo
washcloth / face cloth	gant de toilette / débarbouillette
wet wipes	lingettes humides
whisker	moustache

Verbs / Verbes

to shave	se raser
to shave oneself	se raser
to squeeze	presser
to pluck	arracher
to take a bath/shower	prendre un bain/douche

to yawn	bailler
to fall/fall down	tomber
to defecate	déféquer
to brush	brosser
to brush one's hair	brosser ses cheveux
to brush off one's clothing	brosser ses vêtements
to brush one's teeth	brosser ses dents
to pluck/take/catch	arracher/prendre/attraper
to freeze	geler
to meet by sight	se rencontrer de visu
to cut oneself	se couper
to take care of oneself	se soigner
to heal a wound	soigner une blessure
to give birth	accoucher
to nod	hocher la tête
to defecate	déféquer
to take a shower	prendre une douche
to spray oneself	s'asperger
to get sick	s'asperger
to rinse	se rincer
to get older	se doucher
to plaster (cast)	se doucher
to burp/belch	faire un rot/un biberon
to plaster (cast)	plâtrer (plâtre)
to be on a diet	être au régime
to be animated	être animé
to strain	se fatiguer
to sneeze	éternuer
to scrub	être au régime (plâtre)
to exfoliate	exfolier
to urinate	uriner
to get one's hair cut	se faire couper les cheveux
to get a filling	se faire remplir
to sprain	se faire une entorse

to hydrate	s'hydrater
to beat (heart)	battre (cœur)
to wash by hand	se laver à la main
to clean oneself	se laver à la main
to clean one's teeth	se laver les dents
to mature	s'hydrater
to put on makeup	se maquiller
to chew	se laver à la main
to smell/stink	se laver les dents
to urinate	uriner
to comb one's hair	se coiffer
to quarrel/fight	se disputer/se battre
to lose one's hair	perdre ses cheveux
to throb	se battre/se battre
to break a bone	se casser un os
to scratch	se gratter
to prescribe	prescrire
to scrub	se frotter
to be on a diet	être au régime
to sweat	transpirer
to have wrinkles	avoir des rides
to have a scar	avoir une cicatrice
to have iron health (strong)	avoir une santé de fer (forte)
to fart	péter
to take one's own pulse	prendre son propre pouls
to twist/sprain	se tordre/se fouler
to spray oneself	s'asperger
to get vaccinated	se faire vacciner
to bandage	faire un pansement
to go crazy	devenir fou

Phrases

1. I have a cough because it was cold last night.
   Je tousse parce qu'il a fait froid hier soir.
2. I have a blister on my foot.
   J'ai une ampoule au pied.
3. I need to buy a toothbrush.
   Il faut que j'achète une brosse à dents.
4. His eyes are big and expressive.
   Ses yeux sont grands et expressifs.
5. Today I went jogging and I sweat a lot.
   Aujourd'hui, j'ai fait du jogging et j'ai beaucoup transpiré.
6. I have a headache. I need an analgesic.
   J'ai mal à la tête. J'ai besoin d'un analgésique.
7. I need to take a shower.
   Il faut que je prenne une douche.
8. I get dizzy easily when there are curves.
   J'ai facilement des vertiges dans les virages.
9. I sprained my ankle this morning.
   Je me suis foulé(e) la cheville ce matin.
10. When I was a child I broke my arm.
    Quand j'étais enfant, je me suis cassé(e) le bras.
11. I urgently need some tampons.
    J'ai besoin de tampons de toute urgence.
12. You should shave because your beard is long.
    Tu devrais te raser car ta barbe est longue.
13. I need to go to the grocery store to buy soap.
    Je dois aller à l'épicerie pour acheter du savon.
14. I need a comb to brush my hair.
    J'ai besoin d'un peigne pour me brosser les cheveux.
15. I got nauseous after dinner.
    J'ai eu la nausée après le dîner.
16. I need to stretch my back and legs.
    J'ai besoin d'étirer mon dos et mes jambes.
17. I need a painkiller for my headache.

J'ai besoin d'un analgésique pour mon mal de tête.
18. I want to go to a spa to exfoliate my skin.
Je veux aller au spa pour exfolier ma peau.
19. The doctor´s diagnosis is not good.
Le diagnostic du médecin n'est pas bon.
20. Could you take me to the hospital please.
Pourriez-vous m'emmener à l'hôpital, s'il vous plaît ?
21. I need to buy a laxative.
Je dois acheter un laxatif.
22. I feel like my heart beats very fast.
J'ai l'impression que mon cœur bat très vite.
23. I have a cold and my throat hurts.
J'ai un rhume et j'ai mal à la gorge.
24. Can you lend me your nail clipper?
Pouvez-vous me prêter votre coupe-ongles ?
25. He is tall, stout and handsome.
Il est grand, costaud et beau.

Quiz – Chapter XVIII
The Human Body
Matching

1. la cheville
2. l'aisselle
3. la joue
4. le coude
5. le doigt
6. la gencive
7. la mâchoire
8. le genou
9. la lèvre
10. le nez
11. la cuisse
12. le poignet
13. rasé
14. ridé
15. gris
16. douloureux
17. prêt
18. merde
19. cassé
20. maladroit

A. achy/sore
B. ankle
C. armpit
D. broken
E. cheek
F. clumsy
G. elbow
H. finger
I. gray-haired
J. gums
K. jaw
L. knee
M. lip
N. nose
O. ready
P. thigh
Q. to defecate
R. to shave oneself
S. wrinkled
T. wrist

Multiple Choice Sentence Completion

21. Il s'est assis à côté d'un monsieur _____ dans le coin.
a. chauve   c. aisselle
b. joue   d. cassé

22. Ce monsieur est très beau et _____ .
a. svelte   c. moustache
b. épaule   d. jambe

23. il faut _____ la plaie pour l'empêcher de saigner.
a. vieil homme   c. bain
b. presser   d. alcool

24. C'est un homme _____ et faible de caractère.
a. ampoule   c. malade
b. robinet   d. vertige

25. La _____ est facile si l'on a de mauvaises habitudes alimentaires.
a. couche   c. odeur
b. douche   d. maladie

26. Hier, j'ai tellement marché que j'ai eu une _____ au pied.
a. poilu   c. borgne
b. ampoule   d. sale

27. Le _____ en public n'est pas poli.
a. tache de rousseur c. rot
b. maigre   d. moustachu

28. Le site _____ est désagréable.
a. douloureux	c. transpirant
b. propre	d. moisi

29. N'oubliez pas d'utiliser _____ lorsque vous vous brossez les dents.
a. le fil dentaire	c. la thyroïde
b. malade	d. cerveau

30. _____ doit se trouver dans la voiture en cas d'urgence.
a. sang	c. peau
b. les lèvres	d. la trousse de secours

Answer Key

1. B
2. C
3. E
4. G
5. H
6. J
7. K
8. L
9. M
10. N
11. P
12. T
13. R
14. S
15. I
16. A
17. O
18. Q
19. D
20. F
21. A
22. A
23. B
24. C
25. D
26. B
27. C
28. C
29. A
30. D

Chapter XIX
Medical

Medical Words / Mots médicaux

ache/pain	mal/douleur
aching	douloureux
afflicted/suffering with	affligé/souffrant de
allergy	allergie
alive	vivant
allergy	allergie
amputation	amputation
amputee	amputé
anesthesia	anesthésie
anesthetic	anesthésie
animal bite	morsure d'animal
appointment	rendez-vous
arthritis	arthrite
asthma	asthme
autistic	autiste
band aid	bandage dentaire
bandage	bandage
blind person	personne aveugle
blood	sang
blood test	test sanguin
body	corps
breathless	essoufflé(e)
broken	cassé(e)
burn	brûler
cancer	cancer
capsule	capsule
cast (for broken bone)	plâtre (pour os cassé)

checkup	bilan de santé
chemotherapy	chimiothérapie
chills	refroidissement
clinic	clinique
cold	froid
comfortable	confortable
constipated	constipé
constipation	constipation
cough	toux
crippled	infirme
crutches	béquilles
cure	guérison
danger	danger
dead	mort
deaf	sourd
deaf and mute	sourd et muet
deafness	sourd et muet
depression	dépression
diabetes	diabète
diagnosis	diagnostic
diarrhea	diarrhée
disabled	handicapé
disease	maladie
dizziness	vertige
dizzy/faint	vertige/faiblesse
doctor/physician	médecin/médecin
dog bite	morsure de chien
dose/dosage	dose/dosage
dressing	pansement
drop	goutte d'eau
drowsiness/sleepiness	somnolence/somnolence
drowsy	somnolent
drugged	drogué
drunk	ivre

dyslexic	dyslexique
emergency room	salle d'urgence
examination	examen
fatal	fatal
fever	fièvre
feverish	fébrile
first aid	premiers soins
fitness	santé
flu	grippe
gland	glande
glasses	lunettes
handicapped	handicapé (e)
handicapped person	personne handicapée
hay fever	rhume des foins
head	tête
headache	maux de tête
health	santé
healthy	sain
heart attack	crise cardiaque
high blood pressure	hypertension artérielle
hit by car	accident de voiture
hypoglycemic	hypoglycémie
ICU	SOINS INTENSIFS
illness	maladie
injection	injection
injured	blessé (e)
injured/damaged	blessé/endommagé
insect bite	piqûre d'insecte
insomnia	insomnie
insured	assuré
itch	démangeaison
lab test	test de laboratoire
lame	boiteux
low blood pressure	pression artérielle faible

medical examination	examen médical
medical insurance	assurance médicale
medicine	médecine
mental illness	maladie mentale
midwife	sage-femme
MRI	**IRM**
mute	muet
nausea	nausée
nauseous	nauséeux
nurse	infirmière
office hours	heures de bureau
ointment	pommade
outpatient clinic	clinique ambulatoire
pain	douleur
painful	douloureux
painkiller	douleur
pale	pâle
panting/breathless	haletant/essoufflé
paralyzed	paralysé (e)
paraplegic	paraplégique
parts of the body	parties du corps
patient	patient
pharmacist	pharmacien
pharmacy	pharmacie
physical handicap	handicap physique
physical therapist	physiothérapeute
physical therapy	physiothérapeute
pill	pilule
pneumonia	pneumonie
pregnant	enceinte
prescription	prescription
quadriplegic	quadriplégique
quesy/seasick	mal de mer
radiation	radiation

rash	éruption
receptionist	réceptionniste
recovered	récupéré
referral note for a specialist	note de référence pour un spécialiste
rheumatism	rhumatisme
safe	sûr
safe and sound	en sécurité et en bonne santé
scan	scanner
serious	grave
sick person	malade
sleepy	endormi(e)
sore throat	mal de gorge
sprain	entorse
stamina	endurance
sting	piqûre
stitch	point de suture
stomach upset	estomac
stomach/belly	estomac/ventre
stomachache	mal d'estomac
strange	étrange
sunstroke	insolation
surgery	chirurgie
symptom	symptôme
syringe	seringue
tablet/pill	comprimé/pilule
tests	tests
therapist	thérapeute
therapy	thérapie
thermometer	thermomètre
tired	fatigue
tiredness	fatigue
tonsillitis	amygdalite
treatment	traitement

uncomfortable	inconfortable
under the weather	sous l'effet du temps
uninsured	non assuré
unwell	malaise
urine test	test d'urine
vaccine	vaccin
well being	bien-être
wound	blessure
wounded	blessé
X-ray	Radiographie

The Emergency Room — Salle d'urgences

abrasion	abrasion
accident	accident
ache	mal
ambulance	ambulance
black eye	œil au beurre noir
blood	sang
break	cassure
breakage	rupture
breath	souffle
bruise	ecchymose
bullet	balle
burn	brûler
casualty	victime
collision	collision
concussion	commotion cérébrale
convalescence	convalescence
crash	accident
death	mort
discomfort	malaise

dizziness	vertige
drug seeker	recherche de drogue
earache	mal d'oreille
emergency	urgence
emergency exit	sortie d'urgence
emergency room	salle d'urgence
explosion	explosion
fault / blame	faute / blâme
fever	fièvre
fire (controlled)	incendie (contrôlé)
fire (uncontrolled)	incendie (non contrôlé)
fire department	service de lutte contre l'incendie
fire extinguisher	extincteur de feu
firefighter	pompier
gash	gash (coup de poing)
heart attack	crise cardiaque
high blood pressure	hypertension artérielle
hospital	hôpital
hospital admission interview	entretien d'admission à l'hôpital
impact	impact
incident	incident
injury	blessure
insurance	assurance
insurer	assureur
jaundice	jaunisse
mental illness	maladie mentale
migraine	migraine
nausea	nausée
odor	odeur
operating room	salle d'opération
operating table	table d'opération
operation	opération

oxygen	oxygène
pain	douleur
paralysis	paralysie
paramedic	ambulancier
patient's history	antécédents du patient
recovery	rétablissement
rescue	sauvetage
rescue services	services de secours
seatbelt	ceinture de sécurité
stab/stabbing	poignardage
stretcher	brancard
stroke	accident vasculaire cérébral
stroke	accident vasculaire cérébral
third party	tiers
victim/casualty	victime
vomit	vomissement
waiting room	salle d'attente
witness	témoin
wound	blessure

The Eye Doctor — L'ophtalmologiste

bleary eyed	yeux bleus
blind	aveugle
blind in one eye	aveugle d'un oeil
blind side	aveugle d'un côté
blue eyed	yeux bleus
chart	carte
contact lenses	lentilles de contact
eye	œil
eyeball	œil
eyebrow	sourcils
eyedrops	goutte-à-goutte
eyeglass case	étui à lunettes

eyeglass frame	lunettes de soleil
eyelash	cil
eyelid	paupière
eyepatch	ophtalmologiste
eyepiece	oculaire
eyeshade/visor	lunettes/visière
eyesight	œil
eyestrain	fatigue visuelle
farsighted	hypermétrope
glasses	lunettes
glaucoma	glaucome
iris	iris
lens	lentille
nearsighted	myopie
optician	opticien
pink eye	œil rose
pupil	pupille
retina	rétine
sunglasses	lunettes de soleil
tear	larme
tinted lenses	verres teintés

The Dentist / Le dentiste

abscess	abcès
bad breath	mauvaise haleine
bite	morsure
blemish	tache
braces	appareil dentaire
bristle of a toothbrush	brosse à dents à poils
buck toothed	brosse à dents
checkup	contrôle
defect	défaut
dental floss	brosse à dents

dental hygienist	hygiéniste dentaire
dentist	dentiste
denture	dentier
drill	forer/percer
enamel	émail
eyetooth/canine tooth	dent d'oie/canine
filling	obturation
fluoride	fluorure
front teeth	dents de devant
gas	gaz
gingivitis	gingivite
gum abscess	abcès de gencive
gums	gomme à mâcher
molar	molaire
novocaine	novocaïne
occlusion	occlusion
palate	palais
plaque	plaque
saliva	salive
sticky food	aliments collants
tartar	tartre
tongue	langue
tooth cavity	cavité dentaire
toothache	dent de scie
toothless	sans dents
toothpick	cure-dent
waiting room	salle d'attente
dental braces	appareil dentaire

Medical Specialists / Médecins spécialistes

allergist	allergologue
anesthesiologist	anesthésiste
cardiologist	cardiologue

dermatologist	dermatologue
emergency physician	médecin urgentiste
endocrinologist	endocrinologue
gastroenterologist	gastro-entérologue
general practitioner	médecin généraliste
gynecologist	gynécologue
hematologist	hématologue
internal medicine physician	médecin de famille
internist	interniste
nephrologist	néphrologue
neurosurgeon	neurochirurgien
obstetrician	obstétricien
oncologist	oncologue
ophthalmologist	ophtalmologue
orthopedist	orthopédiste
otolaryngologist (ENT)	oto-rhino-laryngologiste (ORL)
pathologist	pathologiste
pediatrician	pédiatre
plastic surgeon	chirurgien plasticien
psychiatrist	psychiatre
pulmonologist	pneumologue
radiologist	radiologue
surgeon	chirurgien
urologist	urologue

Verbs / Verbes

to lie down	s'allonger
to amputate	amputer
to extinguish	éteindre
to crush	écraser
to rush	se précipiter
to stab	poignarder

to insure	assurer
to attack	attaquer
to witness	témoigner
to run over	courir sur
to fall/fall down	tomber
to calm	calmer
to go blind	devenir aveugle
to crash	s'écraser
to catch a cold	s'enrhumer
to collide	entrer en collision
to get infected	se faire contaminer
to test	tester
to convalesce	se faire vacciner
to cut oneself	se couper
to cure an illness	guérir d'une maladie
to recover	se rétablir
to bleed	se couper
to faint	s'évanouir
to diagnose	diagnostiquer
to hurt	blesser
to teethe	faire tétaniser
to set a bone	faire un os
to catch on fire	s'enflammer
to spit	cracher
to explode	exploser
to be tired	être fatigué
to be on duty	être en service
to be in labor	être en travail
to sneeze	à l'éternuement
to explode	exploser
to explode	exploser
to extinguish	éteindre
to break an appointment	rompre un rendez-vous
to gargle	se gargariser

to injure	pour blesser
to make an appointment	pour prendre un rendez-vous
to injure	à l'aide d'une pince à cheveux
to swell up	se faire soigner
to pick one's teeth	se laver les mains
to implant	s'implanter
to become inflamed	s'enflammer
to rush	se précipiter
to fill out a form	remplir un formulaire
to cry	pleurer
to bruise	blesser
to kill	tuer
to measure blood pressure	pour mesurer la tension artérielle
to get well	pour se soigner
to grind one's teeth	grincer des dents
to look a certain way	pour avoir l'air d'une certaine façon
to look ill	être malade
to blink	cligner des yeux
to lose consciousness	perdre conscience
to sting	se faire piquer
to break	se briser
to burn	brûler
to burn/oneself	se brûler
to burn a part of one's body	brûler une partie de son corps
to X-ray	radiographier
to graze/scratch	égratigner
to scratch oneself	s'égratigner
to prescribe	prescrire
to recover	récupérer
to refract	se faire soigner
to improve	s'améliorer

to improve oneself	pour s'améliorer
to rescue / save	pour sauver / sauvegarder
to breathe	respirer
to recover/get well	se rétablir
to break	se casser
to extract	se faire soigner
to rescue/save	sauver/sauvegarder
to bleed	saigner
to feel well	se sentir bien
to feel sick	se sentir malade
to feel bad	se sentir mal
to feel dizzy/faint	se sentir étourdi/faible
to be allergic	être allergique
to have a sweet tooth	avoir un penchant pour les sucreries
to witness	être témoin
to have an accident	être allergique
to drill	être allergique
to have a toothache	être allergique
to have a fever	avoir de la fièvre
to have eye strain	avoir une fatigue oculaire
to have the flu	avoir la grippe
to be tired	être fatigué
to have a cold	avoir un rhume
to have a cavity	avoir une carie
to shoot	tirer
to cough	tousser
to swallow	avaler
to treat	traiter
to treat an illness	soigner une maladie
to vomit	vomir

Phrases

1. I hope you get better!
   J'espère que tu iras mieux !
2. My head hurts.
   J'ai mal à la tête.
3. My hands hurt.
   J'ai mal aux mains.
4. The insect bite got infected.
   La piqûre d'insecte s'est infectée.
5. I have medical insurance for the trip.
   J'ai une assurance médicale pour le voyage.
6. I need a painkiller for my headache.
   J'ai besoin d'un analgésique pour mon mal de tête.
7. His legs are paralyzed.
   Ses jambes sont paralysées.
8. The allergy gave me a rash.
   L'allergie m'a donné une éruption cutanée.
9. Do you think his mother will recover?
   Pensez-vous que sa mère se remettra ?
10. I tripped and sprained my ankle.
    J'ai trébuché et je me suis foulé(e) la cheville.
11. My uncle had a stroke.
    Mon oncle a eu un accident vasculaire cérébral.
12. The stab wound was very serious.
    Le coup de couteau était très grave.
13. My father was blinded by glaucoma.
    Le coup de couteau était très grave.
14. I suffer from nearsightedness.
    Je souffre de myopie.
15. I need a new lens because I can't see.
    J'ai besoin d'une nouvelle lentille car je ne vois plus rien.
16. I have a painful toothache.
    J'ai un mal de dents douloureux.
17. I can't talk to him because of his bad breath.

Je ne peux pas lui parler à cause de sa mauvaise haleine.
18. Buy dental floss for the trip.
Achetez du fil dentaire pour le voyage.
19. I need dental cleaning because I have tartar.
J'ai besoin d'un nettoyage dentaire car j'ai du tartre.
20. I have a cavity and I need a filling.
J'ai une carie et j'ai besoin d'un plombage.
21. I will go to the allergist for an appointment.
Je vais prendre rendez-vous chez l'allergologue.
22. I need a surgeon to fix my nose.
J'ai besoin d'un chirurgien pour réparer mon nez.
23. He was run over and is in serious condition.
Il a été renversé et se trouve dans un état grave.
24. Two cars crashed and there were injuries.
Deux voitures sont entrées en collision et il y a eu des blessés.
25. My eyes swelled up due to allergies.
Mes yeux ont gonflé à cause d'allergies.

Quiz – Chapter XIX
Medical
Matching

1. douloureux
2. le pansement
3. l'aveugle
4. le saignement
5. la brûlure
6. le froid
7. constipé
8. le sourd
9. la fièvre
10. crise cardiaque
11. muet
12. éruption cutanée
13. vaccination
14. blessé
15. écraser
16. assurance
17. sauvetage
18. globe oculaire
19. la larme
20. poignarder

A. aching
B. band aid
C. blind person
D. burn
E. cold (sickness)
F. constipated
G. deaf person
H. eyeball
I. fever
J. heart attack
K. insurance
L. mute person
M. rash
N. rescue
O. tear
P. to bleed
Q. to crush
R. to stab
S. vaccine
T. wounded

Multiple Choice Sentence Completion

21. Je dois aller chez le dentiste pour un nouveau _____.
a. plombage dentaire
b. douleur
c. anesthésie
d. rendez-vous

22. J'ai une sensibilité de _____ et je dois utiliser un dentifrice spécial.
a. cancer
b. plâtre
c. gencives
d. clinique

23. Elle souffre de _____ depuis la mort de son père.
a. froid
b. dépression
c. dose
d. pansement

24. _____ du vélo est facile si l'on n'a pas d'équilibre.
a. tomber
b. goutte
c. drogué
d. mortel

25. Hier soir, j'ai eu une forte fièvre et j'ai eu des _____.
a. grippe
b. santé
c. handicap
d. frissons

26. Il a acheté du sirop pour _____ à la pharmacie.
a. mortel
b. la toux
c. mutilé
d. l'infarctus

27. Je prie chaque jour pour que mon enfant soit _____.
a. en bonne santé
b. médicaments
c. insomnie
d. démangeaisons

28. Après l' _____, elle a perdu connaissance dans la voiture.
a. accident   c. rhumatisme
b. grave   d. point de suture

29. Ma tante a programmé une _____ demain à l'hôpital.
a. malade   c. thyroïde
b. bouleversée   d. chirurgie

30. Vous devez garder _____ dans votre sac à main au cas où vous vous sentiriez malade.
a. mal   c. sang
b. l'haleine   d. les pilules

Answer Key

1. A
2. B
3. C
4. P
5. D
6. E
7. F
8. G
9. I
10. J
11. L
12. M
13. S
14. T
15. Q
16. K
17. N
18. H
19. O
20. R
21. A
22. C
23. B
24. A
25. D
26. B
27. A
28. A
29. D
30. D

Chapter XX
News & Advertising

The Press
ad
article
back page
broadsheet (newspaper format)
cartoon
censorship
circulation
column
comics
correction
correspondent
crossword puzzle
current affairs
data
distribution
edition
editor
editor in chief
editorial
feature article
foreign correspondent
front page
glossy magazine
gossip
heading
headline

La presse
annonce
article
dernière page
broadsheet (format de journal)
dessin animé
censure
circulation
colonne
bande dessinée
correction
correspondant
mots croisés
affaires courantes
données
distribution
édition
éditeur
rédacteur en chef
éditorial
article de fond
correspondant étranger
première page
magazine de luxe
ragot
titre
titre

illustration	illustration
investigative journalist	journaliste d'investigation
journalism	journaliste
journalist/freelance journalist	journaliste/journaliste indépendant
kiosk	kiosque
layout	mise en page
local paper	journal local
magazine	magazine
masthead	tête de mât
monthly magazine	magazine mensuel
national newspaper	journal national
news	journal
news agent	agent d'information
news in brief	nouvelles en bref
news stand	kiosque à journaux
newspaper (daily)	journal (quotidien)
page	page
pamphlet	brochure
periodical	périodique
pink press (LGBTQ)	presse rose (LGBTQ)
power	pouvoir
press agency	agence de presse
press conference	conférence de presse
press freedom	liberté de la presse
press room	salle de presse
printing press	presse d'imprimerie
publisher	éditeur
publishing company	société d'édition
quality press	presse de qualité
reader	lecteur
readership	lectorat
reliable news	nouvelles fiables
report	rapport

reporter	journaliste
rumor	rumeur
scoop/exclusive	scoop/exclusif
section	section
small ad	petite annonce
special correspondent	correspondant spécial
special edition	édition spéciale
sports page	page des sports
subscription	abonnement
tabloid	tabloïd
type face	type de visage
war correspondent	correspondant de guerre
weekly	hebdomadaire
yellow journalism	journalisme jaune

Newspaper Sections / Sections de journaux

advice column	colonne de conseils
announcements	annonces
arts	arts
book review	revue de livres
caption	légende
classifieds	petites annonces
correspondent	correspondant
cover	couverture
culture	culture
dining/restaurants	restauration
economy	économie
editorial/feature article	éditorial/article de fond
entertainment	divertissement
fashion	mode
finance	finance
gossip column	chronique de potins
headline	titre

hobbies/games	loisirs/jeux
horoscope	horoscope
house and home	maison et foyer
international news	nouvelles internationales
letters to editor	lettres à la rédaction
local news	nouvelles locales
national news	actualités nationales
obituaries	nécrologies
opinión piece	article d'opinion
property	biens
real estate	immobilier
sports	sport
style	style
travel	voyage
women's page	page des femmes

Television & News / Télévision et actualités

channel	chaîne
correspondent	correspondant
documentary	documentaire
entertainment program	programme de divertissement
episode	épisode
interview	interview
journalist	journaliste
live	en direct
movie	film
news	journal
program	programme
programming suitable for all audiences	une programmation adaptée à tous les publics

program	programme
recorded	enregistré
remote control	télécommande
report/feature	rapport/caractéristique
reporter	reporter
series	série
soap opera	feuilleton
television	télévision
audiovisual medium	média audiovisuel
audition	audition
breaking news	journal télévisé
broadcast	diffusion
camera	caméra
couch potato	patate de canapé
last hour	dernière heure
reporter	journaliste
special envoy	envoyé spécial
tv show	émission de télévision
viewer	téléspectateur
weather report	bulletin météo
viewer	téléspectateur
volume	volume
entertainment	divertissement

Advertising / La publicité

a product launch	lancement d'un produit
advertisement/advertising	publicité/publicité
advertisement/commercial	publicité/commercial
advertising	publicité
advertising agency	agence de publicité
advertising campaign	campagne publicitaire
advertising space	espace publicitaire
appeal	appel

billboard	panneau d'affichage
brand	marque
brochure	brochure
catalogue	catalogue
commercial	commercial
competition	concours
consumer	consommateur
consumer society	société de consommation
copywriter	rédacteur en chef
demand	demande
disposable income	revenu disponible
distributor	distributeur
ethical	éthique
ethnic group	groupe ethnique
for sale	à vendre
gimmick	gimmick
goods	biens
image	image
junk mail	courrier indésirable
lifestyle	style de vie
liquidation sale	vente en liquidation
mailing	mailing
market	marché
market research	étude de marché
market study	étude de marché
materialism	matérialisme
model	modèle
motivated	motivé
motto	devise
need	besoin
persuasion	persuasion
poster	affiche
premier	premier
product	produit

promotion	promotion
public relations	relations publiques
publicity	publicité
publicity stunt	publicité
purchasing power	pouvoir d'achat
radio commercials	publicité radio
sale	vente
slogan	slogan
slogan/motto	slogan/mot d'ordre
status symbol	symbole de statut
subliminal advertising	publicité subliminale
target group	groupe cible
trend	tendance
trendy	tendance
truthful	véridique
unethical	contraire à l'éthique
wanted	voulu

Verbs / Verbes

to advertise	faire de la publicité
to turn off the TV	éteindre la télévision
to change the channel	changer de chaîne
to market a product	commercialiser un produit
to create a need	créer un besoin
to cover the story	couvrir l'histoire
to give a press conference	donner une conférence de presse
to highlight	mettre en valeur
to run an advertising campaign	pour mener une campagne de publicité
to emit/broadcast	émettre/diffuser
to turn on the TV	allumer la télévision

to learn of news by chance	apprendre une nouvelle par hasard
to criticize	critiquer
to record	enregistrer
to advertise/propagandize/publicize	faire de la publicité/propagande/publicité
to channel hop	sauter de chaîne en chaîne
to read the papers	lire les journaux
to keep in touch	pour rester en contact avec l'actualité
to show	montrer
to motivate	motiver
to miss a show	pour manquer une émission
to persuade	persuader
to promote	promouvoir
to publish/publicize	publier/publiciser
to publicize	faire de la publicité
to broadcast	diffuser
to turn up the volume	pour augmenter le volume
to broadcast	diffuser
to sell	vendre
to watch TV	regarder la télévision

Phrases

1. What's on TV today?
   Qu'est-ce qui passe à la télé aujourd'hui ?
2. The magazine article was a slander.
   L'article du magazine était une calomnie.
3. That country has press censorship.
   Ce pays pratique la censure de la presse.
4. I always watch the current affairs.
   Je regarde toujours les actualités.
5. The headline was absolutely outrageous.
   Le titre était absolument scandaleux.
6. Journalism is an excellent profession.
   Le journalisme est un excellent métier.
7. I go to the kiosk to buy the newspaper.
   Je vais au kiosque pour acheter le journal.
8. The local newspaper is terrible.
   Le journal local est épouvantable.
9. I subscribed to that monthly magazine.
   Je suis abonné(e) à ce magazine mensuel.
10. The pink press is my favorite section.
    La presse rose est ma rubrique préférée.
11. The scoop was given to the best journalist.
    Le scoop a été remis au meilleur journaliste.
12. The special correspondent is famous.
    L'envoyé spécial est célèbre.
13. The tabloids ruined his life.
    Les tabloïds ont gâché sa vie.
14. I will look for a partner in the classifieds.
    Je vais chercher un partenaire dans les petites annonces.
15. The actress on the cover is beautiful.
    L'actrice en couverture est très belle.
16. That restaurant is famous for its commercials.
    Ce restaurant est célèbre pour ses publicités.
17. That clothing brand is popular in my country.

Cette marque de vêtements est populaire dans mon pays.
18. We need to do a market study.
Nous devons faire une étude de marché.
19. The model is world famous.
Le mannequin est mondialement connu.
20. I found the poster to be in bad taste.
Je trouve que l'affiche est de mauvais goût.
21. That store is having a big sale.
Ce magasin fait de grandes soldes.
22. I think that article is unethical.
Je pense que cet article est contraire à l'éthique.
23. I hate commercials.
Je déteste les publicités.
24. That image is trending.
Cette image est tendance.
25. He will give a press conference today.
Il donnera une conférence de presse aujourd'hui.

Quiz – Chapter XX
News & Advertising
Matching

1. censure
2. les mots croisés
3. l'actualité
4. éteindre la télé
5. le rédacteur en chef
6. le titre
7. le journaliste indépendant
8. le magazine
9. la liberté de la presse
10. créer un besoin
11. le lecteur
12. la page des sports
13. la revue de livres
14. la mode
15. dossier
16. immobilier
17. voyage
18. documentaire
19. motiver
20. le feuilleton

A. book review
B. censorship
C. crossword puzzle
D. current affairs
E. documentary
F. editor
G. fashion
H. freedom of the press
I. freelance journalist
J. headline
K. magazine
L. reader
M. real estate
N. soap opera
O. sports page
P. to create a need
Q. to motivate
R. to record
S. travel
T. turn off the TV

Multiple Choice Sentence Completion

21. Au journal télévisé, ils montreront la _____ pour connaître le temps qu'il fera demain.
a. art
b. manchette
c. horoscope
d. météo

22. Elle a regardé la situation du point de vue d'un _____.
a. spectateur
b. le sport
c. style
d. l'art

23. _____ n'a eu aucun impact sur le marché des acheteurs.
a. la propriété
b. la rubrique nécrologique
c. la campagne publicitaire
d. la télécommande

24. _____ de la radio, j'aime cette chanson.
a. augmentez le volume
b. journal
c. éditeur
d. scoop

25. La _____ est l'une des causes du réchauffement climatique.
a. société de consommation
b. rumeur
c. hebdomadaire
d. tabloïd

26. La _____ a un problème dans ma messagerie.
a. boîte aux lettres
b. page
c. imprimerie
d. agence de presse

27. Le garçon a dans sa chambre un _____ à l'effigie de son super-héros préféré.
a. distribution
b. affiche
c. brèves
d. magazine

28. Je veux _____ pour regarder mon émission préférée du week-end.
a. éditorial c. allumer la télévision
b. la couverture d. la mise en page

29. J'ai trouvé la campagne publicitaire du _____ agressif.
a. liberté de la presse c. scoop
b. slogan d. édition spéciale

30. L'article de journal que j'ai lu sur l'économie n'est pas _____.
a. le caractère c. l'hebdomadaire
b. arts d. vrai

Answer Key

1. B
2. C
3. D
4. T
5. F
6. J
7. I
8. K
9. H
10. P
11. L
12. O
13. A
14. G
15. R
16. M
17. S
18. E
19. Q
20. N
21. D
22. A
23. C
24. A
25. A
26. A
27. B
28. C
29. B
30. D

Chapter XXI
Art & Literature

Books	Livres
action	action
adventure story	récit d'aventure
aesthete/connoisseur	esthète/connaisseur
aesthetics	esthétique
anthology	anthologie
appreciation	appréciation
art	art
atlas	atlas
autobiography	autobiographie
autograph	autographe
award	prix
biography	biographie
book	livre
character	personnage
children's literature	littérature jeunesse
climax	point culminant
comic book	bande dessinée
commentary	commentaire
conflict	conflit
contract	contrat
contrast	conflit
cookbook	livre de cuisine
creativity	créativité
critic	critique
criticism	critique
culture	culture
detective story	histoire de détective

development	développement
dialogue	dialogue
diary	journal intime
dictionary	dictionnaire
empathy	empathie
encyclopedia	encyclopédie
ending	fin
entertainment	divertissement
epic	épique
epic poem	poème épique
essay	essai
event	événement
event	événement
fable	fable
fairy tale	conte de fées
fantasy	fantaisie
feminist novel	nouvelle féministe
fiction	fiction
figure	figure
Greek tragedy	tragédie grecque
hardcover	couverture rigide
horror story	histoire d'horreur
image	image
intrigue	intrigue
introduction	introduction
irony	ironie
issue	question
memoirs	mémoires
mood	humeur
morality	moralité
mystery	mystère
myth	mythe
narrative	récit
nature	nature

nonfiction	nonfiction
novel	roman
obscenity	obscénité
optimism	optimisme
page	page
paperback	livre de poche
paragraph	paragraphe
parody	parodie
pessimism	pessimisme
picaresque novel	roman picaresque
plot	intrigue
poem	poème
poetry	poésie
point of view	point de vue
portrayal	portrait
prose	prose
protagonist	protagoniste
quote	citation
reader	lecteur
reference book	livre de référence
reflection/thought	réflexion/pensée
relationship	relation
restoration comedy	restauration comédie
review	révision
rhyme	rime
romance	romance
satire	satire
satirical poem	poème satirique
science fiction	science-fiction
short story	nouvelle
spy story	histoire d'espionnage
style	style
subject	sujet
subject/theme	sujet/thème

technique	technique
teenage fiction	fiction pour adolescents
text	texte
textbook	manuel
thesaurus	thésaurus
title	titre
tone	ton
tragedy	tragédie
travel book	carnet de voyage
verse	vers
war novel	roman de guerre
work of art	œuvre d'art

Types of Writers / Types d'écrivains

author	auteur
columnist	chroniqueur
commentator	commentateur
editor	rédacteur
essayist	essayiste
minstrel	ménestrel
narrator	narrateur
newspaper writer	rédacteur de journal
playwright	dramaturge
poet	poète
publisher	éditeur
translator	traducteur
writer	écrivain

Art Styles / Styles d'art

abstract	abstrait
Art Nouveau	Art Nouveau

Aztec	aztèque
baroque	baroque
classical period	période classique
Enlightenment	Lumières
existentialism	existentialisme
existentialist	existentialiste
expressionism	expressionnisme
Federal	Fédéral
Georgian	géorgien
Greek	grec
medieval	médiéval
naturalistic	naturaliste
Norman	normand
post impressionism	post impressionnisme
postmodernism	postmodernisme
realism	réalisme
Renaissance	Renaissance
rococo	rococo
Romanesque	roman
romantic	romantique
structuralism	structuralisme
surrealism	surréalisme
symbolist	symboliste
twentieth century	vingtième siècle
Victorian	victorien

Art Classes / Cours d'art

acrylic paint	peinture acrylique
airbrush	aérographe
animation	animation
art gallery	galerie d'art
artifact	artefact
artist	artiste

artistic	artistique
auction	vente aux enchères
auctioneer	commissaire-priseur
balance	balance
brush	brosse
brushes	brosses
bust	buste
canvas	toile
carve	sculpter
ceramics	céramique
chalk	craie
charcoal	charbon de bois
chisel	ciseau
clay	argile
collage	collage
colored pencils	crayons de couleur
contrast	contraste
craft	artisanat
crayon	crayon
design	dessin
drawing	dessin
easel	chevalet
enamel	émail
engraving	gravure
eraser	gomme
etching	gravure à l'eau-forte
exhibition/exhibit	exposition/exhibition
figure	figure
figurine	figurine
filigree	filigrane
frame	cadre
fresco	fresque
frieze	frise
gallery	galerie

genre	genre
glass	verre
glassblowing	soufflage de verre
glaze	glacis
graffiti	graffiti
graphic design	graphisme
hammer	marteau
holograph	holographie
illustration	illustration
ink	encre
kiln	four
landscape	paysage
marble	marbre
masterpiece	chef-d'œuvre
model	modèle
mosaic	mosaïque
mural	murale
museum	musée
oil painting	peinture à l'huile
painter	peintre
palette	palette
pastel	pastel
perspective	perspective
photograph	photographie
pigment	pigment
porcelain	porcelaine
portfolio	portefeuille
pottery	poterie
primary colors	couleurs primaires
sculptor	sculpteur
sculpture	sculpture
seascape	paysage marin
shade/shadow	ombre/ombre
sketch	croquis

sketchbook	dessinateur
solvent	solvant
stained glass	vitrail
statue	statue
stencil	pochoir
still life	nature morte
stone	pierre
stone cutting	taille de pierre
studio	atelier
style	style
tapestry	tapisserie
template	modèle
tone	ton
tube	tube
varnish	vernis
watercolor	aquarelle
wax	cire
wood carving	sculpture sur bois
woodcut	gravure sur bois

Verbs / Verbes

to review	revoir
to appreciate	apprécier
to create	créer
to shape	façonner
to decorate	décorer
to develop	développer
to draw	dessiner
to design	dessiner/concevoir
to sculpt/carve	sculpter
to explain	expliquer
to explore	explorer
to express	exprimer

to end	terminer
to engrave/record	graver/enregistrer
to etch	graver
to inspire	pour inspirer
to paint	peindre
to portray	faire le portrait
to restore	restaurer
to review	revoir
to satirize	satiriser
to carve	sculpter
to end	mettre fin à l'histoire
to deal with	traiter

Phrases

1. What kind of literature do you like?
   Quel genre de littérature aimez-vous ?
2. I like to read autobiographies.
   J'aime lire des autobiographies.
3. Who won the award for best actor?
   Qui a remporté le prix du meilleur acteur ?
4. The character in the book had a conflict.
   Le personnage du livre avait un conflit.
5. I wrote an essay for today´s class.
   J'ai écrit un essai pour le cours d'aujourd'hui.
6. As a child, I liked fables.
   Enfant, j'aimais les fables.
7. The kind of literature I enjoy is fiction.
   Le genre de littérature que j'apprécie est la fiction.
8. I read the introduction and decided to buy it.
   J'ai lu l'introduction et j'ai décidé de l'acheter.
9. The book deals with the problems of couples.
   Le livre traite des problèmes des couples.
10. Myths often have some truth.
    Les mythes ont souvent une part de vérité.
11. What page did you read that on?
    À quelle page avez-vous lu cela ?
12. Feminist novels are important.
    Les romans féministes sont importants.
13. I love reading Greek Tragedies.
    J'aime lire les tragédies grecques.
14. The playwright is very nostalgic.
    Le dramaturge est très nostalgique.
15. Rousseau was from the Enlightenment.
    Rousseau était issu du siècle des Lumières.
16. I love art from the Renaissance.
    J'aime l'art de la Renaissance.
17. The symbolism in the painting is impressive.

Le symbolisme de la peinture est impressionnant.
18. I think the Victorian era is very romantic.
Je pense que l'époque victorienne est très romantique.
19. Baroque is not my favorite style.
Le baroque n'est pas mon style préféré.
20. The ceramic is very fine.
La céramique est très fine.
21. Some artists prefer using charcoal.
Certains artistes préfèrent utiliser le fusain.
22. The frescos have images of landscapes.
Les fresques représentent des paysages.
23. I appreciate sculpture more than painting.
J'apprécie davantage la sculpture que la peinture.
24. In my paintings I always use watercolor.
Dans mes peintures, j'utilise toujours de l'aquarelle.
25. I really appreciate fine art.
J'apprécie vraiment les beaux-arts.

Quiz – Chapter XXI
Art & Literature
Matching

1. le prix
2. décorer
3. le personnage
4. le point fort
5. le divertissement
6. l'événement
7. dessiner
8. le conte de fées
9. le mystère
10. le lecteur
11. vérifier
12. le thème
13. le thésaurus
14. l'auteur
15. le journaliste
16. le traducteur
17. le sujet
18. la conception
19. le genre
20. le paysage

A. author
B. award
C. character
D. climax
E. design
F. entertainment
G. event
H. fairy tale
I. genre
J. landscape
K. mystery
L. newspaper writer
M. reader
N. subject/theme
O. thesaurus
P. to deal with
Q. to decorate
R. to draw
S. to review
T. translator

Multiple Choice Sentence Completion

21. Quel est votre musée préféré de _____ ?
a. sculpture
b. atlas
c. anthologie
d. point culminant

22. J'aime lire _____ avant d'aller me coucher.
a. conflit
b. le dialogue
c. développement
d. le récit d'aventure

23. Il faut apprendre à _____ l'art.
a. problème
b. figure
c. apprécier
d. image

24. Il y a un _____ d'intérêt entre les deux éditeurs.
a. conflit
b. paragraphe
c. portrait
d. prose

25. où se trouve la rubrique _____ ?
a. littérature jeunesse
b. événement
c. événement
d. vente aux enchères

26. Le site _____ est indispensable aux bonnes relations sociales.
a. pessimisme
b. rencontre
c. dialogue
d. relation

27. J'aime lire la littérature de _____ .
a. chroniqueur
b. fiction
c. résumé
d. thésaurus

28. L'étudiant préfère lire _____ .
a. le fusain
b. personnage
c. la littérature non romanesque
d. point culminant

29. Dans la librairie, on trouve le _____.
a. livre de poche   c. empathie
b. culture   d. créativité

30. La partie de la _____ du livre est celle que j'ai le plus aimée.
a. mystère   c. tragédie grecque
b. fin   d. aztèque

Nothing But Vocab

Answer Key

1. B
2. Q
3. C
4. D
5. F
6. G
7. R
8. H
9. K
10. M
11. S
12. N
13. O
14. A
15. L
16. T
17. P
18. E
19. I
20. J
21. A
22. D
23. C
24. A
25. A
26. C
27. B
28. C
29. A
30. B

Chapter XXII
School

The Stages of the School

apprenticeship/internship
boarding school
elementary school
further education
high school
kindergarten
middle school
nursery school
nursery/daycare center
play group
primary school
technical school
university

Les étapes de l'école

apprentissage/stage
internat
école primaire
formation continue
école secondaire
jardin d'enfants
collège
école maternelle
crèche/garderie
groupe de jeu
école primaire
école technique
université

School Supplies

atlas
backpack/school bag
binder
book
calculator
chair
chalk
chalkboard
clock

Fournitures scolaires

atlas
sac à dos/sac d'école
classeur
livre
calculatrice
chaise
craie
tableau noir
horloge

compass	boussole
computer	ordinateur
construction paper	papier de construction
crayons	crayons de couleur
desk	bureau
dictionary	dictionnaire
encyclopedia	encyclopédie
eraser	gomme
flash cards	cartes flash
fountain pen/ballpoint pen	stylo plume/stylo à bille
globe	globe terrestre
glue	colle
highlighter	surligneur
ink	encre
locker	casier
loose leaf paper	papier à feuilles mobiles
lunch box	boîte à lunch
map	carte
marker	marqueur
notebook	carnet de notes
noticeboard	tableau d'affichage
paper	papier
paper clip	papier à lettres
paper punch	papier de verre
paste	pâte à modeler
pen	stylo
pencil	crayon à papier
pencil case	étui à crayons
pencil sharpener	porte-crayon
protractor	rapporteur d'angle
rubber bands	gomme à mâcher
ruler	règle
scissors	ciseaux
sheet of paper	feuille de papier

spiral notebook	cahier à spirales
staple remover	désagrégateur d'agrafes
stapler	agrafeuse
tape	ruban adhésif
tape measure	ruban adhésif
thesaurus	thésaurus
thumb tack	punaise
world map	carte du monde
yardstick	bâton de mesure

School Subjects / Matières scolaires

architecture	architecture
art	art
biology	biologie
business	commerce
chemistry	chimie
compulsory subject	matière obligatoire
computer science	informatique
dentistry	dentisterie
economics	économie
engineering	ingénierie
English	anglais
foreign language	langue étrangère
French	français
geography	géographie
geology	géologie
German	allemand
gym	gymnastique
gymnastics	gymnastique
history	histoire
industrial engineering	génie industriel
Italian	Italien
journalism	journalisme

law	droit
linguistics	linguistique
literature	littérature
mathematics	mathématiques
medicine	médecine
music	musique
optional subject	matière optionnelle
pharmacy	pharmacie
philology	philologie
philosophy	philosophie
physical education	éducation physique
physics	physique
political sciences	sciences politiques
psychology	psychologie
road/highway engineer	ingénieur(e) des ponts et chaussées
science	sciences
sociology	sociologie
telecom engineering	ingénierie des télécommunications
veterinary medicine	médecine vétérinaire
vocational training	formation professionnelle

School Workers / Travailleurs de l'école

cook	cuisinier
custodian	gardien
nurse	infirmier(ère)
principal	directeur
professor	professeur
professor/teacher	professeur/enseignant
rector	recteur
secretary	secrétaire
social worker	travailleur social

student	étudiant
student teacher	étudiant enseignant
teacher	enseignant
teacher's assistant	assistant de l'enseignant
tutor	tuteur

School Rooms / Salles de classe

art room	salle d'art
bathroom	salle de bain
cafeteria	cafétéria
classroom	salle de classe
elevator	ascenseur
entrance	entrée
gym	salle de sport
hallway	couloir
kitchen	cuisine
lab/laboratory	laboratoire
library	bibliothèque
locker room	vestiaire
playground	aire de jeux
pool	piscine
principal's office	bureau du directeur
stage	scène
staircase	escalier
theater	théâtre

Learning / Apprentissage

abilities/skills	capacités/compétences
answer	réponse
certificate	certificat
class	classe

classmate	camarade de classe
cognitive	cognitif
competitiveness	compétitivité
complicated	compliqué
composition	composition
course	cours
degree	diplôme
difficult	difficile
drawing	dessin
easy	facile
education	éducation
effort	effort
essay	essai
evaluation	évaluation
exam	examen
example	exemple
exercise	exercice
faculty	faculté
final exam	examen final
final grade	examen final
focus	objectif
foreigner	étranger
good	bon
grade	note
grade	grade
grading system	système de notation
headteacher	chef d'établissement
high grade	haut niveau
homework	devoirs
illiteracy	analphabétisme
intensive course	cours intensif
language	langue
language school	école de langues
learning	apprentissage

lecture	cours
lesson	leçon
letter	lettre
level	niveau
level test	test de niveau
library	bibliothèque
literature	littérature
low grade	faible niveau
method	méthode
methodology	méthode
mistake/error	erreur
notes	notes
oral	oral
oral exam	examen oral
outstanding	remarquable
pedagogy	pédagogie
placement test	test de placement
poor	pauvre
problem	problème
progress	progrès
pupil	élève
question	question
quiz	quiz
reading comprehension	compréhension de la lecture
report	rapport
report card	rapport d'activité
results	résultats
satisfactory	satisfaisant
schedule/timetable	emploi du temps/horaire
scholarship/grant	bourse d'études
school graduate	école diplômée
school/academy	école/académie
self-assessment	auto-évaluation
self-esteem	estime de soi

semester	semestre
seminar	séminaire
skills	compétences
solution	solution
specialization	spécialisation
student	étudiant
student council	conseil des étudiants
study	étude
subject	sujet
survey	enquête
syllabus	syllabus
table	tableau
teaching	enseignement
test	test
textbook	manuel
topic/subject	thème/sujet
trimester	trimestre
tutoring	tutorat
unit	unité
workbook	cahier d'exercices
workshop	atelier
written exam	examen écrit

Advanced Education / Enseignement supérieur

adult classes	cours pour adultes
adult education	formation pour adultes
alumnus	ancien élève
apprentice/assistant	apprenti/assistant
apprenticeship	apprentissage
assessment	évaluation
attendance	assistance

career	carrière
certificate	certificat
college	collège
course	cours
degree	diplôme
diploma	diplôme
dissertation	dissertation
distinction	distinction
doctorate	doctorat
faculty	faculté
financial aid	aide financière
full scholarship	bourse complète
graduate	diplômé
in service training	formation en cours d'emploi
lecture hall	amphithéâtre
length of the course	durée du cours
master's degree	diplôme de master
open university	université ouverte
part time student	étudiant à temps partiel
postgraduate course	cours de troisième cycle
research	recherche
residence hall	résidence universitaire
retraining	formation continue
scholar	étudiant
semester	semestre
seminar	séminaire
teachers' college	école normale
technical college	école technique
thesis	thèse
trimester	trimestre
university	université
university chair	chaire d'université
university entrance exam	examen d'entrée à l'université

Verbs	Verbes
to admit / accept	Admettre / accepter
to enroll	s'inscrire
to learn	apprendre
to memorize	mémoriser
to approve / pass	approuver / passer
to attend classes	pour assister à des cours
to erase the chalkboard	effacer le tableau
to grade	noter
to transfer between classes	pour passer d'une classe à l'autre
to prospect	pour prospecter
to get a scholarship	pour obtenir une bourse d'études
to correct	corriger
to give classes in	pour donner des cours
to grade	de l'école
to depend	dépendre
to educate	de l'éducation
to teach	de l'enseignement
to understand	comprendre
to turn in an assignment	rendre un travail
to make a mistake	faire une erreur
to write an essay	écrire une dissertation
to be punished	être puni
to study	étudier
to evaluate/assess	évaluer/apprécier
to test	faire un test
to take an exam	passer un examen
to require/demand	exiger/exiger
to retrain	pour se reconvertir
to do an exercise	faire un exercice

to take an exam / test	pour passer un examen / une épreuve
to enroll	s'inscrire
to research	faire des recherches
to read a text	lire un texte
to enroll	s'inscrire
to enroll oneself	s'inscrire
to register at university	s'inscrire à l'université
to get credits	pour obtenir des crédits
to roll call	faire un appel
to grade	pour la notation
to ask	demander
to prepare for an exam	pour se préparer à un examen
to take a test	de passer un examen
to stay blank	pour rester dans le blanc
to solve a problem	pour résoudre un problème
to answer	pour répondre
to get good grade	pour obtenir une bonne note
to get bad grades	avoir de mauvaises notes
to be qualified	être qualifié
to be a doctor of	être docteur en
to have a degree in	être diplômé de
to be an engineer of	être ingénieur de
to be a graduate of	être diplômé de
to mean	signifier
to apply	postuler
to apply for a place at a university	demander une place dans une université
to suspend/fail	suspendre/échouer
to have class	avoir des cours
to be a postgraduate of	être diplômé de
to have a good record	pour avoir de bons antécédents

to have a bad record	avoir un mauvais dossier
to take notes	prendre des notes
to translate	de l'anglais

Phrases

1. What does that word mean?
   Que signifie ce mot ?
2. What would you like to study?
   Que voulez-vous étudier ?
3. My son is in nursery school.
   Mon fils est à l'école maternelle.
4. High school was the best time.
   Le lycée a été la meilleure période.
5. I always wanted to study at university.
   J'ai toujours voulu étudier à l'université.
6. I must carry the book in my backpack.
   Je dois porter le livre dans mon sac à dos.
7. I will buy a notebook for my class.
   Je vais acheter un cahier pour ma classe.
8. The pen is useless, can you lend me yours?
   Le stylo ne marche plus, peux-tu me prêter le tien ?
9. The student got excellent marks.
   L'élève a obtenu d'excellentes notes.
10. The class that I like the most is music.
    Le cours que j'aime le plus est la musique.
11. Do you want to go to the gym with me?
    Veux-tu aller à la salle de sport avec moi ?
12. I like to study geography with you.
    J'aime étudier la géographie avec toi.
13. Computer science is difficult for me.
    L'informatique est difficile pour moi.
14. My son needs a math tutor.
    Mon fils a besoin d'un tuteur en mathématiques.
15. Tell the social worker.
    Dites-le à l'assistante sociale.
16. The rector is very strict with the students.
    Le recteur est très strict avec les étudiants.
17. We will meet at two in the cafeteria.

Nous nous retrouverons à deux heures à la cafétéria.
18. You must not run in the hallway.
Vous ne devez pas courir dans le couloir.
19. The library is my favorite place.
La bibliothèque est mon endroit préféré.
20. He analyzes each students' abilities.
Il analyse les capacités de chaque élève.
21. Competitiveness can be good and bad.
La compétitivité peut être bonne ou mauvaise.
22. I´m going to enroll myself in the university.
Je vais m'inscrire à l'université.
23. He is preparing for an exam.
Il se prépare pour un examen.
24. The young man has a good record.
Le jeune homme a un bon dossier.
25. It is necessary to translate the scientific article.
Il faut traduire l'article scientifique.

Quiz – Chapter XXII
School
Matching

1. écoles primaires
2. école secondaire
3. prendre des notes
4. collège
5. sac à dos
6. le tableau noir
7. la gomme
8. l'encre
9. le cahier
10. l'examen
11. la langue étrangère
12. le professeur
13. la bibliothèque
14. le laboratoire
15. le test
16. les compétences
17. la réponse
18. le camarade de classe
19. la note
20. le cours

A. abilities/skills
B. answer
C. backpack
D. chalkboard
E. classmate
F. course
G. elementary school
H. eraser
I. foreign language
J. high school
K. ink
L. laboratory
M. library
N. notebook
O. teacher
P. to grade
Q. to take a test
R. to take notes
S. to test
T. university

Multiple Choice Sentence Completion

21. Quand remettez-vous votre _____ ?
a. examen   c. lycée
b. école   d. atlas

22. L'élève a obtenu une excellente _____.
a. école maternelle   c. note
b. tableau noir   d. livre

23. _____ est fréquent si l'on ne fait pas attention à ce que l'on a étudié.
a. se tromper   c. formation professionnelle
b. l'internat   d. le collège

24. L'élève doit terminer _____.
a. le bureau   c. le pupitre
b. les devoirs   d. la craie

25. L'_____ est un problème qui sévit dans les zones rurales.
a. crayons de couleur   c. analphabétisme
b. gomme   d. chaise

26. Après l'évaluation, on vous dira dans quel _____ vous serez placé.
a. encyclopédie   c. colle
b. gomme   d. niveau

27. Elle doit faire _____ pour corriger les fautes de sa rédaction.
a. la relecture   c. la carte
b. boîte à lunch   d. cahier

28. Vous pourriez me prêter votre _____.
a. géologie   c. classe

b. crayon   d. jardin d'enfants

29. Mon _____ est élevé car je connais mes capacités et mes qualités.
a. ruban adhésif   c. art
b. estime de soi   d. droit

30. L'_____ du tuteur de la classe est excellente.
a. cuisinier   c. assiduité
b. habilleur   d. bibliothèque

Answer Key

1. G
2. J
3. R
4. T
5. C
6. D
7. H
8. K
9. N
10. Q
11. I
12. O
13. M
14. L
15. S
16. A
17. B
18. E
19. P
20. F
21. A
22. C
23. A
24. B
25. C
26. D
27. A
28. B
29. B
30. C

Chapter XXIII
The Sciences

Biology

analysis
bacteria
blood
body
bone
carbohydrate
cell
chlorophyll
classification
control group
decay
decline
discovery
disease
embryo
excretion
fetus
food chain
gene
genetic
genetic disorder
genetic mutations
genus
growth
habitat
heart
hypothesis

Biologie

analyse
bactéries
sang
corps
os
hydrate de carbone
cellule
chlorophylle
classification
groupe de contrôle
décrépitude
déclin
découverte
maladie
embryon
excrétion
fœtus
chaîne alimentaire
gène
génétique
trouble génétique
mutations génétiques
genre
croissance
habitat
cœur
hypothèse

membrane	membrane
microscope	microscope
molecule	molécule
muscle	muscle
nucleus	noyau
organism	organisme
origin	origine
photosynthesis	photosynthèse
population	population
project	projet
research	recherche
respiration	respiration
scientist	scientifique
slide	diapositive
species	espèces
survival	survie
theory	théorie
tissue	tissu
virus	virus

Chemistry / Chimie

acid	acide
air	air
alkali	alcalin
alkaline	alcalin
alloy	alliage
aluminum	aluminium
argon	argon
aspect	aspect
atomic number	numéro atomique
beaker	bécher
beryllium	béryllium
boron	bore

brass	laiton
Bunsen burner	brûleur Bunsen
calcium	calcium
carbon	carbone
chemical	chimique
chemical element	élément chimique
chlorine	chlore
chromium	chrome
cobalt	cobalt
composition	composition
compound	composé
copper	cuivre
data	données
element	élément
emissions	émissions
emulsion	émulsion
equation	équation
experiment	expérience
flask	flacon
fluorine	fluor
gas	gaz
gaseous	gazeux
gasoline	essence
gold	or
heavy	lourd
helium	hélium
hydrogen	hydrogène
index	indice
inert	inerte
inorganic	inorganique
insoluble	insoluble
iron	fer
laboratory	laboratoire
light	léger

liquid	liquide
lithium	lithium
litmus paper	papier tournesol
magnesium	magnésium
manganese	manganèse
material	matière
matter	matière
metal	métal
neon	néon
neuron	neurone
nickel	nickel
nitrogen	azote
opaque	opaque
organic	organique
oxygen	oxygène
particle	particule
periodic table	tableau périodique
phosphorus	phosphore
physical	physique
pipette	pipette
potassium	potassium
process	processus
pure	pur(e)
reaction	réaction
result	résultat
salt	sel
sample	échantillon
scandium	scandium
silicon	silicium
silver	argent
sodium	sodium
solid	solide
soluble	soluble
solution	solution

stable	stable
substance	substance
sulfur	soufre
test	test
test tube	tube à essai
tin	étain
titanium	titane
transparent	transparent
vanadium	vanadium
volume	volume
zinc	zinc

Physics / Physique

acceleration	accélération
acoustics	acoustique
atom	atome
atomic	atomique
ball bearings	roulements à billes
boiling point	point d'ébullition
centrifugal	centrifuge
change	changement
circuit	circuit
cog	rouage
conservation	conservation
crest	crête
dense	dense
density	densité
device	dispositif
dial	cadran
distance	distance
electron	électron
energy	énergie
fiber	fibre

fission	fission
force	force
formula	formule
freezing point	point de congélation
friction	friction
fusion	fusion
gauge	jauge
gear	engrenage
gravity	gravité
heat loss	perte de chaleur
laser	laser
laser beam	faisceau laser
lever	levier
light	lumière
light beam	faisceau de lumière
lubricant	lubrifiant
machinery	machine
magnet	aimant
magnetism	magnétisme
mass	masse
measurement	mesure
mechanics	mécanique
mechanism	mécanisme
metallurgy	métallurgie
mineral	minéral(e)
molecule	molécule
momentum	élan
motion	mouvement
neutron	neutron
nuclear energy	énergie nucléaire
nucleus	noyau
observation	observation
optics	optique
particle	particule

percentage	pourcentage
preservation/conservation	préservation/conservation
pressure	pression
property	propriété
proportional	proportionnel
proton	proton
quantum theory	théorie quantique
radiation	rayonnement
ray	rayon
reactor	réacteur
reflection	réflexion
refraction	réfraction
relativity	relativité
resistance	résistance
robot	robot
simulation	simulation
sound	son
speed	vitesse
structure	structure
synthetic	synthétique
temperature	température
transmission	transmission
trough	auge
turbine	turbine
vapor	vapeur
vibration	vibration
wave	onde
wavelength	longueur d'onde

Electricity / Électricité

alternating current	courant alternatif
alternator	alternateur
ammeter	ampèremètre

amperage	ampérage
ampere	ampère
amps	ampères
battery	batterie
battery charger	chargeur de batterie
breaker	disjoncteur
bulb	ampoule
button	bouton
cable	câble
charge	charge
circuit	circuit
connection	connexion
current	courant
diode	diode
direct current	courant continu
electric shock	courant continu
electrical charge	charge électrique
electrical cord	cordon électrique
electrician	électricien
electricity	électricité
electrode	électrode
electron	électron
electronics	électronique
fuse	fusible
generator	générateur
instrument	instrument
insulation	isolation
LED	LED
lightning	foudre
negative pole	pôle négatif
off	éteint
on	allumé
plug/socket	fiche/prise
positive pole	pôle positif

shock	choc
short circuit	court-circuit
starter	démarreur
switch	interrupteur
terminal	borne
voltage	tension
voltmeter	voltmètre
volts	volts
watts	watts
wire	fil
wiring	câblage

Verbs / Verbes

to accelerate	accélérer
to insulate	isoler
to wire	câbler
to feed	alimenter
to analyze	analyser
to switch off	pour la mise en place d'un système d'information
to find out	pour trouver
to balance	pour équilibrer
to get blocked	se bloquer
to calculate	calculer
to heat	chauffer
to mutate/change	pour muter/changer
to charge	charger
to charge a battery	charger une batterie
to circulate	pour faire circuler
to classify/sort	pour classer/trier
to check	pour vérifier
to connect/switch on	pour connecter/allumer
to control	pour contrôler

to grow	se développer
to show	pour montrer
to derive	dériver
to develop	développer
to decline	annuler
to disconnect/switch off	se déconnecter/se déconnecter
to dissolve	dissoudre
to pour	déverser
to have a look	se faire une idée de la situation
to emit	émettre
to switch on	pour allumer/pour mettre en marche
to plug in	se brancher
to experiment	pour expérimenter
to mount a slide	pour monter une diapositive
to format	formatage
to function	pour fonctionner
to inherit	pour hériter
to identify	pour identifier
to research/investigate	pour la recherche/investigation
to lubricate	pour lubrifier
to operate	faire fonctionner
to maximize	maximiser
to measure	mesurer
to mix	mélanger
to minimize	minimiser
to observe	observer
to prove	prouver
to burn	brûler
to react	réagir
to reproduce	reproduire

to solve	résoudre
to breathe	respirer
to check	vérifier
to synthesize	synthétiser
to survive	survivre
to turn	tourner
to mutate/transform	muter/transformer
to vibrate	vibrer

Phrases

1. You have good genes.
   Vous avez de bons gènes.
2. What is the bear's natural habitat?
   Quel est l'habitat naturel de l'ours ?
3. He has a genetic disorder.
   Il a une maladie génétique.
4. I love to research.
   J'aime faire des recherches.
5. Clean everything to avoid bacteria.
   Nettoyez tout pour éviter les bactéries.
6. Chemists mix chemicals.
   Les chimistes mélangent des produits chimiques.
7. Dogs love bones.
   Les chiens aiment les os.
8. Chlorophyll is essential for plants.
   La chlorophylle est essentielle pour les plantes.
9. Do not breathe those chemicals.
   Ne respirez pas ces produits chimiques.
10. The sun is made up of hydrogen and helium.
    Le soleil est composé d'hydrogène et d'hélium.
11. Humans cannot live without oxygen.
    Les humains ne peuvent pas vivre sans oxygène.
12. Do not mix those chemicals.
    Ne mélangez pas ces produits chimiques.
13. The hot springs smell of sulfur.
    Les sources chaudes sentent le soufre.
14. Newton discovered gravity.
    Newton a découvert la gravité.
15. I had to learn the periodic table.
    J'ai dû apprendre le tableau périodique.
16. The banana is a good source of potassium.
    La banane est une bonne source de potassium.
17. Silver is a precious metal.

L'argent est un métal précieux.
18. The acoustics of the church are excellent.
L'acoustique de l'église est excellente.
19. The energy was transformed.
L'énergie a été transformée.
20. They operated on me with a laser beam.
Ils m'ont opéré avec un rayon laser.
21. The company has heavy machinery.
L'entreprise possède de machines lourdes.
22. That country has nuclear energy.
Ce pays dispose de l'énergie nucléaire.
23. Radiation is very high in Chernobyl.
Les radiations sont très élevées à Tchernobyl.
24. The plane has a damaged turbine.
La turbine de l'avion est endommagée.
25. My cell phone ran out of battery.
Mon téléphone portable n'a plus de batterie.

Quiz – Chapter XXIII
The Sciences
Matching

1. l'os
2. la cellule
3. accélérer
4. théorie
5. chimique
6. l'atome
7. densité
8. force
9. mesure
10. découvrir
11. énergie nucléaire
12. batterie
13. charge
14. arrêt
15. charger la batterie
16. mise sous tension
17. l'interrupteur
18. le fil
19. la fiche
20. la prise

A. atom
B. battery
C. bone
D. cell
E. charge
F. chemical
G. density
H. force
I. measurement
J. nuclear energy
K. off
L. on
M. plug/socket
N. switch
O. theory
P. to accelerate
Q. to charge the battery
R. to find out
S. to plug in
T. wire

Multiple Choice Sentence Completion

21. Il faut dévisser l'_____.
a. ampoule
b. bactérie
c. cellule
d. chlorophylle

22. Dans l'espace, nous voyageons à la _____ de la lumière.
a. vitesse
b. os
c. fœtus
d. gène

23. La _____ d'une corde transmet une onde.
a. erreur
b. stage
c. formation professionnelle
d. vibration

24. L'_____ attire le métal.
a. genre
b. membrane
c. aimant
d. origine

25. La _____ est un objectif pour tous les êtres vivants.
a. habitat
b. virus
c. tissu
d. survie

26. La _____ est une propriété physique.
a. le bore
b. alcaline
c. congélation
d. inerte

27. Le _____ est une figure géométrique.
a. sphère
b. atome
c. sel
d. volume

28. L'eau est _____.
a. minéral
b. transparente
c. sein
d. robot

29. Le _____ de l'équation était correct.
a. vapeur   c. fil
b. résultat   d. courant

30. Dans le laboratoire, il y a _____ qui peuvent être dangereux.
a. les produits chimiques   c. l'inerte
b. théories   d. gravité

Answer Key

1. C
2. D
3. P
4. O
5. F
6. A
7. G
8. H
9. I
10. R
11. J
12. B
13. E
14. K
15. Q
16. L
17. N
18. T
19. M
20. S
21. A
22. A
23. D
24. C
25. D
26. C
27. A
28. B
29. B
30. A

Chapter XXIV
Measurements, Materials & Containers

Weight and Measurements

Poids et mesures

centimeter	centimètre
cup	tasse
cupful	tasse
dense	dense
density	densité
foot	pied
gallon	gallon
gram	gramme
half kilogram	demi-kilogramme
half liter	demi-litre
heavy	lourd(e)
inch	pouce
kilogram	kilogramme
kilometer	kilomètre
light	léger (légère)
liter	litre
mass	masse
measures	mesures
meter	mètre
mile	mile
milligram	milligramme
milliliter	millilitre
millimeter	millimètre
one quarter	un quart

ounce	once
pint	pinte
pound	livre
quart	quart
scale	échelle
tablespoonful	cuillerée à soupe
teaspoonful	cuillerée à thé
thick	épais
ton	tonne
viscous	visqueux
weight	poids
yard	yard

Shapes & Lengths — Formes et longueurs

acute	aigu
angle	angle
area	surface
bent	courbé
center	centre
circle	cercle
circular	circulaire
circumference	circonférence
concave	concave
convex	convexe
cube	cube
cubic	cubique
curved	courbe
cylinder	cylindrique
cylindrical	cylindrique
deep	profond
degree	degré
dense	dense
depth	profond

diagonal	diagonal
diameter	diamètre
diamond	diamant
distance	distance
height	hauteur
hexagon	hexagone
hexagonal	hexagonal
high/tall (height)	haut/grande (hauteur)
horizon	horizon
horizontal	horizontal
length	longueur
line	ligne
long	long
low/short (height)	basse/courte (hauteur)
narrow	étroit
obtuse	obtus
octagon	octogone
octagonal	octogonal
parallel	parallèle
pentagon	pentagone
pentagonal	pentagonal
perpendicular	perpendiculaire
point	point
polygon	polygone
polygonal	polygone
prism	prisme
pyramid	pyramide
radius	rayon
rectangle	rectangle
rectangular	rectangulaire
rhombic	rhombique
rhombus	losange
round	rond(e)
rule	règle

shape	forme
short (length)	court(e) (longueur)
side	côté
size	taille
small	petit(e)
space	espace
sphere	sphère
spherical	sphérique
square	carré(e)
straight	droit(e)
surface	surface
thick	épais(se)
thin	mince
thin	mince
triangle	triangle
triangular	triangulaire
twisted	tordu(e)
wide	large
width	largeur

Quantity / Quantité

a lot of	beaucoup de
a small amount	une petite quantité
about	environ
almost/nearly	presque/à peu près
approximate	à peu près
approximately	à peu près
at least	au moins
capacity	capacité
cubic capacity	capacité cubique
decrease	diminution
difference	différence
empty	vide

enough	suffisant(e)
full of	plein(e) de
growth/increase	croissance/augmentation
measuring tape	ruban à mesurer
more	plus
number	nombre
part	partie
quality	qualité
quantity	quantité
slice	tranche
square feet	pieds carrés
still/yet	encore/encore
sufficient/enough	suffisant(e)/assez
too much	trop
totality	totalité
volume	volume
whole	entier (entière)

Containers / Contenants

bag/purse/handbag	sac/pochette/sac à main
bottle	bouteille
bowl	bol
box	boîte
can	boîte
container	récipient
cup	gobelet
glass	verre
glass (wine)	verre (vin)
jar/jug	pot/jarre
pack	paquet
package	paquet
pitcher	pichet
pocket	poche

pot (cooking)	pot (cuisson)
saucepan	casserole
tube	tube

Metals / Métaux

alloy	alliage
aluminum	aluminium
brass	laiton
bronze	bronze
chrome	chrome
copper	cuivre
gold	or
gunmetal	gunmetal
iridium	iridium
iron	fer
lead	plomb
magnesium	magnésium
mercury	mercure
nickel	nickel
palladium	palladium
pewter	étain
platinum	platine
rhodium	rhodium
silver	argent
stainless steel	acier inoxydable
steel	acier
tin	étain
titanium	titane
tungsten	tungstène
uranium	uranium
zinc	zinc

Materials

acrylic
canvas
cashmere
chenille
chiffon
cotton
crepe
denim
felt
gauze
leather
leather
linen
muslin
nylon
paper
polyester
rayon
rubber
satin
silk
terry cloth
velvet
wool

Matériaux

acrylique
toile
cachemire
chenille
mousseline
coton
crêpe
denim
feutre
gaze
cuir
cuir
lin
mousseline
nylon
papier
polyester
rayonne
caoutchouc
satin
soie
tissu éponge
velours
laine

Time

after
afternoon
afterwards
alarm clock
analog watch

Temps

après
après-midi
après
réveil
montre analogique

annual	annuel
anytime	à tout moment
at a time	à un moment donné
at the present time	à l'heure actuelle
at times/sometimes	de temps en temps
at various times	à différents moments
bedtime	au coucher
before	avant
belated	tardif
bicentennial	bicentenaire
by	par
calendar	calendrier
century	siècle
chronological	chronologique
chronology	chronologie
clock/watch	horloge/horloge
cuckoo clock	horloge/horloge
daily	quotidien
daily chores	horloge/chasseur d'eau
daily routine	horloge de poche
day	jour
day before yesterday	jour avant hier
daylight	jour
daylight saving time	jour de l'an
daytime	jour
decade	décennie
delay	retard
delayed	retardé
dial	cadran
diary	agenda
digital watch	montre numérique
during the day	pendant la journée
each/every time	chaque heure
early	précoce

egg timer	minuteur
eon	éon
epoch	époque
era	ère
evening	soir
everyday	quotidien
face (of the watch)	visage (de la montre)
for the first time	pour la première fois
for the last time	pour la dernière fois
future	futur
grandfather clock	horloge du grand-père
hand on a clock	horloge à aiguille
hourglass	sablier
kitchen/oven timer	minuterie de cuisine/four
last night	jour de l'an
late	tard
later	plus tard
leap year	année bissextile
many times	plusieurs fois
midnight	minuit
millennium	millénaire
minute	minute
minute hand	aiguille des minutes
moment	moment
month	mois
morning	matin
next week	semaine suivante
night/nighttime	nuit/nuit
noon	midi
now	maintenant
on time	à l'heure
past	passé
pendulum	pendule
present	présent

punctual	ponctuel
quarter hour	quart d'heure
right now	à l'heure qu'il est
schedule/timetable	horaire
second	seconde
second hand	deuxième main
several times	plusieurs fois
sometime	à un moment ou à un autre
soon	bientôt
standard time	temps standard
stopwatch	chronomètre
summer time	heure d'été
sundial	cadran solaire
sunrise	lever du soleil
sunset	coucher de soleil
tardy	retard
this afternoon	cet après-midi
this morning	ce matin
time (an occurrence)	temps (un événement)
time (in general)	temps (en général)
time after time	temps après temps
time lag	décalage horaire
time zone	temps (en général)
timekeeper	temps (un événement)
timer	temps
today	aujourd'hui
tomorrow	demain
tomorrow afternoon	demain après-midi
tomorrow evening	demain soir
tomorrow morning	demain matin
tonight	ce soir
twilight	crépuscule
week	semaine
weekend	week-end

wrist watch	montre-bracelet
year	année
yesterday	hier
yesterday afternoon	hier après-midi
yesterday morning	hier matin

Verbs / Verbes

to stir	remuer
to increase	augmenter
to contain	contenir
to wind a watch	remonter une montre
to tell time	pour dire l'heure
to decrease	pour diminuer
to last/take time	pour durer/prendre du temps
to pour	à la fin de l'année
to swirl	pour faire tourbillonner
to arrive on time	à l'heure de l'arrivée
to arrive ahead of time	arriver à l'avance
to arrive late	arriver en retard
to fill	remplir
to mark time	pour marquer le temps
to mix	de l'eau
to watch the clock	pour faire le point sur l'heure
to weigh	peser
to empty	vider

Phrases

1. How many gallons would you like?
   Combien de gallons voulez-vous ?
2. What time is it?
   Quelle heure est-il ?
3. What time does it start?
   A quelle heure commence-t-il ?
4. How long is it?
   Quelle est la durée du trajet ?
5. How many yards in a mile?
   Combien de mètres dans un mile ?
6. How many feet in a yard?
   Combien de pieds dans un yard ?
7. How much does a gallon of gasoline cost?
   Combien coûte un gallon d'essence ?
8. I need half a kilo of flour.
   J'ai besoin d'un demi-kilo de farine.
9. I bought half a liter of water.
   J'ai acheté un demi-litre d'eau.
10. The measurements I took are exact.
    Les mesures que j'ai prises sont exactes.
11. The baby drinks two ounces of milk.
    Le bébé boit deux onces de lait.
12. I don't like to weigh myself on the scale.
    Je n'aime pas me peser sur la balance.
13. Take a teaspoonful of the cough syrup.
    Prenez une cuillère à café de sirop contre la toux.
14. The area on the top of the table is flat.
    Le dessus de la table est plat.
15. The container was crooked.
    Le récipient était de travers.
16. The fabric is wide.
    Le tissu est large.
17. The paper is thin.

Le papier est fin.
18. The soup is thick.
   La soupe est épaisse.
19. Resources have decreased.
   Les ressources ont diminué.
20. Pollution is increasing each year.
   La pollution augmente chaque année.
21. Quality and quantity are our brand.
   La qualité et la quantité sont notre marque.
22. I want to eat the whole cake.
   Je veux manger tout le gâteau.
23. I have the lighter in my pocket.
   J'ai le briquet dans ma poche.
24. The sole of my boots are rubber.
   La semelle de mes bottes est en caoutchouc.
25. I want a dress made of velvet.
   Je veux une robe en velours.

Quiz – Chapter XXIV
Measurements, Materials & Containers
Matching

1. la densité
2. lourde
3. un pouce
4. léger
5. secouer
6. mesures
7. une livre
8. cuillère à soupe
9. poids
10. degré
11. augmentation
12. hauteur
13. point
14. rond
15. la taille
16. carré
17. tordu
18. contenir
19. au moins
20. vide

A. a pound (weight)
B. at least
C. degree
D. density
E. empty
F. heavy
G. height
H. inch
I. light
J. measures
K. point
L. round
M. size
N. square
O. tablespoonful
P. to contain
Q. to increase
R. to stir
S. twisted
T. weight

Multiple Choice Sentence Completion

21. Pourriez-vous _____ remplir le gallon avec de l'essence ?
a. gramme   c. bien
b. dense   d. lourd

22. Le métal _____ est fendu.
a. tranchant   c. épais
b. visqueux   d. épais

23. La _____ de haricots est dans le placard.
a. boîte   c. parallèle
b. obtus   d. losange

24. La recette indique qu'il faut _____ un feu moyen.
a. court   c. la règle
b. le rayon   d. mettre

25. Voici le _____ de ciment que vous devez mettre devant le bâtiment.
a. plus   c. vide
b. sac   d. le cuivre

26. _____ est un métal précieux.
a. l'or   c. la laine
b. la montre   d. le jour

27. _____ doit être fondu dans un four.
a. peser   c. verser
b. le fer   d. le mélange

28. _____ a fière allure sous forme de bagues et de colliers.
a. secouer   c. élever

b. dernier   d. argent

29. Pour bien _____ les ingrédients, il faut utiliser une cuillère.
a. mélanger   c. tard
b. le coucher de soleil   d. l'heure

30. Je veux acheter une veste en _____.
a. cuir   c. la pipe
b. plomb   d. la chenille

Answer Key

1. D
2. F
3. H
4. I
5. R
6. J
7. A
8. O
9. T
10. C
11. Q
12. G
13. K
14. L
15. M
16. N
17. S
18. P
19. B
20. E
21. C
22. C
23. A
24. D
25. B
26. A
27. B
28. D
29. A
30. A

Chapter XXV
Communications

Language	Langue
accuracy	précision
adopted	adopté(e)
advanced	avancé(e)
alphabet	alphabet
aptitude	aptitude
artificial language	langage artificiel
based on	basé(e) sur
bilingual	bilingue
bilingualism	bilinguisme
branch	branche
classical languages	langues classiques
culture	culture
development	développement
dialect	dialecte
difficult	difficile
easy	facile
foreign language	langue étrangère
gifted	doué(e)
grammar	grammaire
grammatical	grammatical(e)
Greek	grec (grecque)
illiterate person	personne analphabète
influence	influence
known	connu(e)
language skills	compétences linguistiques
Latin	latin
learning	apprentissage

learning/knowledge	apprentissage/connaissance
level	niveau
linguist	linguiste
linguistics	linguistique
major languages	langues majeures
minor languages	langues mineures
mistake	erreur
modern languages	langues modernes
monolingual	monolingue
mother tongue	langue maternelle
name	nom
national	national(e)
native	indigène
official	officiel(le)
offshoot	ramification
oral tradition	tradition orale
origin	origine
phenomenon	phénomène
Romance language	langue romane
self assessment	auto-évaluation
separate	séparé(e)
sign language	langage des signes
specific language	langue spécifique
spoken	parlé
survival	survie
teacher	enseignant
teaching	enseignement
test	test
tradition	tradition
translation	traduction
unknown	inconnu(e)
variation	variation
widely	largement
witticism	mot d'esprit

Reading and Writing

accent mark	marque d'accent
address	adresse
airmail	courrier aérien
airmail paper	papier de poste aérienne
alphabet	alphabet
alphabetical	alphabétique
anonymous letter	lettre anonyme
autograph	autographe
Braille	braille
certified letter	lettre certifiée
certified mail	e-mail certifié
character	caractère
code	code
confidential letter	lettre confidentielle
consonant	consonne
correspondence	correspondance
correspondent	correspondant
cursed/damned	maudit/damné
customs declaration	déclaration en douane
delivered	livré(e)
dictionary	dictionnaire
e-mail	courriel/e-mail
envelope	enveloppe
etymologist	étymologiste
etymology	étymologie
express delivery	courrier express
fax	fax
fax machine	télécopieur
fax modem	fax modem
first class mail	courrier de première classe
general delivery	livraison générale

Lecture et écriture

graffiti	graffiti
graphic	graphique
handwriting	écriture manuscrite
hieroglyph/hieroglyphic	hiéroglyphe/hiéroglyphe
illiterate	analphabète
in bold	en gras
italic	italique
job application letter	lettre de demande d'emploi
joke	blague
letter (correspondence)	lettre (correspondance)
letter (of the alphabet)	lettre (de l'alphabet)
letter carrier	lettre (de l'alphabet)
letter/mail rate	lettre (correspondance)
literate	alphabétisé(e)
literature	littérature
mail	courrier
mailbox	boîte aux lettres
messenger	courrier
money order	mandat de dépôt
news	nouvelles
note	note
notepaper	notepaper
package	paquet
paragraph	paragraphe
parcel	colis
parcel rate	taux du colis
pen pal	correspondant
philologist	philologue
philology	philologie
pictograph	pictogramme
post office	bureau de poste
postage	poste
postal collection	collection postale
postcard	carte postale

prepaid postage	affranchissement prépayé
reading	lecture
reading skills	lecture de textes
registered	recommandé(e)
return address	adresse de retour
scribble/scrawl	gribouillage
sealed	scellé(e)
sender	expéditeur
sent	envoyé(e)
sign	signe
signature	signature
signed	signé(e)
sloppy	négligé(e)
slot	fente
song lyrics	paroles de chanson
spelling	orthographe
stamp	timbre
telegram	télégramme
telegraph	télégraphe
text	texte
transaction	transaction
urgent	urgent
writing	écriture
writing skills	compétences en matière d'écriture
written language	langue écrite
zip code	code postal

Punctuation / Ponctuation

accent mark	marque d'accent
apostrophe	apostrophe
asterisk	astérisque
bracket	parenthèse

colon	deux-points
comma	virgule
exclamation mark	point d'exclamation
hyphen/dash	trait d'union/tiret
parentheses	parenthèses
period	point
question mark	point d'interrogation
quotation marks	guillemets
semicolon	point-virgule

Listening and Speaking — Écoute et expression orale

accent	accent
answer	réponse
answering machine	répondeur
articulate	articuler
busy	occupé
button	bouton
call	appel
cellphone/mobile	téléphone portable/mobile
clear	clair
collect call	appel en PCV
conference call	conférence téléphonique
conversation	conversation
dialect	dialecte
diction	dictionnaire
directory	répertoire
expression	expression
fluency	fluidité
fluent	fluent
idiom	idiome
idiomatic	idiomatique

interpreter	interprète
intonation	intonation
jargon	jargon
landline	ligne fixe
lexicon	lexique
lisp	zézayer
listener	auditeur
listening	écoute
listening skills	écoute de l'information
local call	appel local
long distance call	appel longue distance
message	message
mispronunciation	mauvaise prononciation
operator	opérateur
phone booth	cabine téléphonique
phone number	numéro de téléphone
phonebook	répertoire téléphonique
phrase book	répertoire de phrases
prefix (area/country code)	préfixe (indicatif de zone/pays)
presenter	présentateur
pun/word game	jeu de mots
quote	citation
radio	radio
radio station	station de radio
rhythm	rythme
sentence	phrase
slang	argot
sound	son
speaker	orateur
speaking skills	compétences en matière d'expression orale
speech	parole
speech therapy	orthophonie

speed	vitesse
spoken language	langue parlée
stress/intonation	accentuation/intonation
stressed	accentué
syllable	syllabe
telecommunication links	liens de télécommunication
telecommunications	télécommunications
telephone dial	numéro de téléphone
telephone extension	téléphone
telephone line	ligne téléphonique
telephone number	numéro de téléphone
telephone receiver	récepteur de téléphone
the listener	l'auditeur
tone/dial tone	tonalité/tonalité d'appel
unpronounceable	imprononçable
unstressed	non accentué
voicemail	boîte vocale
vowel	voyelle
wisdom	sagesse
wit	esprit

Verbs / Verbes

to adapt	s'adapter
to adopt	adopter
to learn	apprendre
to articulate	articuler
to speak with a lisp	parler en zozotant
to certify a letter	certifier une lettre
to pick up the phone	décrocher le téléphone
to hang up the phone	raccrocher le téléphone
to understand	comprendre
to communicate	communiquer
to answer the phone	répondre au téléphone

to converse	pour parler
to criticize	pour critiquer
to leave a message	laisser un message
to spell	épeler
to derive from	pour faire de l'ombre à l'autre
to decipher	pour décrypter
to pick up the phone	pour faire une critique
to emphasize	pour mettre l'accent
to mail a letter	pour faire une lettre
to broadcast	pour diffuser
to push a button	pour appuyer sur un bouton
to emphasize	pour mettre l'accent
to teach	pour enseigner
to understand	comprendre
to deliver	livrer
to send	envoyer
to send something by fax	envoyer quelque chose par fax
to type	taper à la machine
to rewrite	réécrire
to listen to the radio	écouter la radio
to correspond with	correspondre avec
to be on hold	être en attente
to test someone	tester quelqu'un
to express oneself	s'exprimer
to send a fax	envoyer un fax
to sign (one's name)	signer (son nom)
to scribble / scrawl	faire un gribouillis / un gribouillage
to talk to someone on the phone	parler à quelqu'un au téléphone
to print	imprimer
to interpret	interpréter
to read	lire
to call someone on the phone	

to swear at	jurer
to send a fax	envoyer un fax
to call direct	appeler directement
to dial a phone number	appeler quelqu'un au téléphone / pour appeler un numéro de téléphone
to improve	améliorer
to be out of order	être hors-service
to forget	oublier
to italicize	mettre en italique
to practice	de pratiquer
to be preserved	être préservé
to pronounce	prononcer
to mispronounce	mal prononcer
to want to say/to mean	vouloir dire / signifier
to receive a letter	recevoir une lettre
to pick up the mail by hand	prendre le courrier à la main
to mime	mimer
to mean	signifier
to sound/ring/call	sonner/ressentir/appeler
to underline	souligner
subscribe to a newspaper	s'abonner à un journal
to stutter	bégayer
to finish a letter	pour terminer une lettre
to take notes	prendre des notes
to translate	traduire
to transcribe	transcrire
to transmit	transmettre

Phrases

1. Hello?
   Bonjour ?
2. How much does a stamp cost?
   Combien coûte un timbre ?
3. I would like to speak with John, please.
   Je voudrais parler à John, s'il vous plaît.
4. Yes, one moment. He'll be right there.
   Oui, dans un instant. Il arrive tout de suite.
5. You have the wrong number.
   Vous avez un mauvais numéro.
6. Who's calling?
   Qui est à l'appareil ?
7. May I speak to John, please?
   Puis-je parler à John, s'il vous plaît ?
8. Is John there, please?
   John est-il là, s'il vous plaît ?
9. Could you put me through to John, please?
   Pourriez-vous me passer John, s'il vous plaît ?
10. Spanish is spoken here.
    On parle espagnol ici.
11. The telephone is ringing.
    Le téléphone sonne.
12. The old man had wisdom.
    Le vieil homme était sage.
13. You should not criticize your friends.
    Il ne faut pas critiquer ses amis.
14. The story must have braille writing.
    L'histoire doit être écrite en braille.
15. The code is not correct.
    Le code n'est pas correct.
16. Put the letter in the envelope.
    Mettez la lettre dans l'enveloppe.
17. The form must be filled out by hand.

Le formulaire doit être rempli à la main.
18. The title of the report must be in bold.
Le titre du rapport doit être en gras.
19. He emphasizes the need for the group.
Il insiste sur la nécessité du groupe.
20. Underline your name.
Soulignez votre nom.
21. It doesn't matter if you have a strong accent
Ce n'est pas grave si vous avez un fort accent
22. She hung up the phone angrily.
Elle a raccroché le téléphone avec colère.
23. Put your cell phone on silent please.
Mettez votre téléphone portable en mode silencieux, s'il vous plaît.
24. Proper punctuation is important.
Il est important de respecter la ponctuation.
25. Sign the document with a witness.
Signer le document avec un témoin.

Quiz – Chapter XXV
Communications
Matching

1. dialecte
2. la langue étrangère
3. la langue
4. niveau
5. traduction
6. déchiffrer
7. avancé
8. doué
9. connu
10. inconnu
11. imprimer
12. l'adresse
13. le code
14. mal prononcé
15. maudit
16. l'enveloppe
17. la boîte aux lettres
18. accentuer
19. le paragraphe
20. la carte postale

A. address
B. advanced
C. code
D. cursed/damned
E. dialect
F. envelope
G. foreign language
H. gifted
I. known
J. language
K. level
L. mailbox
M. mispronounce
N. paragraph
O. postcard
P. to decipher
Q. to emphasize
R. to print
S. translation
T. unknown

Multiple Choice Sentence Completion

21. Le contrat doit être _____.
a. signé
b. nom
c. erreur
d. origine

22. L'apparence personnelle de l'homme était _____.
a. adapter
b. négligée
c. apprendre
d. signifié

23. Le _____ était créatif et apprécié du public.
a. scénario
b. adopté
c. avancé
d. survie

24. Le livreur à domicile va _____ la commande ce soir.
a. difficile
b. livrer
c. bilingue
d. doué

25. Les _____ sont des signes de ponctuation.
a. guillemets
b. vivre
c. mutation
d. national

26. Le _____ s'est écoulé par les trous du récipient.
a. fluide
b. apprendre
c. oublier
d. comprendre

27. La _____ que le poète a dit est : « Je n'oublierai jamais ».
a. branche
b. erreur
c. phrase
d. linguistique

28. L' _____ devrait être satisfait par l'écoute de l'émission de radio.
a. alphabet
b. déchiffrage
c. langue
d. auditeur

29. La jeune fille _____ dans le livre la meilleure partie de l'histoire.
a. urgent
b. envoyer
c. imprime
d. souligne

30. Les travailleurs ont gagné plus d'argent grâce à _____ et à leur créativité.
a. transmettre
b. l'ingéniosité
c. l'astérisque
d. le préfixe

Answer Key

1. E
2. G
3. J
4. K
5. S
6. P
7. B
8. H
9. I
10. T
11. R
12. A
13. C
14. M
15. D
16. F
17. L
18. Q
19. N
20. O
21. A
22. B
23. A
24. B
25. A
26. A
27. C
28. D
29. D
30. B

Chapter XXVI
Politics & Government

Government	Gouvernement
abstention	abstention
act/law	acte/loi
administration	administration
amendment	amendement
appointment	nomination
asylum seeker	demandeur d'asile
ballot	bulletin de vote
bill	projet de loi
blank vote	vote blanc
cabinet	cabinet
candidate	candidat
central government	gouvernement central
chamber	chambre
citizen	citoyen
civil disobedience	désobéissance civile
civil servant	fonctionnaire
coalition	coalition
constituent	constitution
constitution	constitution
cooperation	coopération
corruption	corruption
coup	coup d'État
crime	crime
crisis	crise
day of reflection	journée de réflexion
debate	débat
decree	décret

delegate	délégué
deputy	député
democratic government	gouvernement démocratique
political demonstration	manifestation politique
dictator	dictateur
diplomat	diplomate
duty	devoir
electoral college	collège électoral
electorate	électorat
emergency meeting	réunion d'urgence
equal opportunity	égalité des chances
executive	exécutif
flag	drapeau
foreign policy	politique étrangère
freedom/liberty	liberté/liberté
freedom of speech	liberté d'expression
general election	élections générales
government	gouvernement
judiciary	pouvoir judiciaire
law	loi
legislation	législation
legislature	législature
local affairs	affaires locales
majority	majorité
middle class	classe moyenne
ministry	ministère
minority	minorité
null vote	vote nul
office/term	bureau/mandat
pact	pacte
political seat	siège politique
politician	politique
polling station	bureau de vote
power	pouvoir

preamble	préambule
public opinion	opinion publique
reactionary	réactionnaire
referendum	référendum
reform	réforme
region	région
regional elections	élections régionales
revolt	révolte
revolt/uprising	révolte/insurrection
rule	règle
sanction	sanction
senator	sénateur
separation of powers	séparation des pouvoirs
solidarity	solidarité
speech	discours
statesman	homme d'État
support	soutien
taxes/taxation	impôts/taxe
term in office	mandat
totalitarian government	gouvernement totalitaire
Treasury	Trésor public
unity	unité
veto	veto
voter	électeur
welfare	protection sociale
working class	classe ouvrière

Politicians / Politiciens

attorney general	procureur général
chancellor	chancelier
congressman/congresswoman	député/congresseur
Democrat	Démocrate
First Lady	Première dame

governor	gouverneur
head of state	chef d'État
House of Representatives	Chambre des représentants
judge	juge
magistrate	magistrat
leader	chef de file
mayor	maire
minister	ministre
party leader	chef de parti
politician	homme politique
president	président
prime minister	premier ministre
Republican	républicain
secretary of state	secrétaire d'État
secretary of the interior	secrétaire d'État
Senate	sénateur
Senator	sénateur
Speaker of the House	Président de la Chambre
spokesperson	porte-parole
statesman	homme d'État
undersecretary	sous-secrétaire
vice president	vice-président

Elections / élections

ballot	bulletin de vote
ballot box	urne
campaign	campagne
candidate	candidat
caucus	caucus
constituency	circonscription
count	dépouillement
democracy	démocratie
elected person	personne élue

election	élection
electorate	électorat
general election	élection générale
local elections	élections locales
majority system	système de majorité
movement	mouvement
off year election	élection hors année
opinion poll	sondage d'opinion
paper ballot	bulletin de vote
political party	parti politique
primary	primaire
purpose	objectif
recount	recomptage
referendum	référendum
right to vote	droit de vote
suffrage	suffrage
vote	vote
voter	électeur

International Politics / Politique internationale

anarchy	anarchie
aristocratic	aristocratique
aristocracy	aristocratie
conservative	conservateur
count/earl	comte/earl
countess	comtesse
democracy	démocratie
democratic	démocratique
dictatorship	dictature
displacement	déplacement
duke	duc

emperor	empereur
empress	impératrice
green party	parti vert
ideology	idéologie
independence	indépendance
independent	indépendant
king	roi
left	gauche
left wing	gauche
liberal	libéral
monarch	monarque
monarchy	monarchie
patriotic	patriotique
prince	prince
princess	princesse
queen	reine
racism	racisme
racist	raciste
radical	radical
reactionary	réactionnaire
republic	république
republican	républicain
revolutionary	révolutionnaire
right	droite
right wing	droite
royal	royal

Verbs / Verbes

to cancel/abolish	annuler/abolir
to support	soutenir
to pass	faire passer
to pass a law	faire passer une loi
to cavort	faire des cabrioles

to hold and election	pour organiser une élection
to become law	devenir une loi
to call for elections	appeler aux élections
to stage a coup	faire un coup d'état
to bring down	pour faire tomber
to overthrow	renverser
to appoint	nommer
to dismiss	démettre
to resign	démissionner
to rule	gouverner
to elect	élire
to lead	diriger
to become law	devenir une loi
to govern	gouverner
to campaign	faire campagne
to appoint	nommer
to form a pact with	pour former un pacte avec
to demonstrate	manifester
to introduce	présenter
to stand for election	se présenter aux élections
to propose an amendment	proposer un amendement
to ratify	ratifier
to reject/throw out	rejeter/éliminer
to draw up/edit	rédiger/éditer
to cut taxes	réduire les impôts
to reform	réformer
to rule	gouverner
to suppress	supprimer
to abolish	abolir
to be from a political party	être d'un parti politique
to abolish	abolir
to have the right to vote	avoir le droit de vote
to take power	prendre le pouvoir
to take office	prendre le pouvoir

to veto	mettre son veto
to recount	de recompter
to vote	de voter

Phrases

1. Who are you going to vote for?
   Pour qui allez-vous voter ?
2. Are you a Democrat or Republican?
   Êtes-vous démocrate ou républicain ?
3. The abstention was forty percent.
   L'abstention a été de quarante pour cent.
4. The journalist is requesting asylum.
   Le journaliste demande l'asile.
5. The bill is very popular.
   Le projet de loi est très populaire.
6. I was a public servant for many years.
   J'ai été fonctionnaire pendant de nombreuses années.
7. The army carried out a coup in the country.
   L'armée a fait un coup d'État dans le pays.
8. He took office after a scandal.
   Il a pris ses fonctions après un scandale.
9. The demonstration was peaceful.
   La manifestation était pacifique.
10. Foreign policy is a concern.
    La politique étrangère est une préoccupation.
11. Freedom of speech is a right.
    La liberté d'expression est un droit.
12. I come from a middle class family.
    Je viens d'une famille de classe moyenne.
13. Voter turnout was very high.
    Le taux de participation a été très élevé.
14. Reforming the constitution will be difficult.
    Il sera difficile de réformer la constitution.
15. The working class supports this government.
    La classe ouvrière soutient ce gouvernement.
16. The chancellor will try to solve the problem.
    Le chancelier va essayer de résoudre le problème.
17. The congressman is corrupt.

Le député est corrompu.
18. The governor is racist.
Le gouverneur est raciste.
19. The mayor fixed the city's problems.
Le maire a réglé les problèmes de la ville.
20. The ballot reached historical limits.
Le scrutin a atteint des limites historiques.
21. The opinion poll confirmed it.
Le sondage d'opinion l'a confirmé.
22. What the majority of the people wanted passed.
Ce que la majorité des gens voulait a été adopté.
23. The government staged a coup.
Le gouvernement a fait un coup d'État.
24. The police beat the protestors.
La police a battu les manifestants.
25. The army is suppressing the students.
L'armée réprime les étudiants.

Quiz – Chapter XXVI
Politics & Government
Matching

1. la loi
2. le gouvernement central
3. le citoyen
4. le soutien
5. la résistance passive
6. la corruption
7. l'égalité des chances
8. le drapeau
9. liberté
10. désigner
11. le coup d'État
12. le pouvoir judiciaire
13. les affaires locales
14. la classe moyenne
15. renverser
16. l'homme politique
17. réformer
18. révolte
19. taxer
20. renverser

A. central government
B. citizen
C. civil disobedience
D. corruption
E. equal opportunity
F. flag
G. freedom
H. government
I. judiciary
J. law/act
K. local affairs
L. middle class
M. politician
N. reform
O. revolt
P. tax
Q. to appoint
R. to bring down
S. to overthrow
T. to support

Multiple Choice Sentence Completion

21. Le _____ de la collectivité doit être au-dessus de l'individu.
a. passer outre
b. roi
c. approuver
d. bien-être

22. Le _____ a été très sévère dans son verdict.
a. juge
b. le comte
c. conservateur
d. gouverner

23. _____ est un devoir de citoyen.
a. rectifier
b. rejeter
c. voter
d. rédiger

24. Le _____ a demandé à la police d'enquêter sur l'affaire.
a. royal
b. le soutien
c. maire
d. la république

25. Le _____ a prononcé un discours très émouvant devant ses partisans.
a. abolir
b. rappel
c. rappeler
d. candidat

26. _____ l'idée de son collègue n'était pas une bonne idée.
a. rejeter
b. l'idéologie
c. approuver
d. la dictature

27. _____ a montré que le candidat du parti d'opposition était le favori.
a. l'impératrice
b. disposer
c. le scrutin général
d. aristocratique

28. Ce pays est actuellement dans un état de _____ absolu.
a. le raciste				c. la république
b. le veto				d. l'anarchie

29. _____ est un élément fondamental de la culture occidentale.
a. la démocratie			c. la ratification
b. nommer				d. élire

30. _____ est une figure du pouvoir absolu en voie de disparition.
a. les élections			c. le roi
b. le droit				d. l'indépendance

Answer Key

1. J
2. A
3. B
4. T
5. C
6. D
7. E
8. F
9. G
10. Q
11. H
12. I
13. K
14. L
15. R
16. M
17. N
18. O
19. P
20. S
21. D
22. A
23. C
24. C
25. D
26. A
27. C
28. D
29. A
30. C

Chapter XXVII
Society

Societal Issues

abortion
aggressiveness
AIDS
anti-Semitism
arrogance
asylum
asylum seeker
bias
citizenship
coexistence
community
country of origin
culture
disability
discrimination
distribution of wealth
dual nationality
emigrant
emigration
employment
equal
equal opportunities
equal pay
equal rights
equality
ethnic
ethnic minority

Questions de société

avortement
agressivité
SIDA
antisémitisme
arrogance
asile
demandeur d'asile
préjugé
citoyenneté
coexistence
communauté
pays d'origine
culture
handicap
discrimination
répartition des richesses
double nationalité
émigrant
émigration
emploi
égalité
égalité des chances
égalité de rémunération
égalité des droits
égalité
ethnique
minorité ethnique

explotion	explosion
fanatic	fanatique
far right	extrême droite
fascism	fascisme
fascist	fasciste
feminism	féminisme
feminist	féministe
foreign worker	travailleur étranger
foreigner	étranger
freedom	liberté
freedom of expression	liberté d'expression
freedom of speech	liberté d'expression
gay club/bar	club/bar gay
gay movement	mouvement gay
gay person	personne gay
gender	genre
ghetto	ghetto
hate crime	crime de haine
hate/hatred	haine
heterosexual	hétérosexuel
heterosexuality	hétérosexualité
HIV positive	séropositif
homosexual	homosexuel
homosexuality	homosexualité
human rights	droits de l'homme
ideology	idéologie
immigrant	immigrant
immigration	immigration
inequality	inégalité
injury	préjudice
integration	intégration
intolerance	intolérance
intolerant	intolérant
law	loi

lesbian	lesbienne
lynching	lynchage
majority	majorité
male	homme
marginalization	marginalisation
masculine	masculin
minority	minorité
mother tongue	langue maternelle
neo-Nazism	néo-nazisme
persecution	persécution
politically correct	politiquement correct
prejudice	préjugé
prejudiced	préjugé
protection	protection
race	race
racism	racisme
racist	raciste
refugee	réfugié
residence	permis de séjour
residence permit	permis de séjour
right	droit
right to residence	droit de séjour
serious	grave
sexual	sexuelle
sexual orientation	orientation sexuelle
sexuality	sexualité
solidarity	solidarité
stereotypical	stéréotypé
supremacist	suprématiste
the integration	l'intégration
tolerance	tolérance
tolerant	tolérant
torture	torture
unemployed	chômeur

unequal	inégalité
upper/middle/lower class	classe supérieure/moyenne/inférieure
women's liberation	libération des femmes
women's liberation activist	activiste de la libération de la femme
women's rights	droits des femmes
work permit	permis de travail

Addiction & Violence — Addiction et violence

abuse	abus
act of violence	acte de violence
addict	toxicomane
addiction	addiction
aggression	agression
aggressive	agressif
alcohol	alcool
alcoholic	alcoolique
alcoholism	alcoolisme
anger	colère
angry	colère
attack	attaque
bully	tyran
cannabis	cannabis
child abuse	violence à l'égard des enfants
cocaine	cocaïne
consumption	consommation
crack	crack
crime	crime
dangerous	dangereux
drug addict/junkie	toxicomane/junkie

drug dealer/pusher	dealer/pousseur de drogue
drug scene	scène de la drogue
drug traffic	trafic de stupéfiants
effect	effet
fatal	fatal
fatal/very bad	fatal/très mauvais
fear	peur
force	force
gang	gang
glue	colle
habit/vice	habitude/vice
hard drugs	drogues dures
hashish	haschisch
heroin	héroïne
hostile	hostile
illegal	illégal
infection	infection
injection	injection
insult	insulte
junkie	junkie
legal	légal
LSD	**LSD**
marijuana	marijuana
methamphetamine	méthamphétamine
mugger	agresseur
narcotic	narcotique
nervous	nerveux
nervousness	nervosité
overdose	overdose
pimp	proxénète
pornographic	pornographique
pornography	pornographie
prostitute	prostituée
prostitution	prostitution

punk	punk
pusher	pousseur
rape	viol
rapist	violeur
rehabilitation	réhabilitation
sexual harassment	harcèlement sexuel
skinhead	skinhead
soft drugs	drogues douces
solvent	solvant
stimulant	stimulant
stimulation	stimulation
supply	approvisionnement
syringe	seringue
tattoo	tatouage
thug	voyou
thug/hooligan	voyou/hooligan
tranquilizer	tranquillisant
troubling	troublant
vandal/thug	vandale/truand
vandalism	vandalisme
victim	victime
violent	violent
withdrawal	retrait
withdrawal symptoms	symptômes de sevrage

Verbs / Verbes

to abuse	abuser
to threaten	menacer
to mug someone	agresser quelqu'un
to attack	attaquer
to terrorize	terroriser
to share	partager
to drive drunk	conduire en état d'ébriété

to beat up	battre
to sober up	dégriser
to kick the habit	pour se débarrasser de l'habitude
to discriminate	discriminer
to get drunk	se saouler
to emigrate	émigrer
to sniff	renifler
to be under the influence of	être sous l'influence de
to interfere with/obstruct	interférer avec/obstacle
to demand	exiger
to smoke	fumer
to injure	blesser
to harass	harceler
to get infected	être infecté(e)
to inhale	inhaler
to immigrate	immigrer
to insult	insulter
to integrate oneself	s'intégrer
to bully	intimider
to inject oneself	s'injecter
to legalize	légaliser
to lynch	lyncher
to persecute	persécuter
to turn to crime	se tourner vers le crime
to repatriate	rapatrier
to seduce	séduire
to be biased	être partial
to fear	craindre
to be biased	être partial
to tolerate	tolérer
to take drugs	prendre des drogues
to deal	traiter
to rape	violer

Phrases

1. He obtained citizenship last year.
   Il a obtenu la citoyenneté l'année dernière.
2. Freedom of speech is essential.
   La liberté d'expression est essentielle.
3. Social inequality is very bad.
   L'inégalité sociale est très grave.
4. We all have some kind of prejudice.
   Nous avons tous des préjugés.
5. Most advanced countries allow abortion.
   La plupart des pays avancés autorisent l'avortement.
6. Emigration is a problem for my country.
   L'émigration est un problème pour mon pays.
7. Women demand equal rights.
   Les femmes réclament l'égalité des droits.
8. The far right and left are dangerous.
   L'extrême droite et l'extrême gauche sont dangereuses.
9. Fascism is a thing of the past.
   Le fascisme appartient au passé.
10. Do not abuse the foreign workers.
    Ne maltraitez pas les travailleurs étrangers.
11. Human rights are important.
    Les droits de l'homme sont importants.
12. Your ideology influences your morality.
    Votre idéologie influence votre moralité.
13. Some countries fight against racism.
    Certains pays luttent contre le racisme.
14. Refugees deserve dignified treatment.
    Les réfugiés méritent un traitement digne.
15. You must be tolerant with people.
    Il faut être tolérant avec les gens.
16. Women's rights are my priority.
    Les droits des femmes sont ma priorité.

17. Substance abuse is a problem.
    La toxicomanie est un problème.
18. Drug consumption is a global struggle.
    La consommation de drogues est une lutte mondiale.
19. Drug trafficking is a big problem.
    Le trafic de drogue est un problème majeur.
20. Criminal gangs are growing.
    Les gangs criminels se multiplient.
21. The young man has a cigarette vice.
    Le jeune homme a le vice de la cigarette.
22. The mugger frightened everyone.
    L'agresseur a fait peur à tout le monde.
23. The woman was raped and murdered.
    La femme a été violée et assassinée.
24. The woman was threatened by her neighbor.
    La femme a été menacée par son voisin.
25. The war on drugs is a failure.
    La guerre contre la drogue est un échec.

Quiz – Chapter XXVII
Society
Matching

1. avortement
2. prédisposition
3. abus
4. culture
5. obstacle
6. répartition des richesses
7. fascisme
8. pédé
9. crime de haine
10. attentat
11. idéologie
12. intolérance
13. la langue maternelle
14. politiquement correct
15. racisme
16. l'agression d'une personne
17. le droit
18. chômeur
19. addiction
20. rage

A. abortion
B. addiction
C. anger
D. bias
E. culture
F. disability
G. distribution of wealth
H. fascism
I. hate crime
J. homosexual person
K. ideology
L. intolerance
M. mother tongue
N. pollitically correct
O. racism
P. right
Q. to abuse
R. to attack
S. to mug someone
T. unemployed

Multiple Choice Sentence Completion

21. _____ est un acte qui porte atteinte à la dignité humaine.
a. la discrimination
b. culture
c. l'emploi
d. égalité

22. _____ est une infraction pénale dans de nombreux pays.
a. la haine
b. la race
c. la maltraitance des enfants
d. l'hostilité

23. _____ provoque une augmentation de la violence.
a. la force
b. le trafic de drogue
c. l'infection
d. la désintoxication

24. _____ incite les gens à sous-déclarer la violence.
a. la peur
b. renifler
c. l'intégration
d. légaliser

25. _____ est nocif pour la santé.
a. le tabagisme
b. chasser
c. l'immigration
d. le solvant

26. La toxicomanie est l'un des pires _____.
a. tatouage
b. solvants
c. vices
d. gêne

27. Le _____ et sa bande ont rapidement dévalisé la banque.
a. partager
b. terrorisateur
c. injecter
d. agresseur

28. Le _____ a été arrêté alors qu'il avait enchaîné sa victime.
a. violeur
b. légal
c. membre
d. persécutant

29. _____ est un problème qu'il faut prévenir chez les jeunes.
a. le lynchage   c. l'ivresse
b. séduire   d. entraver

30. _____ est l'arnaqueur du quartier.
a. le proxénète   c. abus
b. l'alcool   d. les préjugés

Answer Key

1. A
2. D
3. Q
4. E
5. F
6. G
7. H
8. J
9. I
10. R
11. K
12. L
13. M
14. N
15. O
16. S
17. P
18. T
19. B
20. C
21. A
22. C
23. B
24. A
25. A
26. C
27. D
28. A
29. C
30. A

Chapter XXVIII
Religion & Death

Religion

agnostic	agnostique
alms	aumône
altar	autel
Anglican	anglican
apostle	apôtre
apostles' creed	credo des apôtres
archbishop	archevêque
atheism	athéisme
atheist	athée
authority	autorité
baptism	baptême
bar mitzvah	bar mitzvah
belief	croyance
believer	croyant
Bible	Bible
biblical	biblique
bishop	évêque
blessed	béni
Buddha	Bouddha
Buddhism	bouddhisme
Buddhist	bouddhiste
Calvinist	calviniste
cantor	chantre
cathedral	cathédrale
Catholic	catholique
celibate	célibataire
chapel	chapelle

charismatic	charismatique
charity	charité
Christ	Christ
Christian	chrétien
church	église
Church of England	Église d'Angleterre
clergy/clergywoman	clergé/femme du clergé
communion	communion
community	communauté
confession	confession
confirmation	confirmation
congregation	congrégation
conscience	conscience
convent	couvent
conversion	conversion
covenant/alliance	alliance
covenant/pact	alliance/pacte
creed	credo
cross	croix
deacon	diacre
disciple	disciple
divine	divin
doctrine	doctrine
duty/obligation	devoir/obligation
duty/responsibility	droit d'auteur
ecumenism	œcuménisme
ethical	éthique
eucharist	eucharistie
evangelist	évangéliste
evangelical	évangélique
evil	mal
faith	foi
faithful	fidèle
fast/fasting	rapide/jeûne

follower	suiveur
forgiveness	pardon
free will	libre arbitre
fundamentalism	fondamentalisme
fundamentalist	fondamentaliste
God	Dieu
goddess	déesse
gospel	évangile
grace	grâce
heaven	ciel
Hebrew	hébreu
hell	enfer
heretical	hérétique
hermitage	ermitage
Hindu	hindou
Hinduism	hindouisme
holiness	sainteté
holy	saint
holy communion	sainte communion
Holy Spirit	Saint-Esprit
hope	espérance
human being	être humain
humanism	humanisme
humanist	humaniste
humanity	humanité
ideological	idéologique
Imam	Imam
infallibility	infaillibilité
intercession	intercession
Islam	islam
Islamic	islamique
Jehovah	Jéhovah
Jehovah's Witness	Témoin de Jéhovah
Jesus	Jésus

Jew	Juif
Jewish	Juif
Judaism	judaïsme
judgment	jugement
Koran	Coran
laity	laïcité
Last Supper	Cène
layperson	laïc
Lord	Seigneur
mass	messe
mediation	médiation
merciful	miséricordieux
mercy	miséricorde
message	message
messenger	messager
Messiah	Messie
metaphysical	métaphysique
minister	ministre
ministry	ministère
mission	mission
missionary	missionnaire
Mohammed	Mahomet
monastery	monastère
monk	moine
morality	moralité
mosque	mosquée
mullah	mollah
Muslim	musulman
mystical	mystique
mysticism	mystique
myth	mythe
New Testament	Nouveau Testament
nirvana	nirvana
nun	nonne

Old Testament	Ancien Testament
orthodox	orthodoxe
pagan	païen
parish	paroisse
parishioner	paroissien
pastor	pasteur
Pentateuch	Pentateuque
Pentecost	Pentecôte
pilgrim	pèlerin
pilgrimage	pèlerinage
Pope	Pape
prayer	prière
priest	prêtre
procession	procession
prophet	prophète
Protestant	protestant
Protestantism	protestantisme
psalm	psaume
purpose	but
Quaker	quaker
rabbi	rabbin
reason	raison
redemption	rédemption
reformation	réforme
repentance	repentance
repentant	repentant
reverence	révérence
reverent	révérencieux
rite	rite
ritual	rituel
sacrament	sacrement
sacred	sacré
Satan	Satan
savior	sauveur

scripture	écriture
service	service
shame	honte
sin	péché
sinful	péché
soul	âme
spirit	esprit
spiritual	spirituel
spirituality	spiritualité
synagogue	synagogue
synod	synode
Talmud	Talmud
Taoism	taoïsme
temple	temple
the ten commandments	les dix commandements
theological	théologie
theology	théologie
thought	pensée
transcendental	transcendantal
Trinity	Trinité
truth	vérité
vision	vision
vocation	vocation
vow	vœu
wedding	mariage
witness	témoin
zealot	zélateur

Death — La mort

afterlife	vie après la mort
angel	ange
ashes	cendres
autopsy	autopsie

body	corps
burial	enterrement
buried	enterré
casket/coffin	cercueil/coffre
cemetery	cimetière
corpse/cadaver	cadavre
cremated	crémation
cremation	crémation
crematorium	crématorium
date of birth	date de naissance
date of death	date de décès
dead	mort
death	mort
death certificate	certificat de décès
elders	aînés
epitaph	épitaphe
eulogy	eulogie
funeral	funérailles
funeral rites	rites funéraires
funeral service	service funèbre
ghost	fantôme
grave	tombe
grief	deuil
hearse	corbillard
heaven	paradis
hell	enfer
inheritance	héritage
last rites	derniers sacrements
life	vie
life insurance	assurance vie
mortality rate	taux de mortalité
mortuary	mortuaire
mourning	deuil
mummy	momie

murder	meurtre
next of kin / family	famille d'accueil / proche parent
obituary	nécrologie
pall	pall
pallbearer	porteur de cercueil
pathologist	pathologiste
remains	dépouille
séance	séance
survivor	survivant
terminal illness	maladie terminale
tomb	tombe
tombstone	pierre tombale
undertaker	pompe funèbre
urn	urne
will	testament

Verbs / Verbes

to minister	ministre
to worship/adore	vénérer/adorer
to repent	se repentir
to kneel down	s'agenouiller
to fast	jeûner
to canonize	canoniser
to celebrate a baptism	célébrer un baptême
to celebrate a wedding	célébrer un mariage
to celebrate a communion	célébrer une communion
to confess	confesser
to convert	convertir
to convert to Buddhism	se convertir au bouddhisme
to convert to christianity	se convertir au christianisme
to convert to hinduism	se convertir à l'hindouisme
to convert to islam	se convertir à l'islam

to believe in	croire en
to give alms	faire l'aumône
to bear witness	témoigner
to say mass	dire la messe
to bury	enterrer
to mourn	faire le deuil
to pass away	s'éteindre
to make a promise	faire une promesse
to inherit	hériter
to cremate	incinérer
to go to hell	aller en enfer
to mourn	faire son deuil
to meditate	méditer
to pray	prier
to ordain	ordonner
to sin	pécher
to pray for something	prier pour quelque chose
to forgive	de pardonner
to revere	de révérer
to praise	louer
to save a person	sauver une personne
to sanctify	sanctifier
to cross oneself	se croiser
to go to heaven	aller au ciel
to have faith	avoir la foi
to bear witness	témoigner
to revere	révérer

Phrases

1. You should give alms to the poor.
   Vous devriez faire l'aumône aux pauvres.
2. I am an atheist.
   Je suis athée.
3. Here we respect the beliefs of each one.
   Ici, nous respectons les croyances de chacun.
4. I like to read the bible every day.
   J'aime lire la Bible tous les jours.
5. There are ghosts in that convent.
   Il y a des fantômes dans ce couvent.
6. One's religion is an individual decision.
   La religion est une décision individuelle.
7. God will take care of you if you have faith.
   Dieu s'occupera de vous si vous avez la foi.
8. You should always forgive.
   Il faut toujours pardonner.
9. The last supper is my favorite painting.
   Le dernier repas est mon tableau préféré.
10. Every Sunday I go to mass.
    Chaque dimanche, je vais à la messe.
11. The monk cultivates the garden.
    Le moine cultive le jardin.
12. That temple has an evident mysticism.
    Ce temple a un mysticisme évident.
13. Myths are part of the culture.
    Les mythes font partie de la culture.
14. The nun helps the sick.
    La religieuse aide les malades.
15. The murder always seeks redemption.
    Le meurtrier cherche toujours la rédemption.
16. He is repentant for the evil he has caused.
    Il se repent du mal qu'il a causé.
17. That ancient rite is fascinating.

Cet ancien rite est fascinant.
18. Priests take a vow of poverty.
Les prêtres font vœu de pauvreté.
19. Religious zealots scare me.
Les fanatiques religieux me font peur.
20. My father's ashes are at home.
Les cendres de mon père sont à la maison.
21. My grandfather's burial is tomorrow.
L'enterrement de mon grand-père a lieu demain.
22. The coffin is in the middle of the church.
Le cercueil est au milieu de l'église.
23. My wife's funeral service will be in town.
Les funérailles de ma femme auront lieu en ville.
24. Covid increased the mortality rate.
Covid a augmenté le taux de mortalité.
25. I am afraid to visit his tomb.
J'ai peur de me rendre sur sa tombe.

Quiz – Chapter XXVIII
Religion & Death
Matching

1. culte
2. se repentir
3. jeûner
4. divin
5. paradis
6. chrétien
7. le mythe
8. pardon
9. le prêtre
10. le juif
11. la croyance
12. la croix
13. l'espoir
14. le libre arbitre
15. le mal
16. la messe
17. la nonne
18. péché
19. saint
20. saint

A. belief
B. christian
C. cross
D. divine
E. evil
F. free will
G. heaven
H. holy
I. hope
J. jewish
K. mass
L. myth
M. nun
N. priest
O. redemption
P. sacred
Q. to fast
R. to repent
S. to sin
T. to worship/adore

Multiple Choice Sentence Completion

21. Mes grands-parents aiment _____ à l'église le dimanche.
a. l'apôtre
b. l'athéisme
c. la prière
d. béni

22. J'ai _____ à cause de ce que j'ai dit à mon petit ami hier.
a. la honte
b. célibat
c. le christianisme
d. communion

23. _____ m'angoisse car je ne sais pas ce qui va se passer.
a. la vie future
b. mal
c. la fidélité
d. foi

24. Etre _____ à une religion est une chose que les athées ne feront pas.
a. éthique
b. convertir
c. fidèle
d. saint

25. La personne décédée hier s'est déjà rendue sur le site _____.
a. l'ermitage
b. hérétique
c. l'humanisme
d. enterré

26. _____ était terrifiant et diabolique.
a. la mosquée
b. la méditation
c. le fantôme
d. la prière

27. Le site du saint de _____ est visité chaque année par des pèlerins.
a. l'enterrement
b. disparition
c. le sauvetage
d. ezar

28. J'espère que lorsque je mourrai, je n'irai pas à _____.
a. le parent   c. l'enfer
b. le cimetière   d. le culte

29. _____ à nos morts est une chose sacrée pour nous.
a. l'enterrement   c. le repentir
b. le péché   d. la nécrologie

30. _____ de la tombe de ma mère est très important pour moi.
a. pierre tombale   c. demander
b. sauver   d. pardonner

Answer Key

1. T
2. R
3. Q
4. D
5. G
6. B
7. L
8. O
9. N
10. J
11. A
12. C
13. I
14. F
15. E
16. K
17. M
18. S
19. P
20. H
21. C
22. A
23. A
24. B
25. D
26. C
27. A
28. C
29. A
30. A

Chapter XXIX
Astronomy & Astrology

Astronomy

alien
asteroid
asteroid belt
astronaut
astronomer
astronomy
axial tilt
background radiation
Big Bang
celestial vault
big bang theory
binary star
black hole
celestial
cluster/bunch
comet
constellation
corona
cosmic rays
cosmology
cosmonaut
cosmos
crater
crescent moon
dark matter
deep space
giant star

Astronomie

extraterrestre
astéroïde
ceinture d'astéroïdes
astronaute
astronome
astronomie
inclinaison axiale
rayonnement de fond
Big Bang
voûte céleste
théorie du big bang
étoile binaire
trou noir
céleste
grappe/amas
comète
constellation
couronne
rayons cosmiques
cosmologie
cosmonaute
cosmos
cratère
croissant de lune
matière noire
espace profond
étoile géante

Earth	Terre
eclipse	éclipse
equinox	équinoxe
event horizon	horizon des événements
exoplanet	exoplanète
extragalactic	extragalactique
flare	éruption
full moon	pleine lune
galaxy	galaxie
gamma rays	rayons gamma
dwarf star	étoile naine
gravitational field	champ gravitationnel
gravity	gravité
Hubble telescope	télescope de Hubble
inertia	inertie
interstellar	interstellaire
Jupiter	Jupiter
light year	année lumière
lunar	lunaire
magnetic field	champ magnétique
Mars	Mars
Mercury	Mercure
meteor	météorite
meteorite	météorite
meteor shower	pluie de météorites
milky way	voie lactée
moon	lune
NASA	NASA
nebula	nébuleuse
Neptune	Neptune
neutron star	étoile à neutrons
new moon	nouvelle lune
North Star	étoile polaire
nova	nova

nuclear fusion	fusion nucléaire
observatory	observatoire
orbit	orbite
Orion's Belt	ceinture d'Orion
planets	planètes
Pluto	Pluton
radiation	rayonnement
rings of Saturn	anneaux de Saturne
rocket	fusée
satellite	satellite
Saturn	Saturne
shooting star	étoile filante
singularity	singularité
sky	ciel
solar	solaire
solar flare	éruption solaire
solar system	système solaire
solar wind	vent solaire
solstice	solstice
space	espace
space exploration	exploration spatiale
space shuttle	navette spatiale
space station	station spatiale
spaceship / spacecraft	vaisseau spatial
star	étoile
sun	soleil
sunspot	tache solaire
supernova	supernova
telescope	télescope
theory of relativity	théorie de la relativité
translunar	translunaire
ultraviolet rays	rayons ultraviolets
universe	univers
Uranus	Uranus

vacuum of space	vide spatial
Venus	Vénus
wormhole	trou de ver
zodiac	zodiaque

Astrology / Astrologie

air signs	signes d'air
Aquarius	Verseau
Aries	Bélier
astrologist	astrologue
astrology	astrologie
astrology house	maison de l'astrologie
bull	taureau
Cancer	Cancer
Capricorn	Capricorne
card deck	jeu de cartes
cardinal signs	signes cardinaux
centaur	centaure
constellations	constellations
crab	crabe
dignity	dignité
domicile	domicile
earth signs	signes de terre
essential dignity	dignité essentielle
exaltation	exaltation
exile	exil
fall	chute
fire signs	signes de feu
fish	poisson
fixed signs	signes fixes
Gemini	Gémeaux
goat-horned	cornes de chèvre
horoscope	horoscope

Leo	Lion
Libra	Balance
lion	lion
lunar nodes	nœuds lunaires
maiden	vierge
moon sign	signe de lune
mutable signs	signes mutables
negative signs	signes négatifs
palm reading	lecture des lignes de la main
palmistry	chiromancie
Pisces	Poissons
positive signs	signes positifs
ram	bélier
rising sign	signe ascendant
ruling planet	planète dominante
Sagittarius	Sagittaire
scales	balance
Scorpio	Scorpion
scorpion	scorpion
sign compatibility	compatibilité des signes
sun sign	signe solaire
tarot cards	cartes de tarot
Taurus	Taureau
the houses	les maisons
twins	les jumeaux
Virgo	Vierge
water signs	signes d'eau
water-bearer	porteur d'eau

Verbs / Verbes

to dock	accoster
to build	construire
to escape	s'échapper

to study astronomy	étudier l'astronomie
to go to space camp	aller dans un camp de l'espace
to read tarot cards	lire les cartes de tarot
to read palms	lire les lignes de la main
to stargaze	pour regarder les étoiles
to look for shooting stars	Chercher des étoiles filantes
to study aerospace engineering	étudier l'ingénierie aérospatiale
to explore	explorer
to fly	pour voler
to practice safety	pour pratiquer la sécurité
to predict	prédire
to question	questionner
to foresee	prévoir
to probe	sonder
to return	revenir
to travel	voyager
to visit the space station	visiter la station spatiale

Phrases

1. What's your sign?
   Quel est votre signe astrologique ?
2. When is your birthday?
   Quelle est la date de votre anniversaire ?
3. Have you ever read your birth chart?
   Avez-vous déjà lu votre carte du ciel ?
4. What's your rising sign?
   Quel est votre signe ascendant ?
5. Do you read the horoscope often?
   Lisez-vous souvent l'horoscope ?
6. Tonight there is a lunar eclipse.
   Ce soir, il y a une éclipse lunaire.
7. Our signs are very compatible.
   Nos signes sont très compatibles.
8. Do you know how to read tarot cards?
   Savez-vous lire les cartes de tarot ?
9. What is the element of your sign?
   Quel est l'élément de votre signe ?
10. I get along very well with fire signs.
    Je m'entends très bien avec les signes de feu.
11. I have never met a fortune teller.
    Je n'ai jamais rencontré de cartomancienne.
12. When I grow up, I'm going to study astronomy.
    Quand je serai grand, j'étudierai l'astronomie.
13. The stars and the universe are fascinating.
    Les étoiles et l'univers sont fascinants.
14. The planets orbit the sun.
    Les planètes tournent autour du soleil.
15. Mercury is the smallest planet.
    Mercure est la plus petite planète.
16. ¿Do you know the big bang theory?
    Connaissez-vous la théorie du big bang ?
17. Black holes have energy.

Les trous noirs ont de l'énergie.
18. In the universe there are many constellations.
Dans l'univers, il y a beaucoup de constellations.
19. Tomorrow there will be a lunar eclipse.
Demain, il y aura une éclipse de lune.
20. Have you seen the planets in a telescope?
As-tu déjà vu les planètes dans un télescope ?
21. What sign are you in the horoscope?
Quel est votre signe dans l'horoscope ?
22. Have you ever had your hand read?
Avez-vous déjà fait lire votre main ?
23. Mars is the red planet.
Mars est la planète rouge.
24. Our solar system is extraordinary.
Notre système solaire est extraordinaire.
25. The universe is infinite.
L'univers est infini.

Quiz – Chapter XXIX
Astronomy & Astrology
Matching

1. l'extraterrestre
2. l'astronaute
3. la pleine lune
4. la gravité
5. les rayons gamma
6. la comète
7. l'inertie
8. le météore
9. les planètes
10. le rayonnement
11. la fusée
12. le ciel
13. l'étoile filante
14. le vaisseau spatial
15. les rayons ultraviolets
16. l'astrologie
17. horoscope
18. constellations
19. compatibilité zodiacale
20. lecture des lignes de la main

A. alien
B. astrology
C. astronaut
D. comet
E. constellations
F. full moon
G. gamma rays
H. gravity
I. horoscope
J. inertia
K. meteor
L. palm reading
M. planets
N. radiation
O. rocket
P. shooting star
Q. sign compatibility
R. sky
S. spaceship
T. ultraviolet rays

Multiple Choice Sentence Completion

21. Mon petit ami est du signe astrologique _____.
a. du Poisson   c. le Big Bang
b. de l'astronaute   d. le cluster

22. _____ appartient au signe des gémeaux.
a. les jumeaux   c. la construction
b. d. le quai   d. l'évasion

23. Il existe différentes _____ en astrologie.
a. échelles   c. prévoir
b. prédire   d. questionner

24. _____ est une constellation.
a. la ceinture d'orion   c. le trigone
b. les maisons   d. le domicile

25. Les personnes qui appartiennent aux _____ sont d'un tempérament fort.
a. la dignité   c. le doyen
b. l'exaltation   d. les signes de feu

26. _____ sont le taureau, la vierge et le capricorne.
a. les signes de terre   c. le détriment
b. la dignité   d. la cuspide

27. _____ sont passionnés par le débat et le raisonnement.
a. le télescope   c. uranus
b. l'univers   d. les signes d'air

28. Les personnes qui appartiennent au _____ sont vulnérables et sensibles.
a. la supernova
b. satellite
c. les signes d'eau
d. ciel

29. Les _____ du zodiaque sont au nombre de six.
a. signes positifs
b. nébuleuse
c. lune
d. voie lactée

30. _____ sont associés au principe féminin de la création.
a. les signes négatifs
b. la nasa
c. l'éruption
d. l'exoplanète

Answer Key

1. A
2. C
3. F
4. H
5. G
6. D
7. J
8. K
9. M
10. N
11. O
12. R
13. P
14. S
15. T
16. B
17. I
18. E
19. Q
20. L
21. A
22. A
23. A
24. A
25. D
26. A
27. D
28. C
29. A
30. A

Chapter XXX
Social Life & Relationships

Social Life
affair / event
appointment book
banquet
bow (gesture)
caterers
celebration
champagne
club
costume party
cup/goblet
curtsy
dance / ball
date / appointment
debutante
entrance
entrance to society
guest
guest of honor
handshake
hangover
host
hug
invitation
open house
party
R.S.V.P
reception

Vie sociale
affaire / événement
carnet de rendez-vous
banquet
salut (geste)
traiteurs
célébration
champagne
club
fête costumée
coupe/goblet
curtsy (courbette)
danse / ball
date / rendez-vous
débutante
entrée
entrée dans la société
invité(e)
invité d'honneur
poignée de main
gueule de bois
hôte
accolade
invitation
maison ouverte
fête
R.S.V.P
réception

romantic affair	soirée romantique
séance	séance
season	saison
snob	snob
social life	vie sociale
surprise	surprise
surprise party	fête surprise
toast	toast
visit	visite

Relationships — Relations

acquaintance	connaissance
affair	liaison
ally	allié
ancestor	ancêtre
annulment	annulation
bachelor	bachelier
bachelorette	bachelorette
best man	témoin
betrothed/engaged	fiancé(e)
birth	naissance
bride	mariée
bridesmaid/maid of honor	demoiselle d'honneur
brother in law	frère en droit
buddy	ami(e)
classmate	camarade de classe
close relative	proche parent
colleague	collègue
companion	compagnon
couple	couple
courtship	courtisan(e)
daughter-in-law	belle-fille
dear friend	ami(e) cher(e)

death	décès
distant relative	parent éloigné
divorce	divorce
divorcé	divorcé
divorced	divorcé
divorcée	divorcée
enemy	ennemi
engagement	fiançailles
engagement/betrothal	fiançailles/betrothal
ex spouse	ex-conjoint
family tree	arbre généalogique
fiancé	fiancé
fiancée	fiancée
first cousin	cousin germain
friendship	amitié
gang	gang
genealogy	généalogie
godchild	filleul
grandparents	grands-parents
great aunt	grande tante
great grandchild	arrière-petit-enfant
great grandparent	arrière-grand-parent
great nephew	grand neveu
great niece	grand nièce
great uncle	grand-oncle
guardian	tuteur
half sibling	demi-frère ou demi-sœur
honeymoon	lune de miel
husband	mari
in laws	dans les lois
lover	amoureux
marriage	mariage
married	marié
matrimony	matrimonial

member	membre
mistress	maîtresse
neighbor	voisin
newlyweds	jeunes mariés
older	plus âgé
only child	enfant unique
parents	parents
partner	partenaire
pen pal	correspondant(e)
related	parenté
relationship	parenté
relative	parent
romantic relationship	relation amoureuse
second cousin	cousin au second degré
sister in law	sœur par alliance
stepchild	beau-fils
stepfather	beau-père
stepmother	belle-mère
stepsibling	beau-frère ou belle-sœur
the father in law	le beau-père
the son-in-law	le gendre
twin	jumeau
wedding	mariage
widow	veuve
widower	veuf
wife	épouse
wife	épouse
younger	plus jeune

Moods & Emotions — Humeurs et émotions

angry	en colère
anxious	anxieux
ashamed	honteux

bored	ennuyé
busy	occupé
calm	calme
comfortable	à l'aise
concern/worry	inquiétude/préoccupation
confused	confus
delighted	ravi
depressed	déprimé(e)
desperate	désespéré
disappointed	déçu(e)
ecstatic/thrilled	extatique/ravi
envious	envieux
envy	envieux
excited	excité
fear	peur
frightened	effrayé
frustrated	frustré
furious/very angry	furieux/très en colère
gratitude	gratitude
happiness	bonheur
happy	heureux
hurt	blessé(e)
impatient	impatient
in a bad mood	de mauvaise humeur
in a good mood	de bonne humeur
in love	amoureux
insecure	mal à l'aise
jealous	jaloux
jealousy	jalousie
love	amour
nervous	nerveux
optimism	optimisme
overwhelmed	accablé
overwhelmed/oppressed	accablé/oppressé

patient	patient
pessimistic	pessimiste
pleased	satisfait
proud	fier
relaxed	détendu(e)
relieved	soulagé(e)
restless	agité
sad	triste
sadness	triste
satisfied	satisfait
scared	effrayé
sensitive	sensible
serene	serein
shy	timide
stress	stressé
stressed	stressé
surprised	surpris
thankful/grateful	reconnaissant/gratuit
tired	fatigué(e)
uncomfortable	mal à l'aise
unhappy	malheureux
vengeful	rancunier
worried	inquiet

Personalities / Personnalités

cautious	prudent
charming	charmant
cheerful	joyeux
clever/sharp	intelligent/affûté
disciplined	discipliné
evil	méchant
friendly	sympathique
fun	amusant

funny	drôle
generous	généreux
good	bon
happy	heureux
hardworking	travailleur
honorable	honorable
impolite	impoli
intelligent	intelligent
interesting	intéressant
kind	gentil
lazy	paresseux
mean/unkind	méchant
optimistic	optimiste
pessimistic	pessimiste
pleasant	agréable
polite	poli
respectful	respectueux
rude	impoli
sensible	raisonnable
serious	sérieux
shy	timide
sociable	sociable
tactful	délicat
tactless	sans tact
temperamental	capricieux(se)
trusting	confiant
unfriendly	inamical
unsociable	insociable
warm	chaleureux
wise	sage
witty	sage

To Show Affection — Montrer de l'affection

babe	bébé
baby	bébé
beautiful	beau
biscuit/sponge cake	biscuit/gâteau à l'éponge
blonde/light skinned	blond/peau claire
cupcake	cupcake
cutie	mignon
cutie	mignon
daddy	papa
dear	chéri
doll	poupée
gorgeous/beautiful	beau/beauté
handsome/pretty	beau/joli
little babe	petit bébé
little bear	petit ours
little eyes	petits yeux
little love	petit amour
little momma	petite maman
little skinny	petit maigre
love/honey	amour/miel
lover	amoureux
mommy	maman
my king	mon roi
my life	ma vie
my light	ma lumière
my love	mon amour
my other half	mon autre moitié
my queen	ma reine
my soul	mon âme
my tiger	mon tigre
pimp	proxénète
precious	précieux
pretty	joli

pretty/cute	beau / mignon
prince	prince
princess	princesse
shorty/cutie	petit/petit
skinny	maigre
sugar	sucre
sweetie/heart	sweetie/heart
sweetie/honey/darling	bonbon/miel/argent
sweetness/sweetie pie	sweetness/sweetie pie
treasure/darling	trésor/darling

Verbs / Verbes

to hug/embrace	serrer dans ses bras
to accept an invitation	accepter une invitation
to cuddle	faire des câlins
to brag about	se vanter
to love	aimer
to dance	danser
to kiss	embrasser
to kiss the air	embrasser l'air
to toast someone	porter un toast à quelqu'un
to celebrate	fêter
to conquer/captivate	conquérir/captiver
to flirt	flirter
to snub	faire de l'ombre à quelqu'un
to make one's debut	faire ses débuts
to ask someone to be your partner	demander à quelqu'un d'être son partenaire
to want/wish/desire	vouloir/souhaiter/désirer
to have fun	s'amuser
to fall in love	tomber amoureux
to get together with	s'entendre avec
to make one's debut	faire ses débuts

to be madly in love	être follement amoureux
to be at home	être à la maison
to be available/be free	être disponible/être libre
to be madly in love with	être follement amoureux de
to be busy	être occupé
to shake hands	serrer la main
to excuse oneself	s'excuser
to brag	se vanter
to congratulate	féliciter
to amuse oneself	s'amuser
to flirt	flirter
to wink	faire un clin d'oeil
to invite someone	inviter quelqu'un
to flirt	se faire des amis
to mingle	se mêler à la foule
to make a fool of oneself	se ridiculiser
to introduce oneself	se présenter
to propose	proposer
to greet	saluer
to settle down	s'installer
to socialize	s'installer
to surprise	surprendre
to dread	redouter
to visit	visiter

Phrases

1. I always think about you.
   Je pense toujours à toi.
2. It was love at first sight.
   Ce fut un coup de foudre.
3. I like you so much.
   Je t'aime beaucoup.
4. I love you very much.
   Je t'aime beaucoup.
5. I miss you.
   Tu me manques.
6. I'm in love with you.
   Je suis amoureux de toi.
7. You are so beautiful.
   Tu es si belle.
8. I love you with all of my soul.
   Je t'aime de toute mon âme.
9. I love you with all my heart.
   Je t'aime de tout mon cœur.
10. You are the love of my life.
    Tu es l'amour de ma vie.
11. Each day I love you more.
    Chaque jour, je t'aime davantage.
12. I can't live without you.
    Je ne peux pas vivre sans toi.
13. You are everything to me.
    Tu es tout pour moi.
14. I was invited to the debutante's ball.
    J'ai été invité(e) au bal des débutantes.
15. I can't live without you.
    Je ne peux pas vivre sans toi.
16. You're the love of my life.
    Tu es l'amour de ma vie.
17. You drive me crazy.

Tu me rends folle.
18. You are the man of my life.
Tu es l'homme de ma vie.
19. You are the woman of my life.
Tu es la femme de ma vie.
20. I'm very lucky to have you by my side.
J'ai beaucoup de chance de t'avoir à mes côtés.
21. Do you love me?
Est-ce que tu m'aimes ?
22. I love all of you.
Je vous aime tous.
23. You are my other half.
Tu es ma deuxième moitié.
24. I need you.
J'ai besoin de toi.
25. Let's toast the guest of honor.
Trinquons à l'invité d'honneur.

Quiz – Chapter XXX
Social Life & Relationships
Matching

1. le sujet
2. la fête costumée
3. le rendez-vous
4. le baiser
5. le célibataire
6. le beau-frère
7. le voisin
8. la belle-famille
9. le parent
10. souhait
11. lune de miel
12. gêné(e)
13. inquiétude
14. déprimé
15. être libre
16. occupé
17. excité(e)
18. blessé(e)
19. de bonne humeur
20. se blottir

A. affair/event
B. ashamed
C. bachelor
D. brother in law
E. concern/worry
F. costume party
G. cuddle
H. date/appointment
I. depressed
J. excited
K. honeymoon
L. impatient
M. in a good mood
N. in laws
O. neighbor
P. relative
Q. to be available/free
R. to be busy
S. to kiss
T. to want/wish/desire

Multiple Choice Sentence Completion

21. Je me sens _____ à cause du comportement de mon patron.
a. accablé
b. copain
c. courtois
d. célibataire

22. Je suis _____ des réalisations que j'ai faites dans ma carrière.
a. la fréquentation
b. le beau-frère
c. fier
d. le gang

23. Avant une réunion de travail, je me sens _____ et anxieux.
a. marié
b. agité
c. réunion
d. la belle-sœur

24. Elle est très _____ et a peu d'amis.
a. l'envie
b. timide
c. la timidité
d. surprise

25. Vous devriez être _____ pour tout ce que la vie vous a donné.
a. la tristesse
b. mauvais
c. reconnaissant
d. drôle

26. _____ est un signe d'affection et d'amour.
a. l'étreinte
b. maigre
c. la douceur
d. cœur

27. Le garçon est _____ avec les femmes mais mauvais avec les autres.
a. le plaisir des yeux
b. reine
c. le trésor
d. charmeur

28. Être _____ est l'une des clés de la réussite sociale.
a. ricura
b. vida mia
c. amical
d. début

29. Si vous êtes _____, vous ne serez pas accepté par la société.
a. rude
b. baiser
c. célébrant
d. conquérir

30. _____ de la femme a dû s'enfuir par la fenêtre.
a. s'excuser
b. féliciter
c. faire un clin d'œil
d. l'amant

Answer Key

1. A
2. F
3. H
4. S
5. C
6. D
7. O
8. N
9. P
10. T
11. K
12. B
13. E
14. I
15. Q
16. R
17. J
18. L
19. M
20. G
21. A
22. C
23. B
24. B
25. C
26. A
27. D
28. C
29. A
30. D

Chapter XXXI
The Barber, Beauty Salon & Spa

The Barber / Le Barbier

appointment	rendez-vous
bangs	chignon
barber	barbier
barber shop	salon de coiffure
beard	barbe
brush	brosse
buzz cut	coupe de cheveux
classic haircut	coupe de cheveux classique
cloth	chiffon
comb	peigne
curly	frisé
curly hair	cheveux frisés
dandruff	pellicules
date (calendar)	date (calendrier)
electric razor	rasoir électrique
hair bleach	cheveux décolorés
hair dye	teinture pour cheveux
hair parting	rasoir électrique
hair shaver	rasoir à cheveux
haircut	coupe de cheveux
hairdresser	coiffeur
high fade	décoloration élevée
layers	couches
long fringe	longue frange
long hair	cheveux longs

low-fade	décoloration basse
medium length	longueur moyenne
mustache	moustache
neck	cou
on the sides	sur les côtés
on the top	sur le dessus
quiff	mèche
razor	rasoir
razorblade	lame de rasoir
round/rounded	rond/arrondie
scissors	ciseaux
shaving brush	blaireau de rasage
short hair	cheveux courts
sideburns	favoris
spiky hair	cheveux hérissés
square/squared	carré
straight	droit
straight hair	cheveux raides
throat	gorge

The Beauty Salon — Le salon de beauté

above	au-dessus
at the level of	au niveau de
beauty shop	magasin de beauté
bill	facture
black	noir
bleach	blanchi
bleached	blanchi
bleaching	blanchiment
blow dryer	sèche-cheveux
blow dryer nozzle	buse de séchoir à cheveux
blue	bleu
bouffant	bouffant

braids	tresses
bristle	poils
brittle hair	cheveux cassants
brown	brun
brown	brun
brunette	brune
brush	brosse
brushing	brossage
bun	chignon
burgundy	bourgogne
change	changer
cheap	bon marché
classic	classique
cold	froid
cold water	eau froide
comb	peigne
conditioner	conditionneur
copper	cuivre
credit card	carte de crédit
curling iron	fer à friser
curls	boucles
curly hair	cheveux frisés
curly hair	cheveux bouclés
curtain bangs	frange de rideau
damaged	abîmé
dark brown	brun foncé
debit card	carte de débit
detangling conditioner	démêlant après-shampoing
draped	drapé
dry	sec
dry hair	cheveux secs
dry shampoo	shampoing sec
dye	teinture
ends	pointes

expensive	coûteux
flat brush	brosse plate
fortified	fortifié
front desk	bureau d'accueil
full head of hair	tête pleine de cheveux/chevelure pleine
gloss	brillant
golden	doré
graying hair	cheveux grisonnants
greasy	gras
grey hairs	cheveux gris
growth	croissance
hair	cheveux
hair clip	pince à cheveux
hair color	coloration des cheveux
hair colorist	coloration des cheveux
hair drying	séchage des cheveux
hair gel	gel capillaire
hair mask	masque capillaire
hair tinting	coloration des cheveux
hair treatment	traitement des cheveux
hairspray	laque
hair stylist	coiffeur
half ponytail	demi-queue de cheval
head	tête
heat	chaleur
hot	chaud
hot water	eau chaude
inwards	vers l'intérieur
layered	en couches
light	clair
light brown	marron clair
magazines	magazines
medium brown	brun moyen

messed up	désordonné
mirror	miroir
mixed dry and oily hair	cheveux secs et gras mélangés
modern	moderne
moisturized	hydraté
money	argent
nape of the neck	Nuque de l'homme
natural color	couleur naturelle
oily hair	cheveux gras
one length	une longueur
opaque	opaque
ornament	ornement
outwards	vers l'extérieur
perm	permanent
permanent straightening	lissage permanent
peroxide	peroxyde
pink	rose
ponytail	queue de cheval
purple	violet
rainbow	arc-en-ciel
red	rouge
reddish-brown	rouge-brun
ringlet	anneau
roots	racines
round brush	brosse ronde
rounded bob	bob arrondi
salon	salon
scalp	cuir chevelu
shades	teintes
shampoo	shampoing
shiny/sparkly	brillant/étincelant
short	court
sink	couler
soft	doux

soft twist roller	rouleau torsadé doux
split ends	pointes fourchues
straight hair	cheveux lisses
straightened hair	cheveux lisses
straightener/flat iron	lisseur/fer plat
straightening	lissage
streaks	mèches
style	style
styling cream	crème coiffante
tangled	emmêlé
tapered	effilé
temporary straightening	défrisage temporaire
tied back	attaché
tip	pointe
towards the back	vers l'arrière
towards the front	vers l'avant
traditional	traditionnel
under	en dessous
unique	unique
updo	updo
volume	volume
wait time	temps d'attente
warm	tiède
warm water	eau chaude
wash and dry	laver et sécher
water	eau
waves	ondulations
wavy hair	cheveux ondulés
weak	faible
white	blancs

The Spa

acrylic nails

Le Spa

ongles acryliques

blush	blush/fard à joues
body treatment	traitement du corps
bronzer	bronzage
brushes	pinceaux
candles	bougies
cheeks	joues
concealer	anti-cernes
cuticle	cuticule
exfoliante	exfoliante
eye	yeux
eye shadow	ombre à paupières
eyebrows	sourcils
eyelash	cil
face	visage
face cream	crème pour le visage
face mask	masque pour le visage
facial	visage
facial treatment	traitement du visage
file (nails)	lime (ongles)
fingers	doigts
foundation	fond de teint
french manicure	manucure française
gel nails	ongles en gel
hair removal	épilation
hand	main
hand cream	crème pour les mains
highlighter	surligneur
laser depilation	épilation au laser
lip gloss	brillant à lèvres
lips	lèvres
lipstick	rouge à lèvres
long nails	ongles longs
lotion	lotion
makeover	maquillage

makeup	maquillage
makeup artist	maquilleuse
manicure	manucure
manicurist	manucure
mascara	mascara
massage	massage
massage therapist	massage
moisturizer	crème hydratante
nail	ongle
nail polish	vernis à ongles
nail polish removal	onglerie, vernis à ongles
nail salon	salon de manucure
nails	ongles
oils	huiles
pedicure	pédicure
pedicurist	pédicure
primer	apprêt
relaxing music	musique relaxante
robe	peignoir
rounded nails	ongles arrondis
short nails	ongles courts
skin cleansing	nettoyage de la peau
slippers	pantoufles
spa	spa
square nails	ongles carrés
toes	orteils
towel	serviette
wax	cire
waxing	épilation

Verbs / Verbes

to emphasize/accentuate	souligner/accentuer
to lighten	éclaircir

to shave	raser
to shave oneself	se raser
to straighten	se raser
to smooth/flatten	lisser/aplatir
to cut	couper
to cut your hair	se faire couper les cheveux
to get a haircut	se faire couper les cheveux
to shape up	pour se faire couper les cheveux
to maintain	pour maintenir
to give volume	pour donner du volume
to bleach	décolorer
to get one's hair bleached	se faire décolorer les cheveux
to let grow	laisser pousser
to detangle	démêler
to tousle	ébouriffer
to use soap	utiliser du savon
to rinse	rincer
to highlight	faire ressortir
to wave	faire onduler
to wash	laver
to file (nails)	limer (les ongles)
to wet	mouiller
to comb	peigner
to comb oneself	se peigner
to dye hair	teindre les cheveux
to shave off all hair	se raser (les cheveux)
to shave off	se peigner
to trim	se peigner
to retouch	se peigner
to curl	à l'aide d'une pince à épiler
to dry	sécher
to sculpt	sculpter
to dye	teindre

to get one's hair dyed	se faire teindre les cheveux
to sweep back	faire un balayage vers l'arrière
to braid	tresser

Phrases

1. I would like to make an appointment, please.
   Je voudrais prendre un rendez-vous, s'il vous plaît.
2. I need to get a haircut.
   J'ai besoin d'une coupe de cheveux.
3. I want a manicure and pedicure.
   Je veux une manucure et une pédicure.
4. I want to get my hair trimmed, please.
   Je voudrais me faire couper les cheveux, s'il vous plaît.
5. Where did you get a haircut?
   Où avez-vous fait couper vos cheveux ?
6. I would like to get my hair dyed.
   Je voudrais me faire teindre les cheveux.
7. Yes! It is a new look. Do you like it?
   Oui ! C'est un nouveau look. Ça vous plaît ?
8. I want it under my chin.
   Je les veux sous le menton.
9. I want it above my shoulders.
   Je les veux au-dessus de mes épaules.
10. I want it at the level of my chin.
    Je les veux au niveau du menton.
11. I would like to get bangs.
    J'aimerais avoir une frange.
12. I would like to get my hair tapered.
    J'aimerais que mes cheveux soient effilés.
13. Can you straighten my hair, please?
    Pouvez-vous lisser mes cheveux, s'il vous plaît ?
14. Can you curl my hair, please?
    Pouvez-vous boucler mes cheveux, s'il vous plaît ?
15. Can highlight my hair, please?
    Pouvez-vous mettre mes cheveux en valeur, s'il vous plaît ?
16. Can you braid it, please?
    Pouvez-vous les tresser, s'il vous plaît ?

17. I want a high-fade, please.
    Je veux une décoloration haute, s'il vous plaît.
18. I want it medium length, please.
    Je veux des cheveux mi-longs, s'il vous plaît.
19. What color do you like?
    Quelle couleur préférez-vous ?
20. I would like to get a short haircut.
    Je voudrais une coupe courte.
21. Are you relaxed?
    Êtes-vous détendu ?
22. Can you trim my beard, please?
    Pouvez-vous me tailler la barbe, s'il vous plaît ?
23. Does that feel good?
    Est-ce que cela vous fait du bien ?
24. That new haircut looks great on you!
    Cette nouvelle coupe de cheveux te va à ravir !
25. I got a bad haircut.
    J'ai une mauvaise coupe de cheveux.

Quiz – Chapter XXXI
The Barber, Beauty Salon & Spa
Matching

1. la barbe
2. cheveux frisés
3. rasage
4. accentuer
5. coloration des cheveux
6. moustache
7. ciseaux
8. favoris
9. cheveux raides
10. rasage
11. tresses
12. brun clair
13. hydraté
14. décoloration
15. défrisage permanent
16. joues
17. rouge à lèvres
18. épilation à la cire
19. orteils
20. démêler

A. beard
B. braids
C. buzz cut
D. cheeks
E. curly hair
F. hair removal
G. light brown
H. lipstick
I. moisturized
J. mustache
K. permanent straightening
L. scissors
M. sideburns
N. straight hair
O. to bleach
P. to detangle
Q. to dye hair
R. to emphasize / accentuate
S. to shave oneself
T. toes

Multiple Choice Sentence Completion

21. _____ était formidable. Je n'ai plus mal au dos.
a. la masseuse
b. la brosse
c. le curling
d. rasé

22. _____ m'a rendue belle et beaucoup d'hommes m'ont demandé de sortir avec eux.
a. le cou
b. la ronde
c. la brosse
d. le relooking

23. _____ parfaist pour rendre votre look sexy.
a. le droit
b. les sourcils
c. les pattes
d. la semaine

24. Vous devez _____ vos cheveux après votre traitement capillaire.
a. la tristesse
b. mauvais
c. rincer
d. drôle

25. _____ est la première chose que je mets dans ma valise.
a. l'esthéticienne
b. le décolorant
c. le noir
d. le lisseur à cheveux

26. Les cheveux de cette fille sont _____.
a. brillants
b. bon marché
c. le salon
d. les pointes

27. Le site _____ me rend heureuse grâce à ses différentes couleurs.
a. cher
b. arc-en-ciel
c. cheveux
d. barrette

28. _____ quand on a les cheveux longs, c'est parfois difficile.
a. laque
b. laque
c. peigner
d. demi-queue

29. _____ de ma mère me rappelle que nous serons tous vieux un jour ou l'autre.
a. la barrette
b. le miroir
c. les cheveux gris
d. l'argent

30. _____ doit être hydraté pour éviter les pellicules.
a. le cuir chevelu
b. rose
c. le rouge
d. court

Answer Key

1. A
2. E
3. C
4. R
5. Q
6. J
7. L
8. M
9. N
10. S
11. B
12. G
13. I
14. O
15. K
16. D
17. H
18. F
19. T
20. P
21. A
22. D
23. B
24. C
25. D
26. A
27. B
28. C
29. C
30. A

Chapter XXXII
Crime & Punishment

Crime

abused child	enfant maltraité
accomplice	complice
alibi	alibi
armed	armé
arrest	arrestation
arrest warrant	mandat d'arrêt
assault and battery	coups et blessures
autopsy	autopsie
bad deals	mauvaise affaire
breaking and entering	cambriolage et entrée par effraction
burglar	cambriolage
burglar alarm	alarme de cambriolage
burglary	cambriolage
car theft	vol de voiture
chief of police	chef de la police
child abuse	maltraitance d'enfant
clue/track	indice/piste
court	tribunal
crime	crime
crime rate	taux de criminalité
crime wave	vague de criminalité
criminal	criminel
delinquency	délinquance
delinquent	délinquant
detective	détective
drug abuse	drogue, toxicomanie, etc.

drug addict	toxicomane
drug addiction	toxicomanie
drug dealer	trafiquant de drogue
drug lord	baron de la drogue
drug raid	raid anti-drogue
embezzlement	détournement de fonds
escape	évasion
extortion	extorsion
extradition	extradition
fight	lutte
fingerprints	empreintes digitales
forged	faux
forgery	falsification
fraud	fraude
fugitive	fugitif
gang	gang
gang warfare	gangguerre des gangs
serious/severe	grave/grave
guard dog	chien de garde
handcuffs	menottes
hijacker	pirate
holdup	braquage
holdup/robbery	hold-up/vol
homicide	homicide
informer	informateur
interrogation	interrogatoire
joyride	manège
kidnapper	kidnapper
kidnapping	kidnapping
lock	serrure
mafia	mafia
mugger	agresseur
mugging	agression
murder	meurtre

murderer	meurtrier
off duty	hors service
on duty	en service
organized gang	gang organisé
padlock	cadenas
pickpocket	pickpocket
pickpocketing	pickpocket
pimp	proxénète
plainclothes police	police en civil
police	police
police badge	badge de police
police record	casier judiciaire
police station	poste de police
policeman	policier
policewoman	policière
prevention of crime	prévention de la criminalité
private investigator	détective privé
proof	preuve
purse snatching	vol de sac à main
rape	viol
reward	récompense
riot	émeute
riot police	police de l'émeute
search warrant	mandat de recherche
sentence	condamnation
shootout	fusillade
shoplifting	vol à l'étalage
speed trap	piège à vitesse
speeding	vitesse de rotation
stolen goods	marchandises volées
thief	voleur
torture	torture
traffic network	réseau routier
traffic police	police de la route

undercover	infiltration
undercover cop	flic infiltré
underworld	monde souterrain
warrant	mandat

Verbs / Verbes

to arrest	arrêter
to assault/mug	agresser/agresser
to murder someone	assassiner quelqu'un
to attack someone	attaquer quelqu'un
to rob/mug	voler/agresser
to commit a crime	commettre un crime
to condemn/sentence	condamner
to deceive/defraud	tromper/frauder
to embezzle	détourner
to stop someone	arrêter quelqu'un
to shoot	tirer
to deceive/trick	tromper/tricher
to poison	empoisonner
to hide oneself	se cacher
to forge	falsifier
to injure	blesser
to fight	combattre
to embezzle	détourner
to murder/kill	assassiner/tuer
to stab to death	tuer à l'arme blanche
to have a clean record	avoir un casier judiciaire vierge
to extort	pour extorquer
to fight	se battre
to come to blows	en venir aux mains
to kidnap / abduct	enlever / kidnapper
to steal	voler

to kidnap/abduct	kidnapper/enlever
to hijack an airplane	détourner un avion
to be unfair	être injuste
to be fair	être juste
to traffic in drugs	faire du trafic de drogue
to rape	violer

The Legal System / Le système juridique

accusation	accusation
accused person	personne accusée
alleged	allégué
appeal	appel
attempted murder	tentative de meurtre
attorney/counsel/lawyer	avocat/conseil/juriste
bail	caution
case	affaire
charge	accusation
citation/fine	citation/amende
civil law	droit civil
clemency/leniency	clémence / indulgence
complaint	plainte
confession	aveu
convict	condamnation
court	tribunal
court costs	frais de justice
court of appeals	Cour d'appel
courtroom	salle d'audience
criminal court	tribunal pénal
criminal law	droit pénal
criminal record	droit d'auteur
death penalty	peine de mort
defendant	accusé
defense	défense

district attorney	procureur de district
divided jury	jury divisé
docket	registre
evidence	preuve
extenuating circumstances	circonstances atténuantes
eyewitness	témoin oculaire
felony	crime
for lack of evidence	pour manque de preuves
for the defense	pour la défense
for the prosecution	pour l'accusation
from beginning to end/cover to cover	du début à la fin/de la couverture à la couverture
guilt / fault	culpabilité / faute
guilty	coupable
hard labor	travaux forcés
homicide	homicide
hung jury	jury suspendu
impeachment hearing	audience de mise en accusation
imprisonment	emprisonnement
in custody	détention préventive
indictment	acte d'accusation
innocence	innocence
innocent/not guilty	innocent/non coupable
involved	impliqué
jail/prison	prison/prison
judge	juge
juror	juré
jury box	boîte à jurés
justice	justice
lack of evidence	manque de preuves
law	droit
lawbreaking	violation de la loi
lawsuit	procès

life imprisonment	emprisonnement à vie
magistrate	magistrat
manslaughter	homicide involontaire
mercy	pitié
minor offense	délit mineur
miscarriage of justice	erreur judiciaire
misdemeanor	délit
motion	motion
motive	motif
oath	serment
objection	objection
on parole	en liberté conditionnelle
order	ordre
overcrowding	surpeuplement
parole	liberté conditionnelle
perjury	parjure
plea	plaidoyer
plea bargaining	négociation de plaidoyer
premeditation	préméditation
prisoner	prisonnier
prosecution	poursuite judiciaire
public prosecutor	procureur général
public prosecutor's office	procureur de la République
retrial	nouveau procès
sentence/conviction	peine/condamnation
serious offense	infraction grave
severity	gravité
summons	convocation
supporter	supporter
Supreme Court	Cour suprême
suspect	suspect
suspended sentence	condamnation avec sursis
suspicion	suspicion
trial	procès

unanimous	unanime
verdict	verdict
witness	témoin
witness stand	barre des témoins

Verbs / Verbes

to acquit	acquitter
to accuse	accuser
to indict	mettre en accusation
to allege	alléguer
to testify/witness	témoigner
to punish	punir
to sentence to death	condamner à mort
to serve a sentence	purger une peine
to give evidence	témoigner
to convict/find guilty	condamner/trouver coupable
to find innocent	déclarer l'innocence
to plead guilty	plaider coupable
to plead not guilty	plaider non coupable
to defend	défendre
to defend oneself	se défendre
to sue	poursuivre en justice
to deny a charge	nier une accusation
to depose	déposer
to disagree	de ne pas être d'accord
to execute (someone)	exécuter (quelqu'un)
to take legal action	engager une action en justice
to prosecute	poursuivre en justice
to escape	s'échapper
to stand accused	être accusé
to be on duty	être en service
to be on parole	être en liberté conditionnelle
to be off duty	être en congé

to put up bail	être en liberté conditionnelle
to imprison	emprisonner
to impose	imposer
to indemnify/compensate	indemniser/compenser
to pardon	gracier
to interrogate	interroger
to swear/to take an oath	jurer/prêter serment
to free	libérer
to imprison	emprisonner
to fine	condamner à l'amende
to deny a charge	nier une accusation
to object	s'opposer
to prosecute	poursuivre
to pass judgment	pour rendre un jugement
to deny a request	pour refuser une demande
to reward	récompenser
to appeal	de faire appel
to retry/to have a retrial	rejuger / faire l'objet d'un nouveau procès
to be out on bail	être en liberté sous caution
to sentence to death	condamner à mort
to serve time	condamner à une peine d'emprisonnement
to suspect	suspecter
to testify/witness	témoigner

Phrases

1. Come quickly!
    Venez vite !
2. Help!
    A l'aide !
3. Objection!
    Objection !
4. Overruled!
    Rejetée !
5. Shut up!
    Fermez-la !
6. Stop or I'll shoot!
    Arrêtez ou je tire !
7. Stop it!
    Arrêtez !
8. The prosecution rests.
    L'accusation se repose.
9. Stop that noise!
    Arrêtez ce bruit !
10. The defense rests.
    La défense se repose.
11. Stop, police!
    Arrêtez, police !
12. Stop, thief!
    Stop, voleur !
13. Stop!
    Arrêtez !
14. What is the punishment for that crime?
    Quelle est la sanction pour ce crime ?
15. Sustained!
    Maintenu !
16. Stop! You are under arrest.
    Stop ! Vous êtes en état d'arrestation.
17. The burglar is running away.

Le cambrioleur s'enfuit.
18. The police have no clues.
La police n'a aucun indice.
19. The politician committed fraud.
Le politicien a commis une fraude.
20. Please padlock the door.
S'il vous plaît, verrouillez la porte.
21. Yesterday there was a holdup at the bank.
Hier, il y a eu un hold-up à la banque.
22. I am innocent. I did not commit that crime.
Je suis innocent. Je n'ai pas commis ce crime.
23. The police shot the suspect 28 times.
La police a tiré 28 fois sur le suspect.
24. I do not agree with the death penalty.
Je ne suis pas d'accord avec la peine de mort.
25. How much was the bail?
Quel est le montant de la caution ?

Quiz – Chapter XXXII
Crime & Punishment
Matching

1. armé
2. le vol
3. le voleur
4. l'arrestation
5. l'indice
6. le crime
7. empreintes digitales
8. les menottes
9. l'homicide
10. le ravisseur
11. la serrure
12. agression
13. l'excès de vitesse
14. clandestin
15. l'affaire
16. accusation
17. l'amende
18. le tribunal
19. la salle d'audience
20. condamner

A. armed
B. assault
C. case
D. charge
E. citation/fine
F. clue
G. court
H. courtroom
I. crime
J. fingerprints
K. handcuffs
L. homicide
M. kidnapper
N. lock
O. speeding
P. thief/robber
Q. to arrest
R. to condemn/sentence
S. to mug
T. undercover

Multiple Choice Sentence Completion

21. La_____ est encore en vigueur dans certains pays du monde.
a. peine de mort
b. armé
c. agression
d. vol

22. _____ a demandé d'enquêter sur les criminels.
a. le détournement de fonds
b. l'évasion
c. le procureur de la République
d. l'homicide

23. L'avocat a demandé une _____ pour pouvoir poursuivre le contrat.
a. faux
b. grave
c. fraude
d. preuve

24. Il s'agit d'un _____ attentat à la vie de tout être humain.
a. menottage
b. enlèvement
c. crime
d. gangs

25. Il ne faut _____ qu'en cas de légitime défense.
a. tirer
b. le flic
c. cadenasser
d. libre

26. Le suspect a plaidé _____ devant le tribunal.
a. coupable
b. secret
c. clandestin
d. torture

27. Le meurtrier a été envoyé directement à la _____.
a. la pègre
b. condamné
c. l'empoisonnement
d. prison

28. Le vol est considéré comme _____ dans certains endroits.
a. délit
b. roulé
c. défense
d. prison

29. _____ est nécessaire pour gagner le procès.
a. punir
b. combattre
c. poursuivre
d. en liberté conditionnelle

30. _____ de la loi dépend du pays dans lequel vous vous trouvez.
a. la sévérité
b. le verdict
c. l'unanimité
d. le témoignage

Answer Key

1. A
2. B
3. P
4. Q
5. F
6. I
7. J
8. K
9. L
10. M
11. N
12. S
13. O
14. T
15. C
16. D
17. E
18. G
19. H
20. R
21. A
22. C
23. D
24. C
25. A
26. A
27. D
28. A
29. B
30. A

Chapter XXXIII
Technology

General Technology

artificial intelligence
bar code
calculator
chat
compact disc
digital camera
floppy disk
headphones
home video
information
laptop
media technology
memory stick
microphone
MP3 player
printer
receipt
right to intellectual property

router
simulation
simulator
synthesizer
system
text
unit
virtual course

Technologie générale

intelligence artificielle
code-barres
calculatrice
chat
disque compact
appareil photo numérique
disquette
casque d'écoute
vidéo amateur
information
ordinateur portable
technologie des médias
clé USB
microphone
lecteur MP3
imprimante
reçu
droit de propriété intellectuelle

routeur
simulation
simulateur
synthétiseur
système
texte
unité
cours virtuel

webcam	webcam
word processing	traitement de texte
word processor	traitement de texte

Computer Technology / Technologie informatique

@ (at)	@ (at)
/	/
address book	carnet d'adresses
algorithm	algorithme
an update	une mise à jour
analog	analogique
antivirus	antivirus
antivirus program	programme antivirus
applications	applications
attached files	fichiers attachés
back button	bouton retour
back up	sauvegarder
bandwidth	bande passante
banner	bannière
binary	binaire
bit	bit
blog	blog
blogger	blogueur
bold	bold
bookmark	signet
box (small box on web forms)	boîte (petite boîte sur les formulaires web)
broadband	haut débit
browser	navigateur
bug	bug

Nothing But Vocab

burner	brûleur
button	bouton
byte	octet
cache	cache
cap locks	cap locks
captcha	captcha
CD-ROM drive	lecteur de CD-ROM
chat	chat
chipset	chipset
client	client
clipboard	presse-papiers
color printer	imprimante couleur
complicated	compliqué
computer control	ordinateur de bureau
computer equipment	matériel informatique
computer programmer	programmeur informatique
computer science	sciences informatiques
computer screen	écran d'ordinateur
computer virus	virus informatique
continuous use	utilisation continue
cooling system	système de refroidissement
cursor	curseur
cyber cafe	cybercafé
cybercrime	cybercrime
cyberspace	cyberespace
dashboard	tableau de bord
data mining	exploration de données
data transfer	transfert de données
database	base de données
desktop publishing	publication assistée par ordinateur
desktop/desk	bureau/desk
digital	numérique
digital signature	signature digitale

disk drive	disque dur
domain name	nom de domaine
dot com	dot com
drop down menu	menu déroulant
DVD drive	lecteur de DVD
email	email
email address	adresse électronique
emoticon	émoticône
encrypted mail	courrier crypté
encryption	cryptage
equipment/device/gadget	équipement/appareil/gadget
external hard drive	disque dur externe
external port	port externe
face-to-face course	cours en face-à-face
fan	ventilateur
FAQ (frequently asked questions)	FAQ (questions fréquemment posées)
fast data transfer speed	vitesse de transfert de données rapide
file	fichier
file sharing	partage de fichiers
file transfer	transfert de fichiers
file/folder	fichier/dossier
firewall	pare-feu
flash drive	disque flash
flat screen	écran plat
floppy disk	disque dur
folder/file	dossier/fichier
form	formulaire
forum	forum
forward button	bouton d'avance
gigabyte	gigaoctet
grammar checker	correcteur de grammaire
graphics	graphique

guestbook	livre d'or
hacker	pirate informatique
hard drive	disque dur
hardware	matériel
high quality	haute qualité
high resolution graphics	haute résolution
homepage	page d'accueil
host	hôte
hyperlink	lien hypertexte
icon	icône
illegal download	téléchargement illégal
inbox	boîte de réception
information technology	technologie de l'information
ink	encre
ink cartridge	cartouche d'encre
inked ribbon	ruban encré
inkjet printer	imprimante à jet d'encre
internet	internet
internet connection	connexion à l'internet
internet user	utilisateur d'internet
IP address	adresse IP
ISP	ISP
joystick	manette de jeu
junk mail	courrier indésirable
key	clé
key word	mot clé
keyboard	clavier
laptop	ordinateur portable
laptop computer	ordinateur portable
laser printer	imprimante laser
latest IT	dernières technologies de l'information
link	lien
loop	boucle

low	bas
lurker	rôdeur
malware	malware
memory	mémoire
menu	menu
message headings	titres des messages
mirror	miroir
modem	modem
motherboard	carte mère
mouse	souris
mouse button	bouton de souris
mouse pad	tapis de souris
netiquette	netiquette
network	réseau
network interface card	carte d'interface réseau
newsgroup	groupe de discussion
office automation	bureautique
online auction	vente aux enchères en ligne
operating system	système d'exploitation
optical reader	lecteur optique
outbox	boîte d'envoi
outgoing messages	messages sortants
padlock icon on secure websites	icône de cadenas sur les sites web sécurisés
password	mot de passe
performance	performance
person a message is sent to	personne à laquelle un message est envoyé
personal computer	ordinateur personnel
photocopier	photocopieur
pirate	pirate
place (digital location)	lieu (emplacement numérique)
plug-in	plug-in

port	port
portal	portail
power supply	alimentation électrique
preferences	préférences
printer	imprimante
printout	impression
processor	processeur
programs	programmes
provider	fournisseur
public domain	domaine public
quality	qualité
random access memory (RAM)	mémoire vive (RAM)
real time chat	chat en temps réel
recharging	recharge
redundant	redondant
reliability	fiabilité
resolution	résolution
responsible	responsable
rough copy	copie grossière
router	routeur
running costs	coût d'exploitation
SATA hard drive	disque dur SATA
scanner	scanner
screen	écran
screen name/nickname	nom d'écran/nom de famille
screenshot	écran d'affichage
search engine	moteur de recherche
secure server	moteur de recherche
secure web site	site web sécurisé
sent box	boîte d'envoi
server	serveur
shareware	shareware
shopping cart	panier d'achat

social networks	réseaux sociaux
software	logiciel
spam	spam
spammer	spammeur
specialist	spécialiste
speed	vitesse
spell checker	correcteur d'orthographe
spreadsheet	tableur
standard connection	connexion standard
subject (of an email)	objet (d'un courriel)
technician	technicien
template	modèle
toolbar	barre d'outils
trash/deleted items	corbeille/éléments supprimés
trojan horse	cheval de Troie
updated	mis à jour
USB port	port USB
USB stick/flash drive	clé USB/lecteur flash
user name	nom d'utilisateur
virus	virus
volume	volume
web page address	adresse de la page web
webmaster	webmaster
website	site web
widget	widget
window	fenêtre
wireless	sans fil

Cell Phone Technology / Technologie du téléphone portable

app	application
battery	batterie

button	bouton
camera	appareil photo
cell phone	téléphone portable
cell phone plan	plan de téléphone cellulaire
cell phone service / coverage	service / couverture de téléphone portable
charger	chargeur
connection	connexion
data plan	plan de données
fingerprint reader	lecteur d'empreintes digitales
front camera	caméra frontale
international phone call	appel téléphonique international
keyboard	clavier
light	lumière
megabytes	mégaoctets
memory	mémoire
menu	menu
phone company	compagnie de téléphone
power button	bouton d'alimentation
preferences	préférences
protector	protecteur
screen	écran
sim card	carte sim
smartphone	smartphone
speaker	haut-parleur
text message	message texte
tone	tonalité
touchscreen	écran tactile
volume	volume
wire/cable	fil/câble

Verbs

to open a file
to open a window
to open an email account

to log on / access
to update
to attach (to emails)
to attach a document
to block
to save energy
to store
to store a file
to append
to log
to cancel
to switch off
to log
to sign up
to boot up
to drag (a file)
to download
to download something
to block/crash
to crash
to crash the computer
to erase/delete
to search
to change settings
to delete
to upload
to boot up
to close a window
to chat

Verbes

ouvrir un fichier
ouvrir une fenêtre
ouvrir un compte de courrier électronique

se connecter / accéder
mettre à jour
joindre (aux courriels)
joindre un document
bloquer
pour économiser de l'énergie
pour stocker
pour stocker un fichier
pour ajouter
pour enregistrer
pour annuler
pour éteindre
pour enregistrer
pour s'inscrire
pour démarrer
faire glisser (un fichier)
télécharger
télécharger quelque chose
bloquer/entraver
pour s'écraser
pour faire planter l'ordinateur
effacer/supprimer
pour rechercher
pour modifier les paramètres
pour effacer
pour télécharger
pour démarrer
pour fermer une fenêtre
pour chatter

to post something on web	pour poster quelque chose sur le web
to compose	composer
to communicate	communiquer
to connect/switch on	pour connecter/connecter
to configure/set up	pour configurer/réinstaller
to check	pour vérifier
to count	pour compter
to reply to an email	pour répondre à un courriel
to copy	copier
to cut and paste	couper et coller
to cut off communication	couper la communication
to create	créer
to give bad service	pour donner un mauvais service
to debug	déboguer
to download	pour télécharger
to switch off	pour éteindre
to stop (a browser or program)	arrêter (un navigateur ou un programme)
to run	pour exécuter
to choose	choisir
to remove / eliminate	pour supprimer / éliminer
to send	envoyer
to switch on	pour mettre en marche
to access / enter	accéder / entrer
to open a file	ouvrir un fichier
to log on	ouvrir une session
to send	envoyer
to send an attachment	envoyer une pièce jointe
to scan	pour scanner
to export	pour exporter
to file	vers un fichier
to log off	pour déconnecter

to format	pour formater
to merge	fusionner
to manage / look after	gérer / surveiller
to record	pour enregistrer
to save	pour sauvegarder
to click on	cliquer sur
to click on mouse	pour cliquer sur la souris
to download	pour télécharger
to back up	pour sauvegarder
to make a local call	pour passer un appel local
to browse	pour naviguer
to import	pour importer
to print	pour imprimer
to log on	pour ouvrir une session
to start computer	pour démarrer l'ordinateur
to boot up	pour démarrer
to install a program	installer un programme
to abort	annuler
to enter	pour entrer
to list	pour lister
to call collect	pour appeler en PCV
to send	pour envoyer
to check box	pour cocher la case
to go online	pour aller en ligne
to move	pour se déplacer
to surf	pour surfer
to browse web	pour naviguer sur le web
to sort	pour trier
to drop (as in drag and drop)	pour déposer (comme dans "glisser-déposer")
to lose data	perdre des données
to click on a link	pour cliquer sur un lien
to make bold	pour mettre en gras
to process	pour traiter

to program	pour programmer
to click on mouse	pour cliquer sur la souris
to remove/switch off	pour supprimer/éteindre
to debug	pour déboguer
to receive an email	recevoir un courriel
to recommend/advise	recommander/conseiller
to retrieve	pour récupérer
to compose/write	composer/écrire
to replace	remplacer
to record	enregistrer
to go back	pour revenir en arrière
to restart computer	redémarrer l'ordinateur
to answer questions	répondre à des questions
to reply to all	répondre à tous
to exit/log off	pour quitter/se déconnecter
to save	pour sauvegarder
to simulate	simuler
to upload	pour télécharger
to underline	pour souligner
to subscribe	pour s'abonner
to replace	pour remplacer
to tabulate	pour tabuler
to type	pour taper

Phrases

1. What's your number?
   Quel est votre numéro ?
2. I don't have service here.
   Je n'ai pas de service ici.
3. I want to add more data to my plan.
   Je veux ajouter plus de données à mon plan.
4. I made a funny home video.
   J'ai fait une vidéo amusante à la maison.
5. The system is outdated.
   Le système est obsolète.
6. I finished the virtual course yesterday.
   J'ai terminé le cours virtuel hier.
7. You must make a backup.
   Vous devez faire une sauvegarde.
8. Please highlight the title in bold.
   Veuillez mettre le titre en gras.
9. You must use another type of browser.
   Vous devez utiliser un autre type de navigateur.
10. I would like to study computer science.
    J'aimerais étudier l'informatique.
11. I think it has a computer virus.
    Je pense qu'il a un virus informatique.
12. Do you want to go to the cyber cafe?
    Voulez-vous aller au cybercafé ?
13. Open the file.
    Ouvrez le fichier.
14. Fill out the form.
    Remplir le formulaire.
15. His nickname is funny.
    Son surnom est amusant.
16. The inkjet printer is damaged.
    L'imprimante à jet d'encre est endommagée.
17. I´m going to buy a new keyboard.

Je vais acheter un nouveau clavier.
18. I can't find the photocopier.
Je ne trouve pas la photocopieuse.
19. You should clean the screen.
Il faut nettoyer l'écran.
20. Social networks are dangerous.
Les réseaux sociaux sont dangereux.
21. You must review the spreadsheet.
Il faut revoir la feuille de calcul.
22. Where can I buy a sim card?
Où puis-je acheter une carte sim ?
23. Answer the phone on speaker.
Répondez au téléphone sur haut-parleur.
24. Attach the document to the message.
Joignez le document au message.
25. I will tabulate the data.
Je vais compiler les données.

Quiz – Chapter XXXIII
Technology
Matching

1. intelligence artificielle
2. casque
3. l'ordinateur portable
4. ouvrir un fichier
5. le cours virtuel
6. l'imprimante
7. la carte mémoire
8. le navigateur
9. l'ordinateur
10. l'accès
11. l'écran de l'ordinateur
12. virus informatique
13. e-mail
14. appareil
15. dossier
16. le disque dur
17. glisser
18. la page d'accueil
19. l'encre
20. le lien

A. artificial intelligence
B. computer equipment
C. computer screen
D. computer virus
E. device/gadget
F. email
G. folder
H. hard drive
I. headphones
J. homepage
K. ink
L. laptop
M. link
N. memory stick
O. printer
P. to drag (a file)
Q. to log on
R. to open a file
S. virtual course
T. web browser

Multiple Choice Sentence Completion

21. La _____ ne fonctionne pas car je ne vois pas le curseur.
a. souris
b. calculatrice
c. colon
d. chat

22. _____ est une difficulté courante sur les vieux ordinateurs.
a. le ticket de caisse
b. l'imprimante
c. le plantage
d. le routeur

23. Il a rencontré sa nouvelle petite amie sur _____.
a. l'application
b. le texte
c. le dossier
d. le bug

24. _____ de mon téléphone portable ne dure pas du tout.
a. le gras
b. le cache
c. le blog
d. la batterie

25. J'ai oublié le _____ dans ma voiture.
a. le chargeur
b. créer
c. le débogage
d. naviguer

26. Vous devriez _____ l'antivirus pour que votre ordinateur fonctionne mieux.
a. mot de passe
b. mettre à jour
c. onglet
d. type

27. _____ m'a donné des douleurs à la main droite.
a. l'amorçage
b. la fiabilité
c. le clavier
d. le serveur

28. Je pense que parmi les meilleures inventions de l'humanité, _____ est en tête de liste.
a. redondant
b. gomme
c. la résolution
d. le piratage

29. Je n'aime pas utiliser le _____ dans la voiture parce que ce n'est pas privé.
a. menu
b. haut-parleur
c. mémoire
d. réseau

30. _____ de votre ordinateur portable est très lent.
a. le mot de passe
b. le système d'exploitation
c. le destinataire
d. le modèle

Answer Key

1. A
2. I
3. L
4. R
5. S
6. O
7. N
8. T
9. B
10. Q
11. C
12. D
13. F
14. E
15. G
16. H
17. P
18. J
19. K
20. M
21. A
22. C
23. A
24. D
25. A
26. B
27. C
28. D
29. B
30. B

Chapter XXXIV
Business, Banking & the Economy

Banking | Secteur bancaire

account	compte
account holder	titulaire du compte
account number	numéro de compte
advance	avance
amount	montant
appreciation in value	valeur de l'actif
assets	actifs
ATM/cash machine	distributeur automatique de billets (DAB)
bank	banque
bank card	carte bancaire
bank employee	employé de banque
bank manager	directeur de banque
bank note	note bancaire
bank statement	relevé bancaire
bank transfer	virement bancaire
banker	banquier
branch	agence
cash	argent liquide
cash counter	Compteur de billets
cash register	caisse enregistreuse
cashier	caissier
check	chèque
check book	carnet de chèques
collateral	garantie

consumer credit	crédit à la consommation
credit	crédit
credit card	carte de crédit
current account	compte courant
customer/client	client/client
debit	débit
debit card	carte de crédit
debt	dette
deficit	déficit
deposit	dépôt
down payment	acompte
efficiency	efficacité
exchange rate	taux de change
funds	fonds
guarantee	garantie
in cash	en espèces
installment	installation
installment plan	plan de paiement échelonné
interest	taux d'intérêt
interest rate	taux d'intérêt
loan	prêt
mortgage	prêt hypothécaire
overdraft	découvert
payment	paiement
personal details	données personnelles
pin number	numéro d'identification
repayment	remboursement
safe/vault	coffre-fort
savings	épargne
savings bank	caisse d'épargne
sum of money	somme d'argent
traveler's checks	chèques de voyage
update the bank book	mise à jour du livret bancaire

Business

accountant
actuary
agreement
as a last resort
assets in excess of liabilities

at cost
audience
audit
auditor
bankrupt
bankruptcy
budget
budget cuts
bureaucracy
business (in general)
business (specific)
capital
capital expenditure
chamber of commerce
charge
commerce
company
competition
corporate websites
costs
deal
decrease
deficiencies
demand
development
executive

Entreprises

comptable
actuaire
accord
en dernier ressort
actifs en excès par rapport aux passifs

à prix coûtant
audit
audit
auditeur
faillite
faillite
budget
budget de l'État
bureaucratie
entreprise (en général)
entreprise (spécifique)
capital
dépenses en capital
chambre de commerce
frais
commerce
société
concurrence
sites web d'entreprises
coûts
marché
diminution
déficiences
demande
développement
exécutif

expense	dépense
export	export
face to face	face à face
feedback	feed-back
goods	biens
gross income	revenu brut
gross profit	bénéfice brut
hierarchy	hiérarchie
hierarchy levels	niveaux de hiérarchie
import	importation
in the black	dans le noir
in the red	dans le rouge
income tax	impôt sur le revenu
increase	augmentation
industry	industrie
insurance broker	courtier en assurances
internal communication	communication interne
invoice	facture
layoff	licenciement
lines of communication	lignes de communication
management	gestion
marketing	marketing
multinational company	entreprise multinationale
negotiations	négociations
net income	revenu net
net loss	perte nette
net profit	bénéfice net
press release	communiqué de presse
price	prix
priority	priorité
private sector	secteur privé
production line	ligne de production
productivity	productivité
profit	profit

profit and loss	profit et perte
profitable	rentable
prosperous	prospère
quality	qualité
quality control	contrôle de la qualité
raise	augmenter
receipt	réception
reliability	fiabilité
retail	vente au détail
retail sales	vente au détail
sales tax	taxe sur les ventes
sick leave	congé de maladie
skilled labor	travailleur qualifié
skilled worker	travailleur qualifié
supplier	fournisseur
supply	approvisionnement
supply costs	coûts d'approvisionnement
takeover	offre publique d'achat (**OPA**)
takeover bid	offre publique d'achat
tax	taxe
wholesale	vente en gros
work ethic	éthique du travail
work week	semaine de travail
workforce	main-d'œuvre

The Economy / L'économie

boom	boom
capitalism	capitalisme
consumer goods	biens de consommation
consumer spending	dépenses de consommation
cost of living	coût de la vie
deflation	déflation
depression	dépression

economic	économie
economy	économie
government spending	dépenses publiques
inflation	inflation
inflation rate	taux d'inflation
market economy	économie de marché
national debt	dette publique
output	production
public sector	secteur public
recession	récession
stagnant	stagnation
standard of living	niveau de vie
statistics	statistiques
subsidy	subvention
supply and demand	offre et demande
tax	taxe
tax increase	augmentation de l'impôt
taxation	fiscalité
unemployment	chômage
unemployment benefits	allocations de chômage

Money & Investing / Argent et investissement

bond	obligation
bond trader	négociateur d'obligations
broker	courtier
coin	pièce de monnaie
commission	commission
currency	monnaie
currency/coins	devise/monnaie
dollar	dollar
exchange/change	échange/change

foreign currency	monnaie étrangère
income	revenu
investment	investissement
investment banker	banque d'investissement
investor	investisseur
loose change	monnaie en vrac
market	marché
money	argent
pension plan	plan de pension
peso	peso
pound	livre
share	action
share index	indice de l'action
shareholder	actionnaire
speculator	spéculateur
stock exchange	bourse
stock turnover	bourse des valeurs mobilières
stockbroker	agent de change
stocks	actions
stocks and bonds	actions et obligations
transaction	transaction
transaction	transaction
values	valeurs

Verbs / Verbes

to open an account	ouvrir un compte
to administer/manage	administrer/gérer
to save	épargner
to increase	augmenter
to go down in value	diminuer en valeur
to lower prices	pour faire baisser les prix
to calculate	calculer

to change one currency to another	changer une monnaie en une autre
to change money	changer d'argent
to close an account	pour clôturer un compte
to charge money	de demander de l'argent
to collect pension	percevoir une pension
to cash a check	encaisser un chèque
to charge a tax	pour faire payer une taxe
to commit	engager
to trust	faire confiance
to count money	compter de l'argent
to depend on	dépendre de
to deposit	déposer
to manage	gérer
to decrease	diminuer
to pay by direct debit	payer par prélèvement automatique
to agree / be in agreement	être d'accord / être en accord
to be broke	être à découvert
to be overdrawn	être à l'abri du besoin
to export	exporter
to write a check	payer par prélèvement automatique
to sign a contract	pour signer un contrat
to encourage	encourager
to earn a living	gagner sa vie
to spend money	dépenser de l'argent
to manage	gérer
to go bankrupt	faire faillite
to make change	faire de la monnaie
to dump a stock	pour vendre une action
to make the income statement	faire le compte de résultat
to write a check	émettre un chèque

to make a transaction	faire une transaction
to make a transfer	pour effectuer un virement
to mortgage	de l'hypothèque
to implement	mettre en œuvre
to import	importer
to increase	augmenter
to raise prices	augmenter les prix
to deposit money in the bank	déposer de l'argent à la banque
to invest	investir
to mention	mentionner
to negotiate	négocier
to get a mortgage	pour obtenir un prêt hypothécaire
to overbid	surenchérir
to pay in installments	payer en plusieurs fois
to pay cash	payer au comptant
to pay the tax	payer l'impôt
to borrow	emprunter
to ask for credit	demander un crédit
to ask for a loan	demander un prêt
to afford	se permettre
to put money in the bank	mettre de l'argent à la banque
to lend	prêter
to privatize	privatiser
to produce	produire
to strengthen	renforcer
to fill in	remplir
to withdraw	retirer
to draw money	retirer de l'argent
to ask for a loan	demander un prêt
to go up in value	pour augmenter la valeur de la marchandise
to raise prices	augmenter les prix

to subsidize	subventionner
to deliver	de livrer
to be overdrawn	être à découvert
to have a debt	avoir une dette

Phrases

1. Do you have change for 10 euros?
   Avez-vous de la monnaie pour 10 euros ?
2. May I change 200 euros into dollars, please.
   Puis-je changer 200 euros en dollars, s'il vous plaît ?
3. What's the exchange rate today for euros?
   Quel est le taux de change aujourd'hui pour les euros ?
4. I have to talk to the bank manager.
   Je dois parler au directeur de la banque.
5. I received my bank statement.
   J'ai reçu mon relevé de compte.
6. Tomorrow I´ll make the transfer.
   Demain, j'effectuerai le virement.
7. Where is the nearest branch?
   Où se trouve l'agence la plus proche ?
8. I need to speak to the cashier.
   Je dois parler au caissier.
9. I will make the purchase with a credit card.
   J'effectuerai l'achat avec une carte de crédit.
10. I only carry cash in my wallet.
    Je n'ai que de l'argent liquide dans mon portefeuille.
11. The house has a mortgage.
    La maison est hypothéquée.
12. I have an overdraft on my account.
    J'ai un découvert sur mon compte.
13. My mother has some savings.
    Ma mère possède quelques économies.
14. The audit will come next week.
    L'audit aura lieu la semaine prochaine.
15. Our government has a lot of bureaucracy.
    Notre gouvernement a beaucoup de bureaucratie.
16. The company has made great strides.
    L'entreprise a fait de grands progrès.
17. My income has decreased.

Mon revenu a diminué.
18. I have had additional expenses this month.
J'ai eu des dépenses supplémentaires ce mois-ci.
19. In my country there are many imports.
Dans mon pays, il y a beaucoup d'importations.
20. The price is too high.
Le prix est trop élevé.
21. Productivity needs to improve.
La productivité doit être améliorée.
22. Our profits are below target.
Nos bénéfices sont inférieurs aux objectifs.
23. This business is lucrative.
Ce commerce est lucratif.
24. The company has good quality control.
L'entreprise a un bon contrôle de la qualité.
25. Retail sales are falling.
Les ventes au détail sont en baisse.

Quiz – Chapter XXXIV
Business, Banking & the Economy
Matching

1. le compte
2. le DAB
3. insolvable
4. sauver
5. l'agence
6. argent liquide
7. distributeur de billets
8. le caissier
9. pièces de monnaie
10. la perception de la pension
11. déflation
12. la facture
13. le prêt
14. l'hypothèque
15. l'argent de poche
16. dette publique
17. épargne
18. actions
19. subvention
20. investir

A. ATM/cash machine
B. bankrupt
C. bill/account
D. branch
E. cash
F. cashier
G. charge
H. coins
I. deflation
J. invoice
K. loan
L. mortgage
M. national debt
N. savings
O. stocks
P. subsidy
Q. to collect a pension
R. to invest
S. to save
T. to spend money

Multiple Choice Sentence Completion

21. _____ de votre maison doit coûter très cher.
a. la banque   c. la taxe
b. numéro secret   d. négocier

22. _____ des grandes entreprises est déterminé par le prix de leurs actions.
a. retirer   c. reconstituer
b. la valeur   d. le prêt

23. Le _____ d'un pays dépend en grande partie de son économie.
a. changer   c. niveau de vie
b. calculer   d. avoir une dette

24. Quand on a une entreprise, il faut apprendre à _____.
a. négocier   c. chômage
b. la fiscalité   d. l'économie

25. L'_____ en eau potable n'a pas été suffisant pour la ville.
a. statistiques   c. approvisionnement
b. subvention   d. lucratif

26. _____ de mon père ont toujours été gérés par moi.
a. les affaires   c. le prix
b. le revenu net   d. la recette

27. Cette ville a pour moi le meilleur _____ de toute la région.
a. lucratif   c. coût de la vie
b. l'importation   d. l'industrie

28. Je dois _____ de l'argent au distributeur.
a. le fournisseur   c. retirer
b. la commission   d. la monnaie

29. Les _____ que j'ai acquis dans ma vie l'ont été au prix de grands efforts.
a. diminuer   c. gérer
b. biens   d. l'exportation

30. L' _____ a été un problème mondial cette année.
a. privatiser   c. remplir
b. produire   d. inflation

Answer Key

1. C
2. A
3. B
4. S
5. D
6. E
7. F
8. G
9. H
10. Q
11. I
12. J
13. K
14. L
15. T
16. M
17. N
18. O
19. P
20. R
21. C
22. B
23. C
24. A
25. C
26. A
27. C
28. C
29. B
30. D

Chapter XXXV
War

War Words

aerial bombing	bombardement aérien
aggressor	agresseur
air force	force aérienne
air raid	raid aérien
air raid shelter	abri anti-aérien
air raid warning	alerte au raid aérien
ambush	embuscade
antiaircraft	antiaérien
arms race	course aux armements
army	armée
assault	assaut
atomic	atomique
attack	attaque
barracks	caserne
battle	bataille
battle rage	la rage au combat
battlefield	champ de bataille
blast/explosion	explosion
blockade	blocus
bloody	sanglant
bomb alert	alerte à la bombe
bombardment	bombardement
brave	courageux
camp	camp
campaign	campagne
capture	capture
casualty	victime

Mots de guerre

cause	cause
civil war	guerre civile
conflict	conflit
confrontation	confrontation
coup d'état	coup d'État
court martial	cour martiale
coward	lâche
cowardice	lâcheté
damaging	dommageable
defeat	défaite
defense	défense
devastating	dévastateur
enemy	ennemi
espionage	espionnage
ethnic cleansing	nettoyage ethnique
evacuation	évacuation
front	front
guerilla	guérilla
guerilla warfare	guérilla
harmful	nuisible
headquarters	siège social
hijacker/kidnapper	pirate de l'air / kidnappeur
hostilities	hostilités
invasion	invasion
maneuvers	manœuvres
massacre	massacre
military service	service militaire
missing in action	disparu au combat
mobilization	mobilisation
morale	moral
multilateral	multilatéral
navy	marine
nuclear	nucléaire
occupation	occupation

offensive	offensive
peace	paix
propaganda	propagande
radar	radar
raid	raid
ranks	rangs
reinforcements	renforts
reprisal	représailles
resistance	résistance
revolution	révolution
riot	émeute
rubble	décombres
security check	contrôle de sécurité
seizure	saisie
siege	siège
skirmish	escarmouche
strategy	stratégie
striking power	puissance de frappe
suicide bombing	attentat-suicide
tactics	tactique
terrorist	terroriste
terrorist attack	attaque terroriste
total war	guerre totale
trench	tranchée
troops	troupes
truce	trêve
underground	clandestinité
uprising	soulèvement
vessel	navire
war	guerre
warmongering	bellicisme
wound	blessure

Weapons of War | Armes de guerre

aircraft bomber	avion bombardier
aircraft carrier	porte-avions
ammunition	munitions
armaments	armement
armored car	véhicule blindé
arms	armement
artillery	artillerie
atomic bomb	bombe atomique
barbed wire	fil de fer barbelé
bayonet	baïonnette
bazooka	bazooka
bomb	bombe
bombardment	bombardement
bullet	bombe
car bomb	voiture piégée
chemical weapons	armes chimiques
crossbow	arbalète
dagger	poignard
debris	débris
destroyer	destructeur
fighter jet	avion de chasse
firearm	arme à feu
frigate	frégate
gas (poisonous)	gaz (toxique)
gas attack	attaque au gaz
grenade launcher	lance-grenades
gun/pistol	fusil/pistolet
hand grenade	grenade à main
hydrogen bomb	bombe à hydrogène
jet aircraft	avion à réaction
knife	couteau
laser	laser
letter bomb	lettre piégée

machine gun	mitrailleuse
manufacturer	fabricant
mine	mine
minefield	champ de mines
minesweeper	dragueur de mines
missile	missile
missile launcher	lanceur de missiles
mortar	mortier
neutron bomb	bombe à neutrons
nuclear test	essai nucléaire
poison gas	gaz toxique
radar screen	écran radar
radiation	radiation
radiation sickness	maladie des radiations
revolver	revolver
rifle	fusil
rocket	fusée
rocket launcher	lance-roquettes
sabotage	sabotage
shell	obus
shotgun	fusil de chasse
shrapnel	éclat d'obus
submachine gun	fusil-mitrailleur
submarine	sous-marin
tank	char d'assaut
target	cible
torpedo	torpille
torpedo attack	attaque à la torpille
warship	navire de guerre
weapon	arme
grenade	grenade

The Military

	Les militaires
archer	archer
assassin	assassin
cadet	cadet
cavalry	cavalerie
civilian	civil
colonel	colonel
commando	commando
conscientious objector	objecteur de conscience
conscript	conscrit
convoy	convoi
corporal	caporal
deserter	déserteur
division	division
draft	draft
ensign	enseigne
foot soldier	soldat à pied
general	général
guard	garde
guerrilla	guérilla
hijacker	pirate de l'air
hostage	otage
infantry	infanterie
intelligence officer	officier de renseignement
lieutenant	lieutenant
marines	marines
medic	médecin
military personnel	personnel militaire
ministry of defense	ministère de la défense
noncommissioned officer	sous-officier
officer	officier
orderly	aide-soignant
parachutist	parachutiste
prisoner of war	prisonnier de guerre

rebel	rebelle
recruit	recrue
regiment	régiment
sailor	marin
secret agent	agent secret
sentry	sentinelle
sergeant	sergent
sniper	sniper
soldier	soldat
spy	espion
squadron	escadron
staff	personnel
terrorist	terroriste
traitor	traître
troops	troupes
victor	vainqueur

Verbs / Verbes

to hit a target	atteindre une cible
to threaten	menacer
to aim	viser
to assassinate	assassiner
to attack	attaquer
to attach/bind	attacher/lier
to block/blockade	bloquer/bloquer
to bombard	bombarder
to capture	capturer
to start a war	déclencher une guerre
to commit (an act)	commettre (un acte)
to contaminate	contaminer
to issue an ultimatum	pour faire un ultimatum
to declare war	déclarer la guerre
to defend	défendre

to defeat	pour vaincre
to destroy	détruire
to detect	détecter
to detain	détenir
to shoot	tirer
to fire a gun	tirer un coup de feu
to execute	exécuter
to surface	remonter à la surface
to flee	fuir
to spy	espionner
to break out in war	d'entrer en guerre
to be defeated	être vaincu
to crush the enemy	écraser l'ennemi
to crash an airplane	s'écraser en avion
to evacuate	évacuer
to blow up	faire exploser
to stockpile	stocker
to win	gagner
to blow up	faire exploser
to wound	blesser
to flee	fuir
to sink a ship	couler un navire
to sink	couler
to interrogate	interroger
to intervene	intervenir
to invade	envahir
to drop a bomb	larguer une bombe
to liquidate	liquider
to call up for duty	appeler au service
to fight a battle	mener une bataille
to kill/assassinate	tuer/assassiner
to mobilize	mobiliser
to occupy	occuper
to review troops	passer les troupes en revue

to patrol	patrouiller
to lose	perdre
to provoke	provoquer
to kidnap	kidnapper
to revolt	se révolter
to fight off/repel	combattre/ repousser
to be reduced to	être réduit à
to resist	résister
to sabotage	saboter
to kidnap/hijack	kidnapper/ détourner
to drop a weapon	déposer une arme
to revolt	se révolter
to submerge	s'immerger
to shoot	tirer
to torpedo	torpiller
to airlift	transporter par avion
to blow up/fly	faire exploser / voler

Phrases

1. He belongs to the air force.
   Il appartient à l'armée de l'air.
2. They were ambushed.
   Ils sont tombés dans une embuscade.
3. There is a civil war in that country.
   Il y a une guerre civile dans ce pays.
4. The army suffered a defeat.
   L'armée a subi une défaite.
5. There was ethnic cleansing during that conflict.
   Il y a eu un nettoyage ethnique pendant ce conflit.
6. Hostilities have ceased.
   Les hostilités ont cessé.
7. The boy does not want to do military service.
   Le garçon ne veut pas faire son service militaire.
8. The civilians were rioting.
   Les civils se sont livrés à des émeutes.
9. Last night there was a terrorist atack.
   La nuit dernière, il y a eu une attaque terroriste.
10. The soldiers are in the trench.
    Les soldats sont dans la tranchée.
11. The troops are demoralized.
    Les troupes sont démoralisées.
12. There was a truce between the countries.
    Il y a eu une trêve entre les pays.
13. The soldier was seriously wounded.
    Le soldat a été gravement blessé.
14. The soldier ran out of ammunition.
    Le soldat n'a plus de munitions.
15. There is barbed wire on the farm.
    La ferme est entourée de barbelés.
16. The city was destroyed by the aerial attack.
    La ville a été détruite par l'attaque aérienne.
17. He has a loaded gun.

Il a un fusil chargé.
18. The farmer has an old shotgun.
    Le fermier a un vieux fusil de chasse.
19. Yesterday they freed the hostages.
    Hier, les otages ont été libérés.
20. The rebels attacked the government forces.
    Les rebelles ont attaqué les forces gouvernementales.
21. Today they captured the killer.
    Aujourd'hui, ils ont capturé le tueur.
22. The country's neighbor declared war on them.
    Le pays voisin leur a déclaré la guerre.
23. Last night they executed the hostage.
    Hier soir, ils ont exécuté l'otage.
24. The kidnapper fled through the window.
    Le kidnappeur s'est enfui par la fenêtre.
25. It is shameful to commit war crimes.
    Il est honteux de commettre des crimes de guerre.

Quiz – Chapter XXXV
War
Matching

1. l'embuscade
2. la course aux armements
3. l'armée
4. la fureur de la bataille
5. menacer
6. sanglante
7. courageux
8. guerre civile
9. dommageable
10. attaquer
11. l'armée
12. mutinerie
13. trêve
14. la blessure
15. la défaite
16. les munitions
17. la bombe
18. le fil barbelé
19. la balle
20. détruire

A. ambush
B. ammunition
C. arms race
D. army
E. barbed wire
F. battle rage
G. bloody
H. bomb
I. brave
J. bullet
K. civil war
L. damaging
M. navy
N. riot
O. to attack
P. to defeat
Q. to destroy
R. to threaten
S. truce
T. wound

Multiple Choice Sentence Completion

21. Le _____ est l'un des avions qui ont volé pendant la Seconde Guerre mondiale.
a. chasseur à réaction
b. embuscade
c. raid
d. agression

22. Le _____ utilisé par l'armée est un appareil performant.
a. lance-missiles
b. bataille
c. courageux
d. conflit

23. Dans la ferme de mon grand-père, il y a toujours eu un _____ pour se défendre.
a. le changement
b. le moral
c. l'armée
d. fusil de chasse

24. Toute ma vie, j'ai été mauvais au _____.
a. la bombe
b. tir
c. la torpille
d. surf

25. L' _____ s'est enfui avec l'argent de la victime.
a. jeter
b. faire sauter
c. tuer
d. assasinat

26. La police a décidé de négocier avec le pirate pour qu'il libère le _____.
a. liquider
b. patrouiller
c. otage
d. attacher

27. Vous devez _____ si vous entendez des bruits étranges dans la maison.
a. le couteau
b. fuir
c. le missile
d. la frégate

28. En cas de guerre, _____ doit être courageux.
a. le nucléaire c. le soldat
b. le moral d. le terrain

29. Le _____ s'est positionné de façon à avoir une vue panoramique de l'endroit.
a. sniper c. remplir
b. produire d. inflation

30. Le _____ sait généralement qui sont ses meilleurs clients.
a. front c. dévastateur
b. vendeur d. massacre

Answer Key

1. A
2. C
3. D
4. F
5. R
6. G
7. I
8. K
9. L
10. O
11. M
12. N
13. S
14. T
15. P
16. B
17. H
18. E
19. J
20. Q
21. A
22. A
23. D
24. B
25. D
26. C
27. B
28. C
29. A
30. B

Chapter XXXVI
Special Types of Words

Compound Words
aircraft carrier
airport
aquamarine
bad mood
basketball
bedcover
benefactor
birthday
bittersweet
blessed
bodyguard
bottle opener
breakwater
briefcase
bumper
buying and selling / dealing
can opener
curmudgeon
car wash
cauliflower
centipede
cigar cutter
cloakroom
coast guard
comfort
congratulations
corkscrew

Mots composés
porte-avions
aéroport
aquamarine
mauvaise humeur
basket-ball
couverture de lit
bienfaiteur
anniversaire
doux-amer
béni
garde du corps
ouvre-bouteille
brise-lames
porte-documents
bumper
achat et vente / commerce
ouvre-boîte
arrogant
lavage de voiture
choux-fleur
Couteau
coupe-cigare
cambrioleur
garde-côte
confort
félicitations
tire-bouchon

dishwasher (person or machine)	lave-vaisselle (personne ou machine)
doorman	portier
endless number	nombre infini
evil-minded	malintentionné(e)
fender	garde-boue
film maker	réalisateur
fire screen	écran pare-feu
firewall	pare-feu
flagpole holder	porte-mât de drapeau
fly swatter	tapette à mouches
forest ranger/game warden	garde forestier/sauveteur de gibier
funeral clergyman	ecclésiastique funéraire
goalie	gardien de but
gossip	ragot
grasshopper	sauterelles
hail mary	grêle marie
handrail	main courante
hearing and speech impaired	malentendants et handicapés de la parole
hobby	loisirs
honeysuckle	chèvrefeuille
jewelry case	coffret à bijoux
jigsaw puzzle	puzzle
kick	coup de pied
intersection	intersection
lawn mower	tondeuse à gazon
letter opener	ouvre-lettres
life jacket/lifeguard	gilet de sauvetage/sauveteur
lightning rod	paratonnerre
likewise	de même
locket	médaillon
maid of honor	demoiselle d'honneur

mailbag	sac postal
merry-go-round	manège
microphone	microphone
microscope slide	lame de microscope
midday	midi
motorbike	moto
nail cutter	coupe-ongles
nerve	nerf
nutcracker	casse-noix
paper cutter	coupe-papier
parachute	parachute
parasol	parasol
parasol/sun shade	parasol/brise-soleil
parking lot attendant	gardien de parking
pencil sharpener	taille-crayon
peppermint	menthe poivrée
photo frame	cadre photo
pointed/sharp	pointu/tranchant
premature (born two months early)	prématuré (né deux mois avant terme)
record player	tourne-disque
redhead	roux
root cutter	coupe-racine
safe-conduct	conduite en toute sécurité
scarecrow	épouvantail
shoe shiner/shoeshine boy	cireur de chaussures
skyscraper	gratte-ciel
snack	casse-croûte
spanish american	espagnol américain
spider web	toile d'araignée
spoilsport/party pooper	gâchis/participez à une fête
stain remover	produit de détachement
storm door/screen door	porte anti-tempête/porte moustiquaire

sunflower	tournesol
swinging/swaying	balançoire/balançoire
tablecloth/after meal conversation	nappe/conversation après le repas
tablemat	tapis de table
tin can	boîte de conserve
tire rack	porte-pneu
tongue twister	tordeur de langue
tooth puller	arrache-dents
umbrella	parapluie
underestimate	sous-estimation
ups and downs	haut et bas
valet	valet
videogame	jeu vidéo
vinegar	vinaigre
vodka/schnapps	vodka/schnapps
wardrobe/closet	armoire/placard
washing liquid	liquide de lavage
washstand	lave-glace
windshield	pare-brise
windshield wiper	essuie-glace
world map	carte mondiale

Prepositions / Prépositions

above/over/on top of	au-dessus de / au dessus de / sur le dessus de
according to	d'après
after	après
against	contre
apart from	à l'exception de
around/about	autour/à propos
as well as/in addition to/besides	ainsi que/en plus de/d'ailleurs avant

before	derrière/à l'arrière de
behind/in back of	en dessous
below	à côté
beside	entre
between	par
by	malgré
despite	en bas/en dessous
down/below	pendant
during	sauf pour/en dehors de
except for/outside of	loin de
far from	pour
for	dans/sur
in/on	conformément à
in accordance with	devant
in front of	en face de
in front of	dans/à l'intérieur/dans/à l'intérieur
in/inside/into/within	à l'intérieur
indoors	près de/à proximité de
near/close to	à côté de/juste à côté de/à proximité de
next to/right by/near	
of	de
on	sur
outside	à l'extérieur
since	depuis
through	à travers
to the left of	à gauche de
to the right of	à droite de
towards	vers
under/underneath	sous/en dessous
until	jusqu'à
up	en haut
versus	par rapport à
via	via

with	avec
with me	avec moi
with respect to	en ce qui concerne
with you	avec vous
within	à l'intérieur
without	sans

Opposites / Opposés

absent - present	absent - présent
accept - decline	accepter - refuser
accurate - inaccurate	exact - inexact
advantage - disadvantage	avantage - inconvénient
agree - disagree	d'accord - en désaccord
alive - dead	vivant - mort
all - nothing	tout - rien
always - never	toujours - jamais
apart - together	séparé - ensemble
appear - disappear	apparaître - disparaître
approve - disapprove	approuver - désapprouver
arrive - depart	arrivée - départ
artificial - natural	artificiel - naturel
awake - asleep	éveillé - endormi
backward - forward	en arrière - en avant
before - after	avant - après
begin - end	début - fin
below - above/up - down	en bas - en haut/en haut - en bas
best - worst	meilleur - pire
big - little	grand - petit
bitter - sweet	amer - doux
black - white	noir - blanc
boy - girl	garçon - fille
brave - cowardly	courageux - lâche

build - destroy	construire - détruire
can - cannot	peut - ne peut pas
capable - incapable	capable - incapable
captive - free	captif - libre
cheap - expensive	bon marché - cher
close - far	proche - lointain
come - go	venir - partir
comfort - discomfort	confort - inconfort
common - rare	commun - rare
correct - incorrect	correct - incorrect
dark - light	sombre - clair
day - night	jour - nuit
deep - shallow	profond - superficiel
dry - wet	sec - humide
early - late	précoce - tardif
east - west	est - ouest
easy - hard	facile - difficile
empty - full	vide - plein
encourage - discourage	encourager - décourager
enter - exit	entrer - sortir
even - odd	pair - impair
exterior - interior	extérieur - intérieur
external - internal	externe - interne
fat - thin	gros - mince
few - many	peu - beaucoup
first - last	premier - dernier
fold - unfold	plier - déplier
foolish - wise	insensé - sage
for - against	pour - contre
forget - remember	oublier - se souvenir
fortunate - unfortunate	chanceux - malchanceux
found - lost	trouvé - perdu
fresh - stale	frais - rassis
friend - enemy	ami - ennemi

generous - stingy	généreux - avare
gentle - rough	doux - rude
give - receive	donner - recevoir
good - bad	bon - mauvais
guilty - innocent	coupable - innocent
happy - sad	heureux - triste
hard - soft	dur - doux
hate - love	haine - amour
heaven - hell	paradis - enfer
heavy - light	lourd - léger
hero - coward	héros - lâche
high - low	haut - bas
honest - dishonest	honnête - malhonnête
hot - cold	chaud - froid
immense - tiny	immense - minuscule
in - out	dedans - dehors
include - exclude	inclure - exclure
increase - decrease	augmenter - diminuer
inferior - superior	inférieur - supérieur
inhale - exhale	inspirer - expirer
inside - outside	intérieur - extérieur
interesting - boring	intéressant - ennuyeux
junior - senior	junior - senior
just - unjust	juste - injuste
knowledge - ignorance	connaissance - ignorance
known - unknown	connu - inconnu
landlord - tenant	propriétaire - locataire
large - small	grand - petit
lawful - illegal	légal - illégal
lazy - industrious	paresseux - travailleur
left - right	gauche - droite
lenient - strict	indulgent - strict
less - more	moins - plus
long - short	long - court

loose - tight	lâche - serré
love - hate	amour - haine
loyal - disloyal	loyal - déloyal
mad - happy	furieux - heureux
major - minor	majeur - mineur
mature - immature	mature - immature
maximum - minimum	maximum - minimum
melt - freeze	fondre - geler
more - less	plus - moins
new - old	nouveau - ancien
noisy - quiet	bruyant - silencieux
north - south	nord - sud
obedient - disobedient	obéissant - désobéissant
offer - rejection	offre - refus
old - young	vieux - jeune
on - off	allumé - éteint
open - closed	ouvert - fermé
optimist - pessimist	optimiste - pessimiste
past - present	passé - présent
patient - impatient	patient - impatient
peace - war	paix - guerre
plural - singular	pluriel - singulier
polite - rude	poli - impoli
possible - impossible	possible - impossible
powerful - weak	puissant - faible
pretty - ugly	beau - laid
private - public	privé - public
pure - impure	pur - impur
push - pull	pousser - tirer
question - answer	question - réponse
raise - lower	élever - abaisser
real - fake	vrai - faux
rich - poor	riche - pauvre
right - left	droite - gauche

safe - unsafe	sûr - dangereux
sick - healthy	malade - sain
simple - complex	simple - complexe
singular - plural	singulier - pluriel
slow - fast	lent - rapide
smart - stupid	intelligent - stupide
sober - drunk	sobre - ivre
soft - hard	doux - dur
start - finish	début - fin
strict - lenient	strict - indulgent
strong - weak	fort - faible
success - failure	succès - échec
sunny - cloudy	ensoleillé - nuageux
tall - short	grand - petit
to laugh - to cry	rire - pleurer
to lengthen - to shorten	allonger - raccourcir
to lose - to win	perdre - gagner
to take - to give	prendre - donner
top - bottom	haut - bas
true - false	vrai - faux
vanish - appear	disparaître - apparaître
victory - defeat	victoire - défaite
wide - narrow	large - étroit
yes - no	oui - non

Final Exam

1. fraise
2. biscuits
3. croquant
4. moisi
5. amer
6. cru
7. cuisson
8. glace
9. serveur
10. épicé
11. bœuf
12. nouilles
13. savoureux
14. le pourboire
15. la boîte aux lettres
16. la vis
17. balayer
18. le clou
19. le balai
20. la serpillière
21. les draps
22. le patron
23. les dépenses
24. les revenus
25. l'atelier
26. le pompier
27. le prêtre
28. le soldat
29. le compte
30. la carte de crédit
31. ouvert

A. bed sheets
B. beef
C. bill (money owed)
D. bitter
E. boss
F. broom
G. cookies
H. credit card
I. crispy
J. expenses
K. fireman
L. icecream
M. income
N. mailbox
O. moldy
P. mop
Q. nail
R. noodles
S. open
T. priest
U. raw
V. screw
W. soldier
X. spicy
Y. strawberry
Z. tasty
AA. tip
BB. to bake
CC. to sweep
DD. waiter
EE. workshop/garage

32. qualité	A. bacon
33. quincaillerie	B. bay
34. aubergine	C. bed sheets
35. bacon	D. belt
36. ceinture	E. bridge
37. manteau	F. climate change
38. vol à l'étalage	G. coat
39. tongs	H. drop
40. parapluie	I. drought
41. sous-vêtements	J. earthquake
42. mackintosh	K. eggplant
43. goutte	L. farm
44. sécheresse	M. flip flops
45. éclair	N. forest
46. tempête	O. free
47. changement climatique	P. guest
48. poison	Q. hardware store
49. humidité	R. helpful
50. gratuit	S. humidity
51. utile	T. lightening
52. pont	U. quality
53. les feuilles	V. raincoat
54. dos	W. sand
55. le sable	X. seashore
56. l'invité	Y. storm
57. la forêt	Z. to poison
58. le tremblement de terre	AA. to return
59. la baie	BB. to shoplift/steal
60. la ferme	CC. umbrella
61. le bord de mer	DD. underwear
62. la cascade	EE. waterfall

63. le handicap	A. backpack
64. le taureau	B. bandaid
65. le bœuf	C. bull
66. le porcelet	D. cartoons
67. le raton laveur	E. closed
68. l'écureuil	F. crew
69. le loup	G. deaf
70. l'aigle	H. disadvantage
71. le pansement	I. dubbed
72. le sourd	J. eagle
73. le muet	K. heart attack
74. l'infarctus	L. mute
75. le blessé	M. ox
76. écraser	N. parade
77. poignarder	O. pedestrian
78. vomir	P. piglet
79. sac à dos	Q. racoon
80. piéton	R. sidewalk
81. trottoir	S. soap opera
82. fermé	T. soundtrack
83. l'équipage	U. squirrel
84. quai	V. the pier
85. éteint	W. to crush
86. plié	X. to disappear
87. tourner	Y. to play a role
88. jouer un rôle	Z. to stab
89. feuilleton	AA. to turn off
90. dessins animés	BB. to turn on
91. bande sonore	CC. to vomit
92. disparaître	DD. wolf
93. le défilé	EE. wounded

94. le magicien	A. achy/sore
95. divertir	B. bet
96. le clown	C. calories burned
97. le déguisement	D. calves
98. le pop-corn	E. chain
99. le pari	F. clown
100. le bélier	G. coach
101. l'entraîneur	H. costume
102. la randonnée	I. deep
103. l'entraînement	J. exhaustion
104. le perdant	K. gray haired
105. gagner	L. healthy
106. le bloqueur	M. hiking
107. profond	N. loser
108. vague	O. magician
109. entraînement	P. popcorn
110. épuisement	Q. sunscreen
111. sueur	R. sweat
112. chaîne	S. thigh
113. calories brûlées	T. to be in good shape
114. étirement	U. to dive
115. forme physique	V. to entertain
116. mollets	W. to shave oneself
117. fortifier	X. to strengthen
118. santé	Y. to stretch
119. perte de poids	Z. to train
120. cuisse	AA. to win
121. raser	BB. training
122. ridé	CC. wave
123. rongé	DD. weight loss
124. endolori	EE. wrinkled

125. prêt
126. cassé
127. maladroit
128. actualités
129. éteindre la télé
130. créer un besoin
131. enregistrer
132. immobilier
133. scénario
134. publicité dans la boîte aux lettres
135. le point culminant
136. dessin
137. conte de fées
138. revue
139. thème
140. essayer
141. le genre
142. prendre des notes
143. retardé
144. compétences
145. camarade de classe
146. bureau
147. niveau
148. estime de soi
149. os
150. découvrir
151. pile
152. hors
153. on
154. brancher
155. augmenter

A. abilities/skills
B. delayed
C. battery
D. bone
E. broken
F. classmate
G. climax
H. clumsy
I. current affairs
J. desk
K. fairy tale
L. genre
M. junk mail
N. level
O. off
P. on
Q. plug/socket
R. ready
S. real estate
T. self esteem
U. script
V. subject/theme
W. to create a need
X. to deal with
Y. to draw
Z. to find out
AA. to increase
BB. to record
CC. to review
DD. to take notes
EE. to turn off the TV

156. rond	A. advanced
157. taille	B. anger
158. carré	C. at least
159. de travers	D. corruption
160. au moins	E. distribution of wealth
161. vide	F. empty
162. maire	G. equal opportunity
163. avancé	H. evil
164. connu	I. free will
165. inconnu	J. known
166. imprimé	K. law
167. maudit	L. mayor
168. la boîte aux lettres	M. mailbox
169. la loi	N. middle class
170. soutien	O. cursed
171. corruption	P. mugger
172. égalité des chances	Q. pimp
173. classe moyenne	R. revolt
174. révolte	S. right
175. renversement	T. round
176. répartition des richesses	U. size
177. agression	V. square
178. la droite	W. to mug someone
179. chômeur	X. to overthrow
180. rage	Y. to print
181. agresseur	Z. to repent
182. proxénète	AA. to support
183. culte	BB. to worship/adore
184. repentir	CC. twisted
185. libre arbitre	DD. unemployed
186. méchanceté	EE. unknown

Nothing But Vocab

187. la nonne	A. alien
188. le péché	B. brother in law
189. la honte	C. cheeks
190. l'étranger	D. clue
191. la pleine lune	E. constellations
192. la fusée	F. crime
193. l'étoile filante	G. depressed
194. le vaisseau spatial	H. engagement
195. les constellations	I. excited
196. les jumeaux	J. fingerprints
197. le baiser	K. full moon
198. beau-frère	L. handcuffs
199. voisin	M. lipstick
200. déprimé	N. married
201. enthousiaste	O. neighbor
202. sortir avec quelqu'un	P. nun
203. marié(e)	Q. rocket
204. peindre les cheveux	R. scissors
205. ciseaux	S. shame
206. favoris	T. shooting star
207. joues	U. sideburns
208. rouge à lèvres	V. spaceship
209. démêler	W. thief/robber
210. décolleté	X. to bleach
211. voleur	Y. to condemn/sentence
212. l'indice	Z. to detangle
213. le crime	AA. to dye hair
214. les empreintes digitales	BB. to kiss
215. les menottes	CC. to shoot
216. le condamné	DD. to sin
217. tirer	EE. twins

218. ouvrir un fichier	A. advantage
219. l'imprimante	B. anxious
220. l'appareil	C. army
221. le dossier	D. awesome
222. l'encre	E. bittersweet
223. le lien	F. brave
224. le mot de passe	G. bullet
225. sauvegarder	H. can opener
226. hypothèque	I. cost of living
227. dépenser de l'argent	J. device/gadget
228. actions	K. dishwasher
229. investir	L. fly swatter
230. coût de la vie	M. folder
231. retraite	N. gross/crude
232. armée	O. ink
233. menacer	P. link
234. courage	Q. lousy
235. armée	R. mortgage
236. blesser	S. navy
237. balle	T. password
238. sniper	U. printer
239. étonnant	V. sniper
240. payer comptant	W. stocks
241. doux-amer	X. to invest
242. ouvre-boîte	Y. to open a file
243. lave-vaisselle	Z. to pay in cash
244. tapette à mouches	AA. to save
245. essuie-glace	BB. to spend money
246. tordeur de langue	CC. to threaten
247. avantage	DD. to withdraw
248. enthousiaste	EE. tongue twister
249. grossier	FF. windshield wiper
250. mauvais	GG. wound

Final Exam Answer Key

1. Y
2. G
3. I
4. O
5. D
6. U
7. BB
8. L
9. DD
10. X
11. B
12. R
13. Z
14. AA
15. N
16. V
17. CC
18. Q
19. F
20. P
21. A
22. E
23. J
24. M
25. EE
26. K
27. T
28. W
29. C
30. H
31. S
32. U
33. Q
34. K
35. A
36. D
37. G
38. BB
39. M
40. CC
41. DD
42. V
43. H
44. I
45. T
46. Y
47. F
48. Z
49. S
50. O
51. R
52. E
53. C
54. AA
55. W
56. P
57. N
58. J
59. B
60. L
61. X
62. EE
63. H
64. C
65. M
66. P
67. Q
68. U
69. DD
70. J
71. B
72. G
73. L
74. K
75. EE
76. W
77. Z
78. CC
79. A
80. O
81. R
82. E
83. F
84. V
85. AA
86. I
87. BB
88. Y
89. S
90. D
91. T
92. X
93. N
94. O
95. V
96. F

French Edition

97. H	131. BB	165. EE
98. P	132. S	166. Y
99. B	133. U	167. O
100. U	134. M	168. M
101. G	135. G	169. K
102. M	136. Y	170. AA
103. Z	137. K	171. D
104. N	138. CC	172. G
105. AA	139. V	173. N
106. Q	140. X	174. R
107. I	141. L	175. X
108. CC	142. DD	176. E
109. BB	143. B	177. W
110. J	144. A	178. S
111. R	145. F	179. DD
112. E	146. J	180. B
113. C	147. N	181. P
114. Y	148. T	182. Q
115. T	149. D	183. BB
116. D	150. Z	184. Z
117. X	151. C	185. I
118. L	152. O	186. H
119. DD	153. P	187. P
120. S	154. Q	188. DD
121. W	155. AA	189. S
122. EE	156. T	190. A
123. K	157. U	191. K
124. A	158. V	192. Q
125. R	159. CC	193. T
126. E	160. C	194. V
127. H	161. F	195. E
128. I	162. L	196. EE
129. EE	163. A	197. BB
130. W	164. J	198. B

199. O
200. G
201. I
202. H
203. N
204. AA
205. R
206. U
207. C
208. M
209. Z
210. X
211. W
212. D
213. F
214. J
215. L
216. Y

217. CC
218. Y
219. U
220. J
221. M
222. O
223. P
224. T
225. AA
226. R
227. BB
228. W
229. X
230. I
231. DD
232. C
233. CC
234. F

235. S
236. GG
237. G
238. V
239. D
240. Z
241. E
242. H
243. K
244. L
245. FF
246. EE
247. A
248. B
249. N
250. Q

Afterword

So, there you have it. I hope this book met your expectations and you learned a substantial amount of vocabulary. I believe I wrote a useful book and am certain that if you spend between one and three months consistently studying, plowing ahead learning new chapters each week, while also reviewing and reinforcing those words you have already learned, you will have earned an advanced level of French vocabulary.

There are many French learning books on the market. Thank you for spending your time and money on mine. In addition to thanking you for reading my book, I'd also like to thank you for helping improve my own French during the writing process.

Voilà, c'est fait. J'espère que ce livre a répondu à vos attentes et que vous avez appris une quantité substantielle de vocabulaire. Je pense avoir écrit un livre utile et je suis certain que si vous passez entre un et trois mois à étudier de manière cohérente, en progressant chaque semaine dans l'apprentissage de nouveaux chapitres, tout en révisant et en renforçant les mots que vous avez déjà appris, vous aurez acquis un niveau avancé de vocabulaire français.

Il existe de nombreux livres d'apprentissage du français sur le marché. Je vous remercie d'avoir consacré votre temps et votre argent à l'achat du mien. En plus de vous remercier d'avoir lu mon livre, j'aimerais également vous remercier de m'avoir aidé à améliorer mon

	propre français pendant le processus de rédaction.
I would genuinely appreciate it if you would write a review to let others know of the benefits you have received from my book. This will not only help others master their target language, but it is incredibly rewarding for me to know how much my work may have assisted and encouraged you in your language learning journey. Your review will also enable me to learn ways to improve my craft for future publications. Even just a few words would be profoundly helpful.	J'apprécierais vraiment que vous écriviez une critique pour faire connaître aux autres les avantages que vous avez tirés de mon livre. Non seulement cela aidera d'autres personnes à maîtriser leur langue cible, mais il est incroyablement gratifiant pour moi de savoir à quel point mon travail a pu vous aider et vous encourager dans votre parcours d'apprentissage des langues. Votre évaluation me permettra également d'apprendre à améliorer mon travail en vue de futures publications. Même quelques mots suffiraient à m'aider profondément.
I have published a few other books to help students master either French or English. Most are side-by-side translations of classic stories in which the left half of each page contains the original English and the corresponding right half	J'ai publié quelques autres livres pour aider les étudiants à maîtriser le français ou l'anglais. La plupart sont des traductions côte à côte d'histoires classiques dans lesquelles la moitié gauche de chaque page contient l'original anglais et la moitié

contains my French translation. These books are an effective and fun way to study your target language. Some titles include Sherlock Holmes, Grimms' Fairy Tales, and Alice's Adventures in Wonderland. More will, no doubt, follow. So stay tuned! You can view my catalogue of books and join my mailing list here: www.sidebysideclassics.com

Thanks again for reading!

droite correspondante contient ma traduction française. Ces livres sont un moyen efficace et amusant d'étudier la langue cible. Parmi les titres, citons Sherlock Holmes, Les contes de Grimms et Les aventures d'Alice au pays des merveilles. D'autres suivront, sans aucun doute. Restez donc à l'écoute ! Vous pouvez consulter mon catalogue de livres et vous inscrire à ma liste de diffusion ici : www.sidebysideclassics.com

Merci encore pour votre lecture !